Sculptée par l'Atlantique

Sculptée par l'Atlantique

La province de Terre-Neuve et du Labrador

Frank Cramm
Garfield Fizzard

BREAKWATER

Breakwater
100 rue Water
C.p. 2188
St. John's, Terre-Neuve
A1C 6E6

Sculptée par l'Atlantique, l'adaption française de «The Atlantic Edge», a été rédigé, traduit, mis au point, et composé à la lino à Terre-Neuve. Nous voulons remercier le Secrétariat d'Etat, le ministère de l'Education, et en particulier Dr. Wayne F. Oakley, Directeur du développement des programmes; Wilbert Boone et Dr. Glenn Loveless, Directeurs - adjoints au développement des programmes; Smita Joshi, Chris Wright, et Claude Schryburt, conseillers pédagogiques au ministère de l'Education, l'équipe qui a travaillé à l'adaptation française, ainsi que tous les membres des groupes de travail pour leur travail acharné dans la préparation du manuel. L'éditeur a fait tout dans la mesure du possible afin de présenter un matériel écrit et visuel sans préjugés, et un niveau langagier propice à la clientèle proposée.

Adaptation française: Anne Thareau et Scott Jamieson; Translation Associates, St. John's NF

Révision linguistique: Joan Dohey

Donnés de catalogage avant publication (Canada)

Cramm, Frank.

Sculptée par l'Atlantique

Publ. aussi en anglais sous le titre: The Atlantic edge.

Pour les élèves de 5e année.

ISBN 1-55081-046-4

1. Terre-Neuve -- Ouvrages pour la jeunesse.

I. Fizzard, Garfield. II. Titre.

FC2161.C7214 1991 971.8 C91-097660-0

F1122.C7214 1991

Table des matières

Unité I	**L'environnement**	**7**
Chapitre 1	L'environnement physique	8
Chapitre 2	L'environnement biologique	26
Unité II	**La colonisation**	
Chapitre 3	Les aborigènes d'Amérique du Nord	44
Chapitre 4	Les premiers Européens	66
Chapitre 5	La colonisation	74
Unité III	**L'époque de nos grands-parents**	**105**
Chapitre 6	Le mode de vie	106
Chapitre 7	Travail et loisirs à l'époque de nos grands-parents	118
Unité IV	**Les institutions**	**135**
Chapitre 8	Le gouvernement	138
Chapitre 9	Les églises	152
Chapitre 10	Les écoles	156
Unité V	**Les ressources: gagner sa vie**	**163**
Chapitre 11	Les ressources de la mer	164
Chapitre 12	Les ressources du sol	184
Chapitre 13	Les produits et les services	206
Chapitre 14	Les syndicats	230
Unité VI	**La technologie et les gens**	**239**
Chapitre 15	Les transports sur mer	242
Chapitre 16	La communication	248
Chapitre 17	La technologie et la société	256
Unité VII	**Notre mode de vie**	**261**
Chapitre 18	Pour comprendre nos cultures différentes	262
Lexique		**306**
Remerciements		**309**

St John

I
L'ENVIRONNEMENT

L'environnement c'est tout ce qui est autour de toi, comme les pupitres, les murs de la salle de classe et tes amis. A l'extérieur, les bâtiments, les rues, les collines et le temps en font partie aussi.

Ton environnement inclut:

l'environnement physique c'est-à-dire ce qui est à la surface de la terre, tels que le sol, l'eau et l'air;

l'environnement biologique, les animaux et les plantes qu'on trouve dans une région;

l'environnement humain, les choses que les humains ont créées.

✍# 1

Avec deux ou trois de tes amis, faites une liste des choses qui font partie de l'environnement dans ta communauté et copie-la dans ton cahier. Après avoir fait cette liste, regroupez les différents éléments par catégories auxquelles vous donnerez un titre (par exemple, «environnement physique», «environnement biologique» et «environnement humain»).

CHAPITRE 1

L'ENVIRONNEMENT PHYSIQUE

Dans ce chapitre, nous allons décrire l'environnement physique des différentes parties de la province. Quelques images de cette carte nous ingiquent que beaucoup de notre province est couverte de lacs et d'étangs. Qu'est-ce que les images nous indiquent de la température de la mer au large du Labrador? Les couleurs et les symboles des cartes peuvent nous donner des renseignements. Peux-tu penser à quelques exemples?

Où es-tu?

Si un de tes amis te cherche et te demande: «Où es-tu?» Tu réponds peut-être: «Je suis ici, derrière le garage.» Ton ami sait donc exactement où te trouver.

Quelquefois, nous devons expliquer à des gens où se trouve notre communauté, notre province, ou notre pays. Nous utilisons souvent une carte ou un globe pour nous y aider. Regarde la carte du monde à la page 9. Comment s'appelle la ligne qui divise la partie nord de la partie sud du monde? Dans quelle partie habites-tu?

La carte du Canada de la page 9 est une carte politique. Elle montre les provinces et les territoires ainsi que leurs capitales. Quelle est la province la plus à l'est? A côté de quel océan se trouve-t-elle? Quelle est la province la plus à l'ouest? Quelle territoire touche presque le Pôle nord? Quelle province a une frontière commune avec la province de Terre-Neuve et du Labrador? Pourquoi y a-t-il un astérisque à côté du mot Ottawa et des points à côté des noms des autres villes?

#2

Ton professeur va te donner une carte du monde que tu colleras dans ton cahier d'exercice. Quelle différence y a-t-il entre cette carte et celle de la page 9? A l'aide d'un atlas, trouve les pays suivants: le Canada, les Etats-Unis, l'Angleterre, la France, l'Espagne, le Portugal, la Norvège. Quelle grande étendue d'eau se trouve au bord de chacun de ces pays?

#3

Ton professeur va te donner une carte du Canada à coller dans ton cahier d'exercice.

1. Inscris le nom des provinces et des territoires sur ta carte.
2. Réponds aux questions suivantes:
   (a) Quelle distance y a-t-il entre Victoria et St. John's?
   (b) Quelle distance parcourent les Maple Leafs pour jouer contre les Oilers d'Edmonton? et pour jouer contre les Jets de Winnipeg?
3. Invente trois questions pour voir si les élèves de ton groupe savent utiliser **l'échelle**.

Notre position dans
LE MONDE

La carte du Canada ci-dessous est une carte politique. Elle montre les provinces et les territoires ainsi que leurs capitales. Sur la carte on voit une rose des vents qui indique le hord, le sud, l'est est l'ouest. D'habitude, le nord se trouve vers le haut d'une carte. Quelle est la province la plus à l'est? A côté de quel océan se trouve-t-elle? Quelle est la province la plus à l'ouest? Quel territoire touche presque le pôle nord? Quelle province a une frontière commune avec la province de Terre-Neuve et du Labrador? Pourquoi y a-t-il un astérisque à côte du mot Ottawa et des points à côte du nom des autres villes?

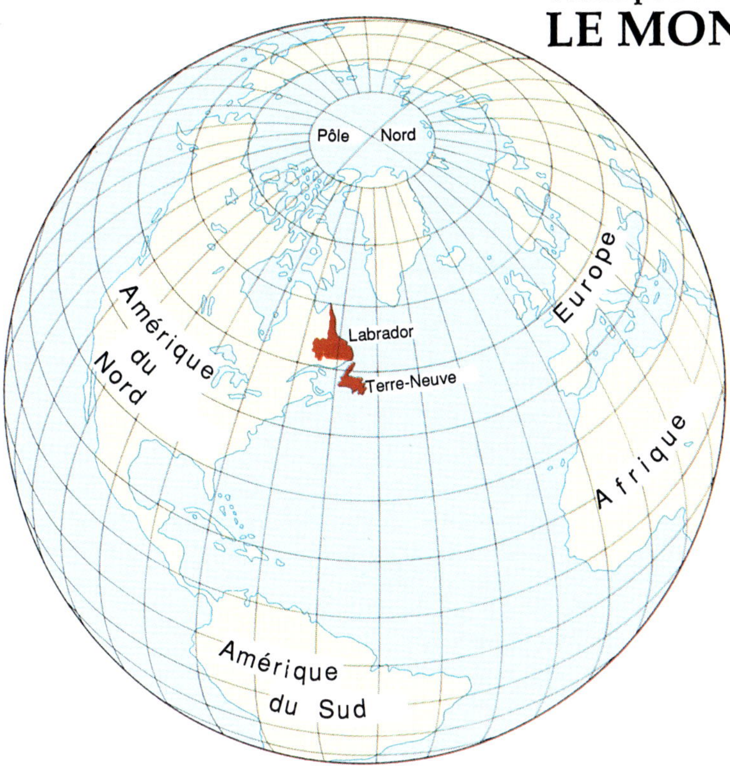

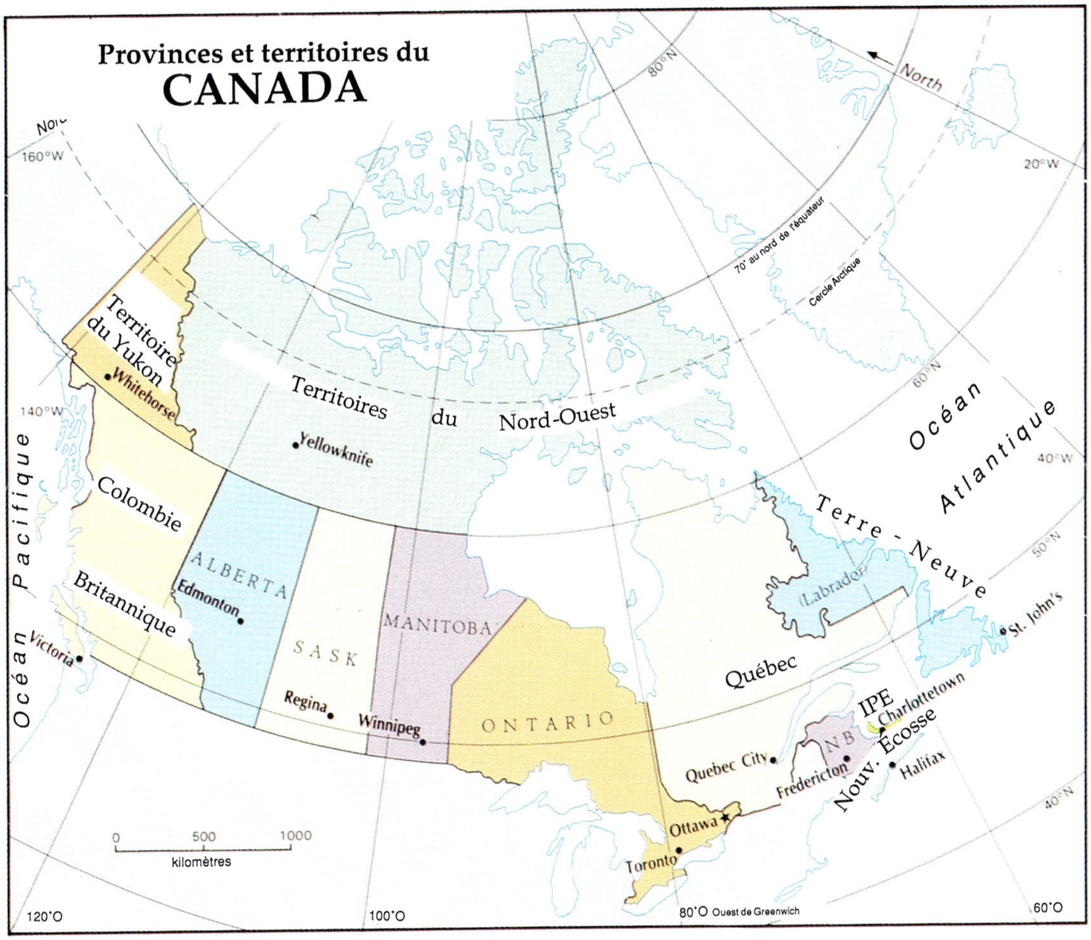

Comment utiliser les cartes

Il n'est pas facile de donner la bonne direction. Si tu es dehors et que quelqu'un te demande «Qu'est-ce que je dois faire pour aller chez Mme Kelly?» Tu répondras peut-être: «Descends la rue, tourne à gauche, et va jusqu'à l'église. Mme Kelly habite dans la maison juste après». On peut expliquer de cette manière pour des petites distances, mais comment expliquer à des gens où se trouve le parc de Terra-Nova? Le plus simple, c'est de leur donner une carte.

En réalité, les cartes représentent des dessins de quelque chose vue d'en haut. Les cartes sont plus petites que la réalité alors on utilise une **échelle** qui permet de comparer la grandeur de la carte avec la grandeur réelle de la chose représentée sur la carte. Les cartes ont aussi une manière de montrer la direction. On utilise parfois une **rose des vents** pour le faire. Le nord se trouve généralement en haut de la carte. On utilise également des symboles pour indiquer les lieux et les choses. Il y a quelquefois une **légende** qui explique ce que les symboles veulent dire. On utilise parfois des lettres et des chiffres au lieu de la latitude et de la longitude pour nous aider à trouver les lieux. C'est ce qu'on a fait pour la carte de Port au Port au bas de cette page.

Regarde la carte du monde à la page 9. Tu remarqueras qu'il y a des lignes qui traversent d'est en ouest. Comment est-ce qu'on les appelle? Ce sont des lignes de latitude. Quelles lignes traversent du nord au sud? Ce sont des lignes de longitude. Les lignes de latitude nous indiquent à quelle distance au nord ou au sud de l'**équateur** se situe un endroit; les lignes de longitude nous indiquent à quelle distance à l'est ou à l'ouest, se situe un endroit du méridien d'origine. Le méridien d'origine est une ligne qui va du nord au sud en passant par Greenwich en Angleterre. Quelles lignes de latitude et de longitude traversent Terre-Neuve et le Labrador? Où sommes-nous situés par rapport à l'équateur et l'Angleterre?

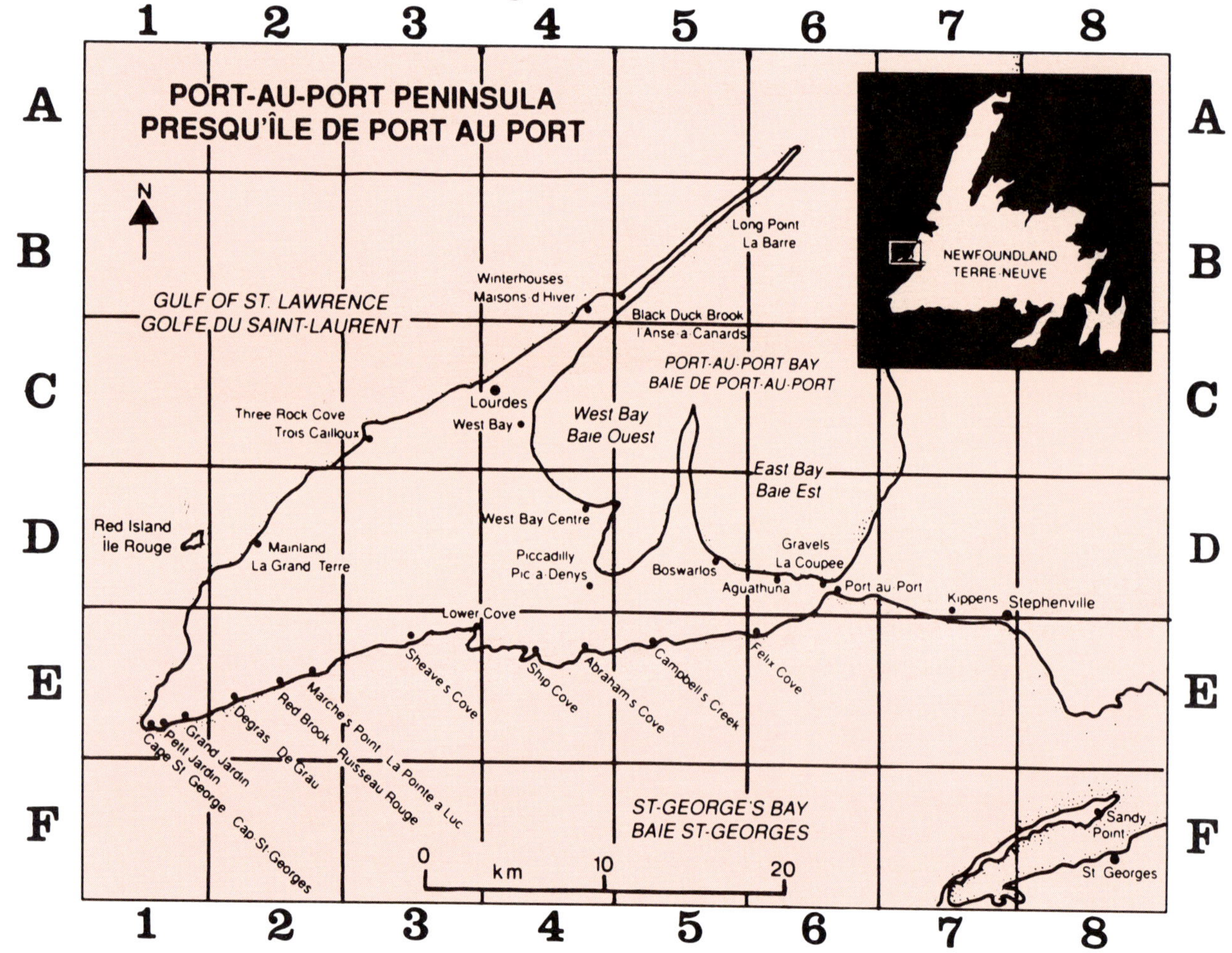

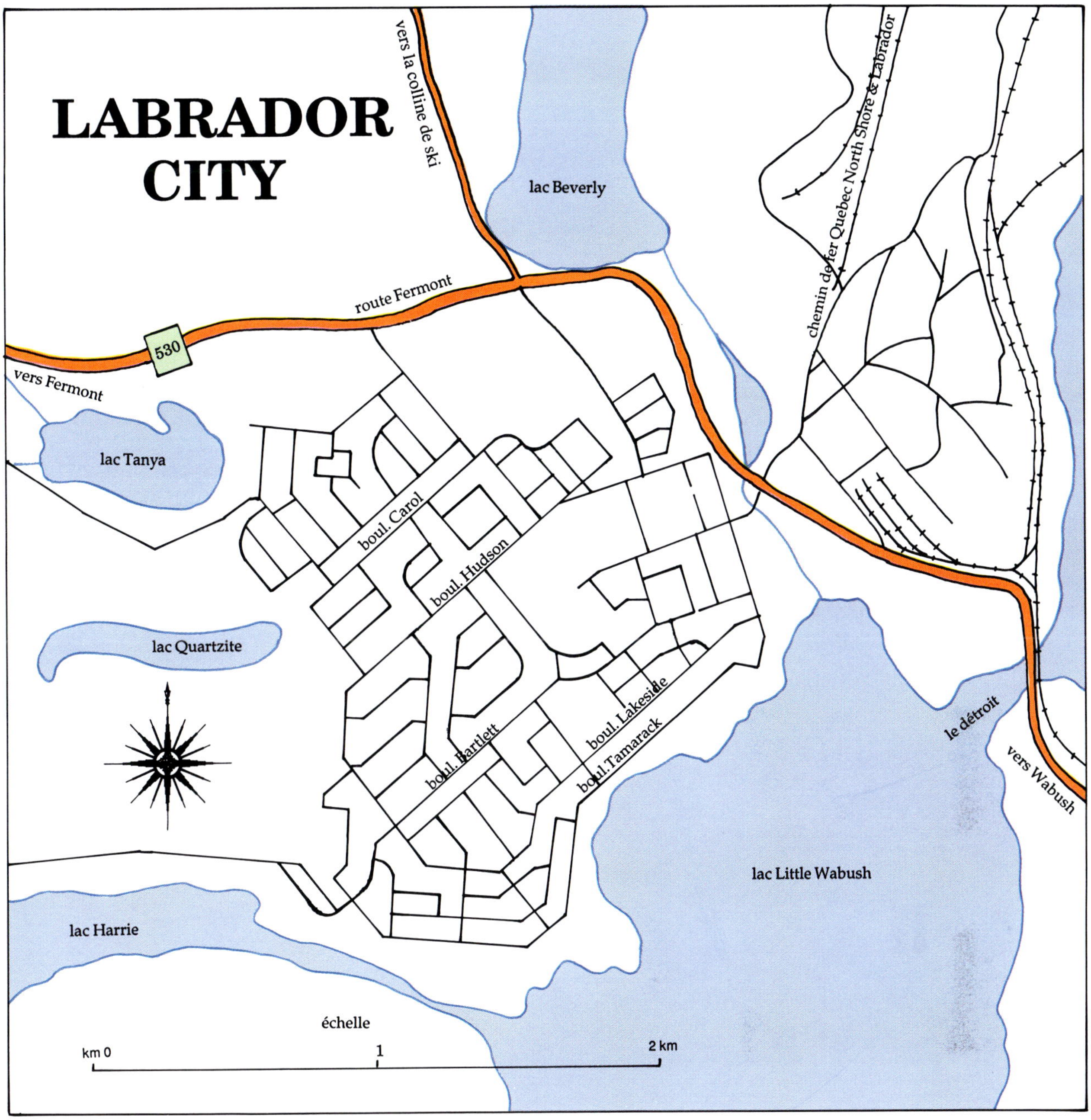

Voici une carte de Labrador City. Quelles sont les différences avec la carte de la page 9? Quelle est l'échelle utilisée pour chaque carte? Laquelle des deux utilise des symboles?

Etudie la carte de Port au Port.

1. Mets ton doigt sur la lettre E de la carte de la péninsule de Port au Port. Mets un autre doigt sur le chiffre 1. Maintenant, mets les deux doigts sur E1. Quels sont les trois endroits qui se situent au point E1? Lequel est le plus à l'ouest? Quel endroit se situe sur C3?
2. Quels chiffres et quelles lettres aideraient quelqu'un à situer Lourdes? Piccadilly?
3. Si tu allais en avion de la Grand'Terre à La Pointe à Luc, dans quelle direction volerais-tu? Combien de kilomètres ferais-tu? Dans quelle direction irais-tu de Stephenville à Piccadilly?
4. Avec un partenaire, à tour de rôle, indiquez les chiffres et les lettres qui correspondent à un endroit sur la carte de Port au Port. Est-ce que ton partenaire peut le trouver?

La forme et la grandeur de notre province

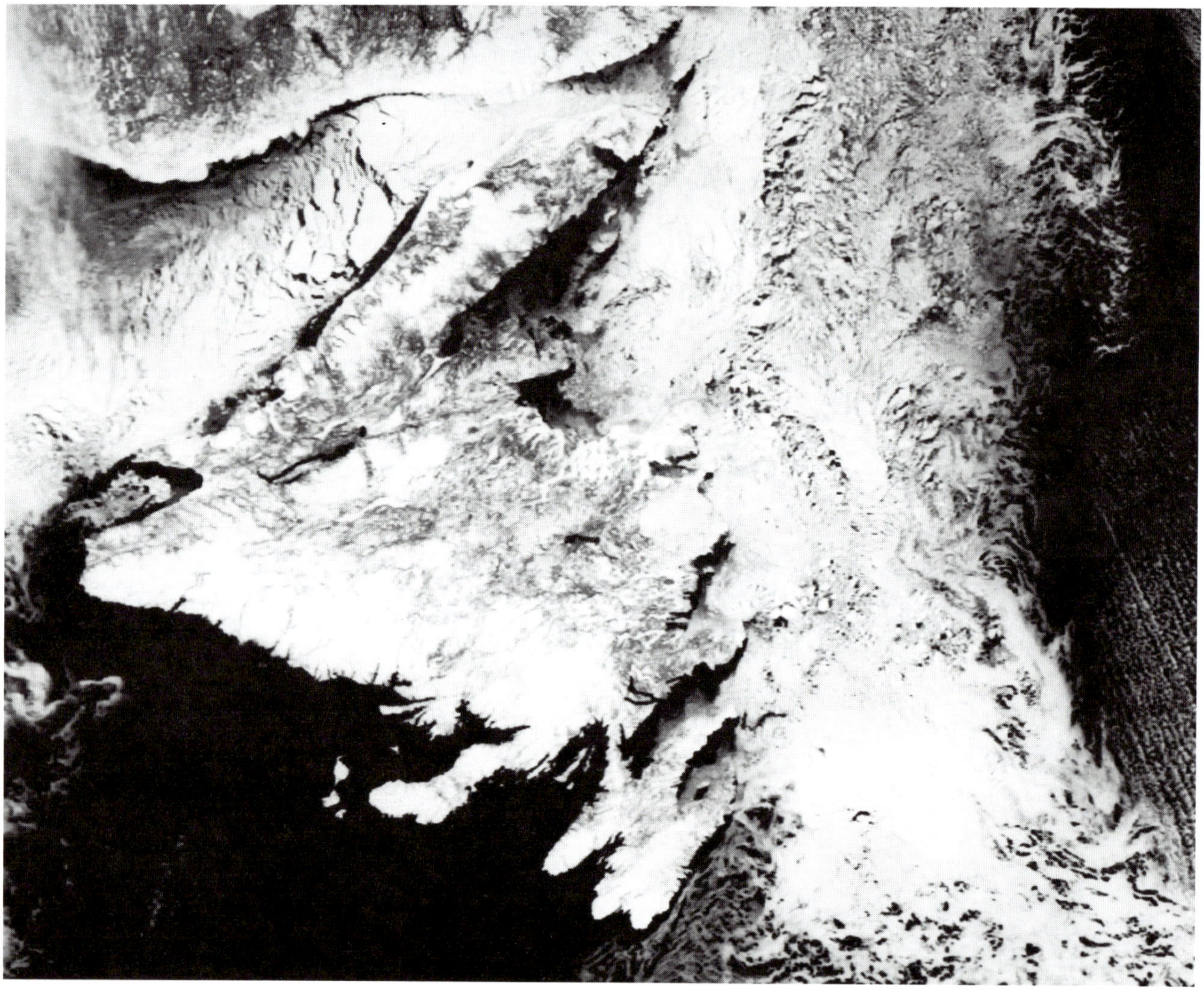

Voici une photo de l'île de Terre-Neuve prise par un satellite pendant son passage au-dessus de la province en hiver. Certaines zones blanches représentent des nuages et d'autres représentent la terre recouverte de neige. Il y a d'autres zones blanches sur la mer. D'après toi, qu'est-ce qu'elles représentent?

La superficie ou la grandeur de notre province

A la page 13, il y a une carte de Terre-Neuve et du Labrador au 1/10 000 000 ème. C'est-à-dire qu'un millimètre (mm) représente 10 kilomètres. La province couvre une superficie de 230 136 kilomètres carrés et elle est constituée de deux parties. Le Labrador couvre une supercifie de 154 000 kilomètres carrés et l'île couvre une superficie d'environ 76 000 kilomètres carrés. Notre province a 17 000 kilomètres de côtes, deux fois la distance de St. John's à Vancouver. Compare la superficie de Terre-Neuve et du Labrador.

Le nom de notre province

Selon les «**termes de l'union**» signé avec le Canada en 1949, notre province s'appelle Terre-Neuve. Puisque notre province est constituée de deux parties distinctes et importantes, notre gouvernement est appelé le gouvernement de Terre-Neuve et du Labrador. Beaucoup de gens utilisent également ce terme pour parler de notre province.

Les limites de notre province

Une limite ou une frontière divise deux territoires. La cour de ton école a des limites. Comment est-ce que tu sais où elles sont? Est-ce qu'il y a une barrière? Y a-t-il une limite autour de ta maison? Laquelle? Est-ce que tu connais d'autres sortes de limites?

Il n'est pas toujours facile de voir les limites ou les frontières. Si tu voyages en voiture sur la transcanadienne tu verras peut-être des panneaux qui indiquent Wesleyville, Port Saunders ou St. John's. Ils indiquent le début de la ville.

Imagine que tu traverses le Canada en voiture. Tu verras des panneaux qui disent «Bienvenue au Nouveau-Brunswick» ou «au Québec». C'est la limite des provinces sur les cartes. La mer est la limite d'une grande partie de notre province. Quelle province partage une frontière avec la nôtre? D'après toi, pourquoi faut-il des frontières?

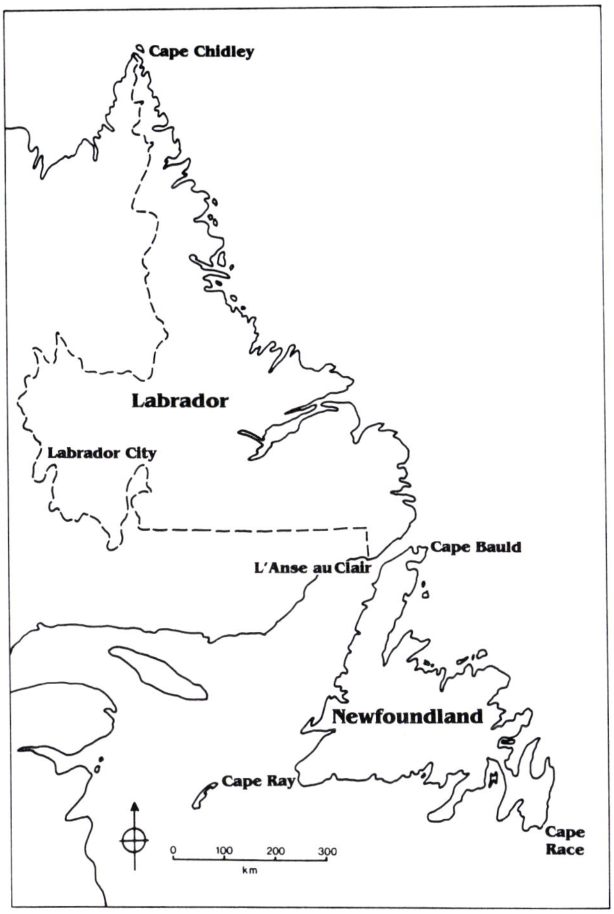

4

Le professeur va te donner une carte de Terre-Neuve et du Labrador. Dessine une ligne qui part du Cap Chidley, passe par Labrador City, puis L'Anse au Clair et revient au Cap Chidley. Quelle forme obtiens-tu? Quelle est la grandeur du côté le plus long? Fais la même chose du Cap Bauld au Cap Ray puis au Cap Race et au Cap Bauld. Compare les formes obtenues.

Les saisons

Regarde les photos ci-dessus. Elles ont été prises en décembre. Une a été prise au Canada et l'autre en Australie. Elles sont différentes, pourquoi?

Regarde le dessin de la page 15. La Terre penche légèrement sur un côté. Elle a une *inclinaison* de 22,5°. Tu sais que la Terre se déplace autour du soleil dans une **orbite**. Il faut 365,25 jours pour que la Terre tourne autour du soleil. Regarde la position A. Est-ce que le nord de la Terre est penché vers le soleil ou en direction opposée? Et le sud? Dans quelle partie de la Terre est le Canada? Et l'Australie?

La position A dans le diagramme de la page 15 représente une des positions de la Terre dans son voyage annuel autour du soleil. A ce moment-là, Terre-Neuve était penchée dans la direction opposée au soleil. Les jours étaient courts et les nuits étaient longues. Même lorsque le soleil brille, ses rayons ne sont pas à la verticale, ils forment un angle. Ils chauffent donc moins.

En Australie, les rayons du soleil chauffent plus car **l'hémisphère** sud est tourné vers le soleil. Les jours sont longs et très chauds. Chez eux, c'est l'été en décembre. Décris la position C. Explique ce qui se passe en Australie et à Terre-Neuve dans les positions B et D.

Près du Pôle nord, le soleil ne se couche jamais en été. En hiver, il fait noir pendant des mois.

✍# 5

Utilise le modèle ci-dessous comme guide pour faire un tableau. Ecris la durée du jour pendant les deux prochaines semaines. Dans le journal, à la météo ou sur la chaîne de télé «météo,» tu trouveras les renseignements sur le lever et le coucher du soleil. Refais la même chose dans trois mois. Qu'est-ce qui va se passer à ton avis? Vérifie plus tard si tu as raison.

la date	le lever	le coucher	la durée
2 mai	5h50	20h16	14h36

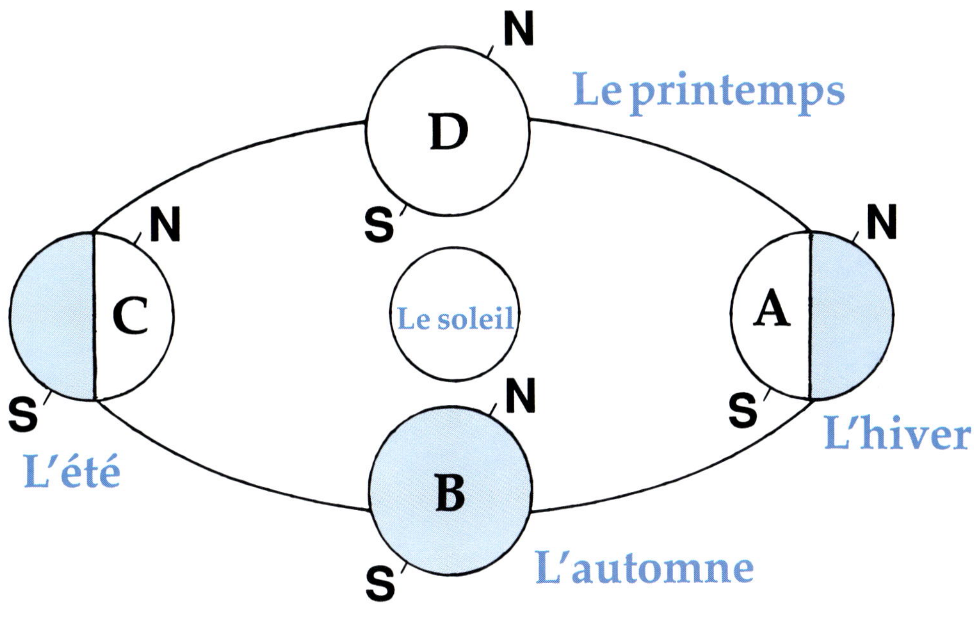

Le climat

Quand nous parlons de la météo, nous parlons du temps qu'il fait à l'extérieur chaque jour. Quand nous décrivons ces **conditions météorologiques** pour une longue période, nous parlons du **climat**. Nous ne savons pas quel temps il fera à Grand Falls le jour de Noël 2030. Mais nous connaissons suffisament le climat de cette région de Terre- Neuve pour savoir qu'il fera sans doute froid et qu'il neigera peut-être. Si nous connaissons le climat d'un endroit, nous savons quels vêtements emporter si nous allons en vacances. Par exemple, on n'emmène pas de combinaison de ski quand on va en vacances en Floride.

Quel est le climat de notre province? Il n'est pas facile de répondre à cette question car il n'est pas le même dans toutes les régions de Terre-Neuve. Le climat d'une région dépend d'un certain nombre de facteurs:

- Généralement, plus on va vers le nord, plus les jours sont courts en hiver et plus il fait froid.
- Les températures sont influencées par la proximité de l'océan. Par exemple, des endroits situés à la même latitude nord (Grand Falls et Gambo, ou Wabush et Black Tickle) n'auront pas les mêmes différences de température en été et en hiver. Ceux qui sont près de la mer seront plus chauds en hiver et plus frais en été. La mer se réchauffe lentement en été et se refroidit plus lentement que la terre en hiver.
- L'**altitude** influence aussi les températures. Il fera plus chaud en bas d'une montagne et plus froid en haut.

WABUSH

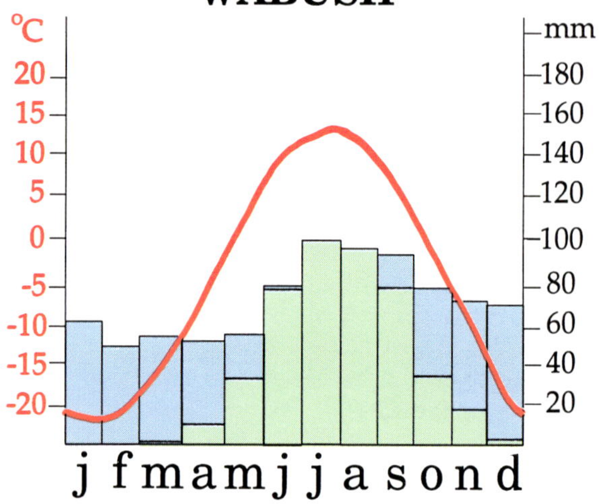

ST. JOHN'S

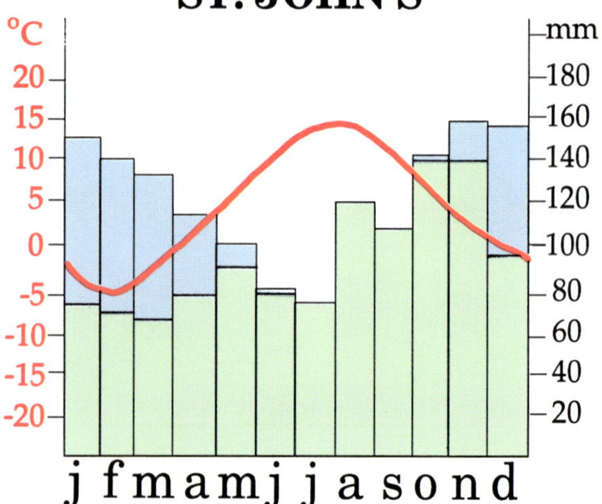

GANDER

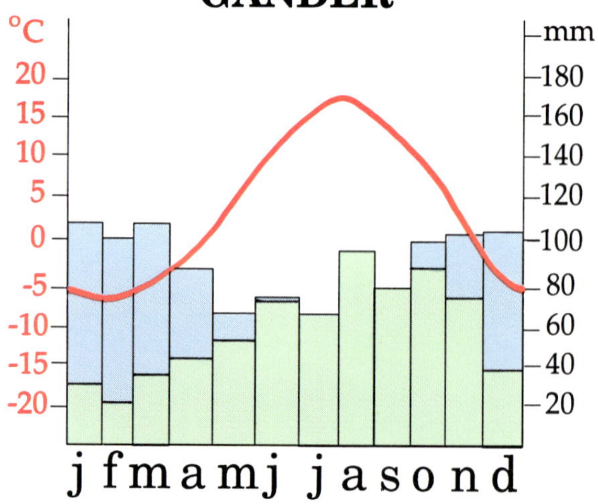

Etudie les **climatogrammes** de St. John's, Gander et Wabush (page 16). Quelle est la ville la plus froide en hiver? La plus chaude? La plus humide (pluvieuse) en été? Peux-tu expliquer pourquoi?

Ces cartes indiquent le même genre d'informations que celles des climatogrammes de la page 16. Elles donnent des renseignements sur les températures et les **précipitations** pendant les mois les plus chauds, et les mois les plus froids de l'année. Les tableaux donnent des renseignements pour les villes alors que ces cartes montrent des régions ou parties de la province dont les conditions climatiques sont similaires.

Les cartes de cette page indiquent la température moyenne et les précipitations (pluie ou neige) dans notre province en février et en juillet. Wabush et Cartwright sont à peu près à la même distance, au nord de l'équateur. Quel est l'endroit le plus chaud en été? En hiver? Pourquoi? Consulte la carte pour répondre à cette question. Où est située ta communauté? Compare la température avec celle de Labrador City ou Grand Bank. Y a-t-il plus de neige ou de pluie que dans le sud du Labrador ou la région de Port-aux-Basques? Peux-tu décrire le climat de notre province?

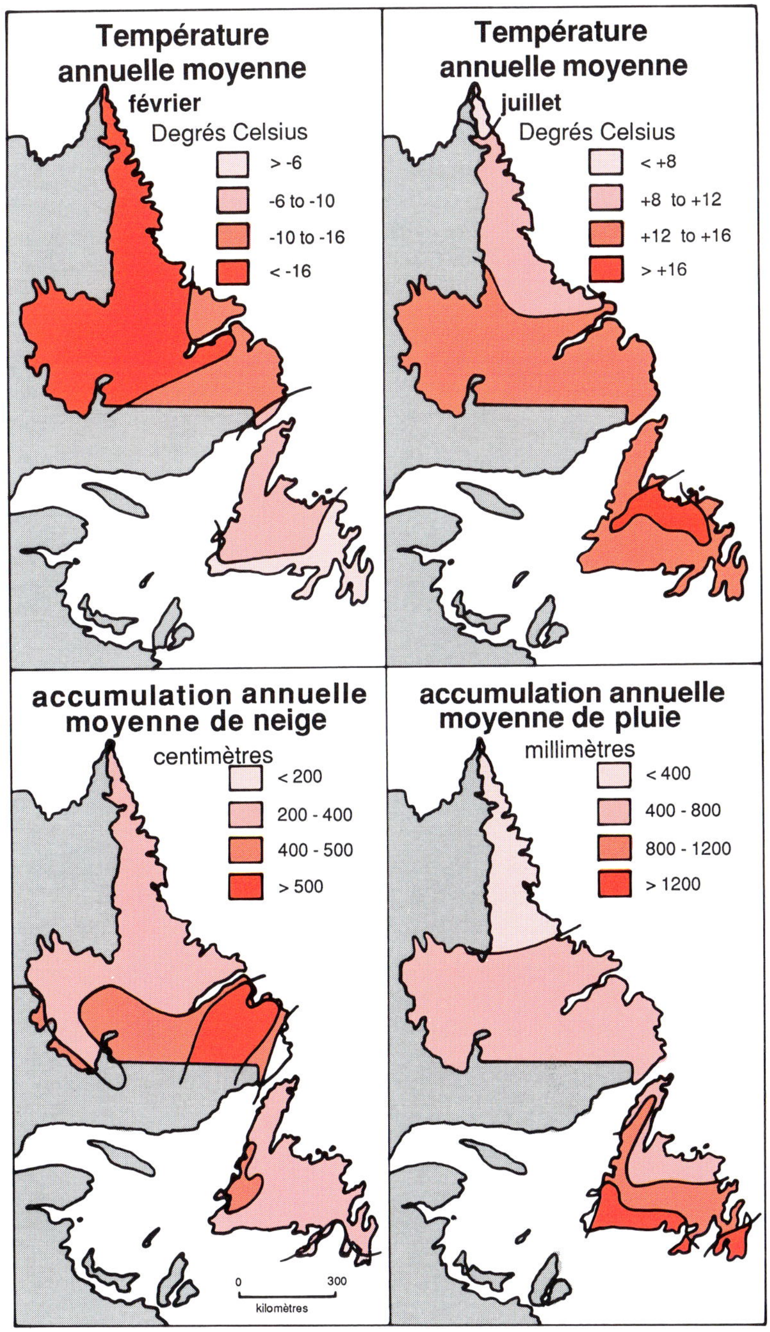

Le temps

Qu'est-ce que tu porteras à l'école demain? Est-ce qu'il pleuvra, ou neigera? Est-ce que tu pourras faire une excursion? Est-ce que ce sera une bonne journée pour faire de la voile?

Les réponses à toutes ces questions dépendent du temps qu'il fera. Le temps, c'est la chaleur ou le froid qu'il fera, l'humidité ou la sécheresse, ou le vent qu'il fera pendant un certain jour. Pour beaucoup de gens, les **conditions météorologiques** sont très importantes à cause de leur travail. Comment est-ce que le temps affecte les agriculteurs, les pêcheurs, les *bûcherons* et les gens qui travaillent dans la construction.

#6

Utilise le modèle ci-dessous pour faire un tableau. Inscris des éléments qui te permettront de décrire le temps des prochains jours. Refais la même chose dans trois mois. Est-ce que tu penses qu'il y aura des différences? Lesquelles?

	Date	Date	Date
Température (élevée, basse)	12 /2	4 /1	
Précipitations	aucune	nuageux	
Description du ciel	dégagé	nuaguex	
Vent (vitesse, direction)	20 km est	10 km ouest	

La géographie physique de notre province

Nous avons déjà parlé de la superficie et de la forme de notre province. Nous savons qu'elle ressemble à deux triangles et qu'elle est assez grande. Nous avons maintenant quelques idées du temps et du climat. Si tu devais décrire notre province à un visiteur, à quoi pourrais-tu la comparer? Pour répondre à cette question, nous devons connaître les aspects physiques, c'est-à-dire, les étendues d'eau et de terre de notre province. Mais il y a beaucoup de différences à l'intérieur de notre province. Il est donc difficile de décrire la province entière. Alors, nous allons décrire les différentes régions.

Quand on voyage dans la province, on voit beaucoup de paysages différents. Dans certaines régions, il y a des montagnes. Ailleurs, il y a des **terrains marécageux** ou des forêts.

Les photos qui suivent te montreront quelques aspects physiques de notre province.

Commençons notre voyage sur la côte sud de l'île, vers la péninsule Burin.

Continuons vers les péninsules de l'Avalon et de Bonavista sur la côte est.

Partons vers la péninsule de Baie Verte sur la côte nord-est.

Puis la péninsule du nord.

L'est du Labrador.

Vers l'ouest du Labrador.

Retournons sur l'île en direction du nord et de la côte ouest.

Et finalement vers le centre de Terre-Neuve.

Le dessin ci-dessous montre une partie des aspects physiques qu'il y a sous la mer dans notre province. Est-ce que ça ressemble beaucoup à la surface de la Terre?

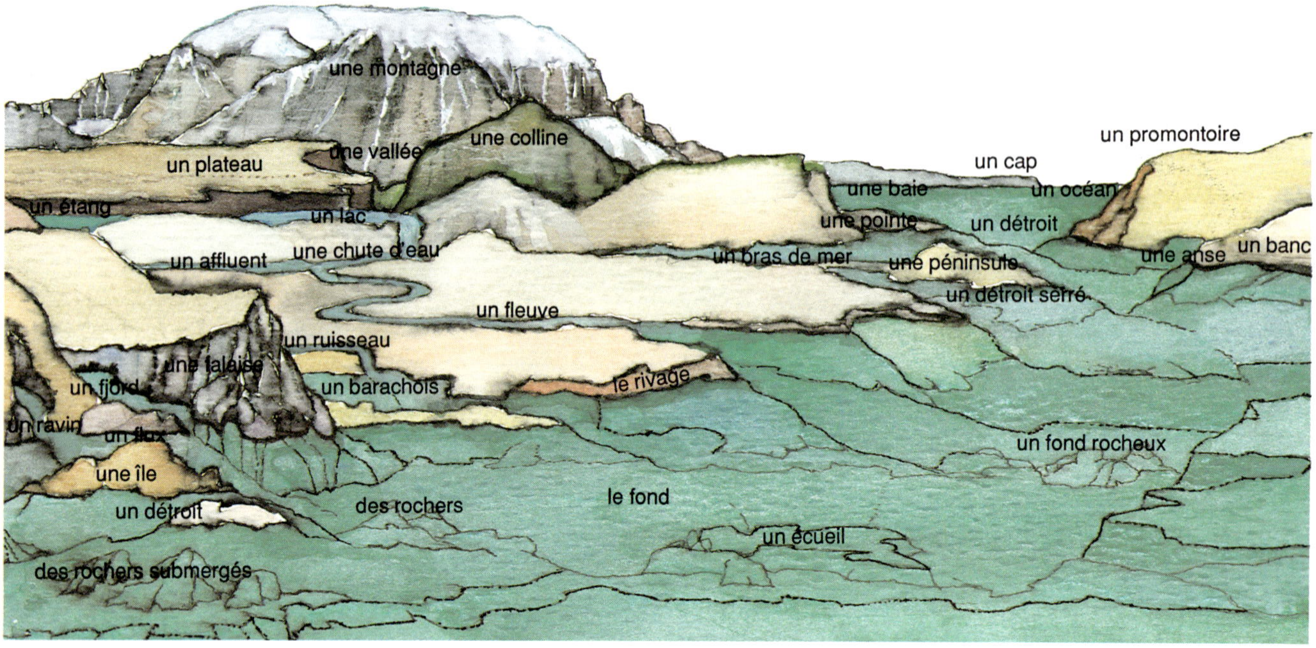

Ta communauté

Dans ce chapitre, nous avons parlé de l'environnement physique. Nous avons regardé la forme de notre province et nous avons vu à quoi ressemblent différentes parties de notre province. Dans ton cahier, tu as inscrit des informations sur la durée du jour et les conditions météorologiques dans ta communauté pendant une semaine. Maintenant, nous allons essayer de décrire d'autres aspects de ta communauté.

Dans quelle région de la province se trouve ta communauté? Est-elle près de la mer ou à l'intérieur de l'île? Regarde le dessin de la page 24. Combien de ces aspects physiques trouves-tu dans ta communauté ou tout près de celle-ci?

Si tu habites près de la mer, demande à un pêcheur s'il y a des **hauts-fonds** ou des **bancs de pêche** près de ta communauté. Où se trouvent-ils? Comment s'appellent-ils?

7

Suis le modèle ci-dessous pour faire un tableau. Décris les paysages (éléments) qui entourent ta communauté.

Aspects physiques	nom	description
un étang	Cooks Cove Pond	très grand, profond
un étang	Long Pond	long et étroit
un étang	Rocky Pond	petit et peu profond
un ruisseau	Big Brook Peu	profond, large
une colline	Signal Hill	très abrupte
une île	Green Island	petite, recouverte d'arbres
un détroit	Baccalieu Tickle	étendue d'eau séparant Baccalieu Island du continent

CHAPITRE 2

L'ENVIRONNEMENT BIOLOGIQUE

Dans le chapitre précédent, nous avons décrit les aspects physiques de la province. C'est-à-dire que nous avons décrit la surface de la terre au-dessus et au-dessous du niveau de la mer. Nous avons aussi parlé du temps et du climat parce qu'ils ont une influence sur l'aspect de la terre et de l'océan à différentes périodes de l'année. Dans ce chapitre, nous parlerons de l'environnement biologique, c'est-à-dire les différentes choses qui vivent sur le sol ou dans les eaux de notre province. Les êtres humains ne sont pas les seuls à faire partie de l'environnement biologique; ils le partagent avec beaucoup d'autres êtres vivants.

La végétation

Quand on pense aux êtres vivants, on pense immédiatement à ce qui bouge: les êtres humains, les animaux, les oiseaux et les poissons. Cependant, il y a beaucoup d'autres choses vivantes dans le monde appellées la végétation: les herbes, les fleurs, les baies et les arbres de toutes sortes. Quelle sorte de végétation pousse dans et autour de ta communauté? Y-a-t-il de grands arbres ou est-ce qu'il n'y a que quelques petits arbustes? Le genre de végétation d'une région dépend surtout de son type de sol et de son climat. Dans notre province nous avons un grand *éventail* de conditions climatiques et de sols. La végétation est donc très variée.

la toundra

les fonds marins, des algues

une grande forêt

des lichens

des marécages

des gaulthéries

une forêt

Ces photos montrent des types de végétation très courants dans la province. Quels types de végétation poussent près de ton école? Fais la liste des différentes choses qui poussent dans un rayon d'un kilomètre autour de ton école.

Les êtres vivants:

Les animaux, les poissons, les oiseaux et les insectes

La combinaison des aspects physiques et du climat produit différents types de végétation. Cela crée différents habitats pour un grand nombre de créatures vivantes. Les lacs, les ruisseaux et les océans autour de nos côtes fournissent tout ce qui est nécessaire aux besoins de différentes sortes de poissons. Les nombreux marécages de notre province créent des conditions idéales pour les orignaux, les caribous et les lièvres. L'abondance de petits animaux est idéal pour les **prédateurs** tels que les renards et les lynxs. En mer, les phoques se nourrissent de petits poissons. Là où il y a beaucoup de nourriture, on trouve beaucoup d'insectes, des abeilles, des papillons, des moustiques (*maringouins*) et des mouches noires. Beaucoup d'espèces d'oiseaux telles que les mouettes passent toute l'année à Terre-Neuve. D'autres telles que les rouges-gorges, par exemple, migrent vers le sud.

Quels animaux, poissons et oiseaux est-ce que tu vois dans ta communauté pendant l'été? Pendant l'hiver? Est-ce que ce sont les mêmes? Pourquoi est qu'il y a moins de rouges-gorges en hiver et moins de phoques en été? Est-ce que les animaux et les poissons vivent au même endroit tout l'année? Est-ce qu'ils migrent (changent d'endroit)? Les humains dépendent également de toutes les autres créatures vivantes. Beaucoup de gens vivent de la forêt ou de la mer. La **faune** fournit une source de loisirs pour les chasseurs et les pêcheurs à la ligne.

Le grand pingouin était un oiseau qui ne volait pas. Il mesurait soixante centimètres de haut et avait de petites ailes noires repliées sur un pelage blanc. Autrefois cette espèce était abondante à Terre-Neuve, mais c'était une proie facile. Le dernier grand pingouin vivant dans l'île a été tué dans les îles Funk vers 1800. A partir de 1844 la race avait complètement disparu dans le monde entier.

La martre des pins

A une époque, cet animal était très courant dans une grande partie de la province. Il se nourrit de visons, de chauves-souris, d'oiseaux et de fruits. Il vit dans les vieilles forêts, dans les arbres et les bûches creuses. Il a disparu à cause des trappeurs et de la **déforestation**. En 1934, il a été porté à la liste des animaux protégés et maintenant on ne le trouve plus que dans le sud-ouest de l'île. Si on continue à couper les grandes forêts, il risque de disparaître de l'île. Chaque année, 600 martres des pins sont capturées au Labrador.

Combien de ces animaux vivent près de ta communauté? Y en a-t-il qui vivent près de chez toi et qui ne sont pas parmi ces photos? Lesquels?

L'environnement humain

Jusqu'à présent nous avons étudié l'environnement physique (le sol, l'eau et l'air), la faune et la **flore** de la province. Les êtres humains partagent cet environnement naturel avec tous les autres êtres vivants.

En 1986, il y avait 569,350 habitants dans la province. Tous ces gens ont les mêmes besoins essentiels: nourriture, logement, etc. Ils ont des talents et des intérêts différents; ils ne se ressemblent pas et ne pensent pas de la même façon. Ils ont des origines différentes, ce qui enrichit notre province et fait que la culture est plus intéressante.

Les gens *exploitent* l'environnement pour construire les choses dont ils ont besoin. Nous construisons des routes, des ponts, des maisons et des écoles. Nous jouons, chantons des chansons et regardons la télévision. Toutes ces activités font partie de l'environnement humain.

Lorsque l'environnement humain devient plus grand et change, il affecte l'environnement naturel. Si nous coupons trop d'arbres, nous laissons le sol sans protection. Ceci peut causer de l'**érosion** ou des **inondations**. Nous devons essayer de satisfaire nos besoins, mais il ne faut jamais oublier qu'un environnement naturel intact nous est très important.

8

Imagine-toi propriétaire de grands bateaux qui transportent des conteneurs sur les océans. Ta compagnie emploie plusieurs centaines de gens. Tu es en compétition avec quatre autres compagnies, tu ne fais donc pas beaucoup de bénéfices. Il faudra peut-être vendre un bateau et *congédier* beaucoup d'employés sauf si tu peux économiser de l'argent.

Chaque fois qu'un de tes bateaux est à *quai*, tu dois payer des milliers de dollars pour vider l'huile des moteurs. Tu pourrais jeter cette huile à la mer quand tu navigues en mer. Personne ne le saurait et peu de gens s'en inquiéteraient. Cependant, en jetant cette huile, tu pourrais tuer des oiseaux de mer ou des poissons. Qu'est-ce que tu ferais? Pourquoi? Fais une liste des autres façons dont l'humain peut mettre l'environnement en péril.

Ces activités ont-elles changé l'environnement naturel?

Les ressources des différentes régions

Regardons les photos des pages 20 à 23. Nous voyons qu'il y a beaucoup de différences entre les régions. Dans certaines régions il y a beaucoup de marécages et de **marais**. D'autres sont couvertes de forêt. Dans d'autres, le sol est fertile et on peut le cultiver. La végétation est différente, donc les **ressources** sont différentes. C'est pourquoi les gens ont des emplois différents d'une région à une autre ou même à l'intérieur d'une seule région.

Les forêts du centre et de l'ouest de Terre-Neuve fournissent le bois pour la **pâte à papier.** Des centaines de travailleurs y sont employés. Il y a également des ressources forestières très importantes dans le centre du Labrador.

Les sols riches dans de nombreuses parties de la province sont très bons pour l'agriculture. C'est le cas dans la vallée Codroy, aussi bien qu'au centre de Terre-Neuve, au sud de la péninsule de Bonavista et dans certaines régions des péninsules d'Avalon et de Burin.

La faune de notre province représente également une ressource importante. Les plus intéressantes de toutes les espèces sont les nombreuses sortes de poissons qui vivent dans les océans le long de nos côtes. Dans la plupart des régions de notre province, la pêche représente une des ressources principales.

On trouve certaines de nos ressources principales, les minéraux, sous la surface du sol. La région de Wabush-Labrador City est riche en **gisements** de fer. On a déjà exploité des mines d'or, de spath fluor et de cuivre dans notre province.

Les grandes rivières fournissent une autre grande ressource de notre environnement naturel, car elles produisent de l'électricité. Par exemple les **chutes** de Churchill au Labrador et de Bay d'Espoir sur la côte sud de l'île, fournissent de l'électricité.

Quelle est l'activité principale dans la région où tu habites? Est-ce que la majorité des gens sont agriculteurs, pêcheurs, *bûcherons*, mineurs? Les gens ont-ils un autre emploi?

✍# 9

Prends une carte de la province. Indique au moins un endroit où on trouve les différentes ressources que nous avons étudiées.

L'usage de l'environnement: La péninsule de Port au Port

La péninsule Port au Port se trouve à la côte ouest de Terre-Neuve. Regarde la carte à la page 10. Quelles communautés se trouvent à la péninsule?

Bien des gens qui habitent à la péninsule Port au Port sont de souche française, mais des gens de souche anglaise et irlandaise y ont élu domicile. Ils profitent de l'environnement naturel pour répondre à leurs besoins, comme le font d'autres habitants de Terre-Neuve te du Labrador.

Tout en lisant les descriptions suivantes, réfléchis aux moyens dont les habitants utilisent leur environnement.

Les traits physiques -

- rivage plat, intérieur montueux.
- aucune grande rivière, de petits ruisseaux.
- peu de havres convenables.
- de la bonne terre à quelques endroits.
- dépôts calcaires.

Le climat -

- semblable à celui des autres parties de l'île.
- des tempêtes produisent des vents forts sur la péninsule exposée.

La faune -

- des endroits boisés. aucune grande foret.
- des régions de terrain infertile ou marécageux.
- des buissons à baies dans bien des endroits.
- du gibier et des poissons.
- des truites dans les ruisseaux.
- la morue et d'autres espèces de poissons dans les eaux littorales.
- des sternes et des canards sur la côte; des perdrix à l'intérieur.
- l'élan et les lièvres à l'intérieur.

Cap St. Georges

Blue Beach

Maisons d'Hiver

✍# 10

A l'aide des ressources principales décrites ci-dessus, compare la région dans laquelle tu vis avec la péninsule de Port au Port.

Les migrations et le peuplement

Les habitants de Terre-Neuve et du Labrador partagent l'environnement depuis au moins neuf mille ans. Ces gens vivaient en communauté pour répondre à leurs besoins de nourriture et de *logement*. Ils avaient aussi besoin de chaleur humaine et de compagnie. C'était plus facile pour l'éducation des enfants et pour le travail.

Aujourd'hui pour nous, le mot communauté veut dire un lieu où les gens vivent. Pourtant, autrefois, le mot avait le sens de «groupe de gens qui déménageaient plusieurs fois par an.» En été, ils vivaient sur la côte où il y avait du poisson. En hiver, ils trouvaient des endroits *abrités* dans l'intérieur de l'île où ils pouvaient vivre de la chasse. La communauté se déplaçait selon ce qu'ils trouvaient à manger. On appelait ces peuples des **nomades.**

Aujourd'hui la plupart des communautés restent toujours au même endroit. On dit qu'elles sont permanentes. Il y en a peu qui sont encore mobiles. Certaines communautés permanentes sont toutes petites, et ont moins de cent habitants. D'autres sont assez importantes. Elles ont des dizaines de milliers d'habitants. Certaines sont assez récentes; d'autres sont implantées depuis des centaines d'années. Certaines communautés permanentes ont disparu. Combien de ces communautés voit-on sur la carte ci-dessous?

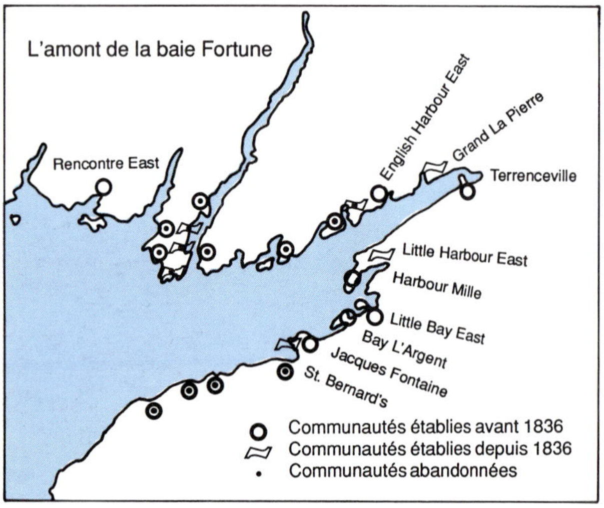

#11

Recopie la liste de ces lieux dans ton cahier d'exercice. Explique pourquoi on s'y était installé. Tu voudras peut-être ajouter le nom de quelques communautés de ta région. Connais-tu certaines communautés de ta région qui ont été abandonnées?

Lieu Raisons pour lesquelles on s'y est installé

Buchans

Churchill Falls

Fogo

Gander

Grand Falls

St. John's

Stephenville

Wabush

Ta communauté

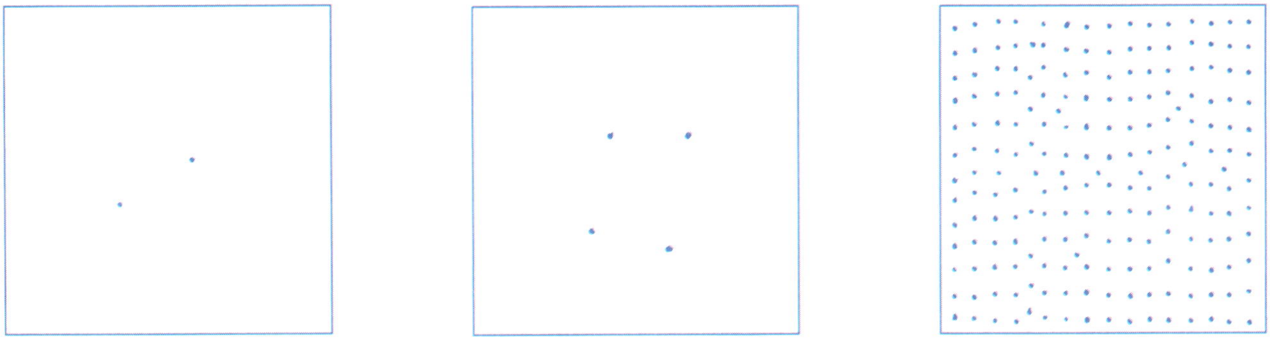

Imagine que les diagrammes ci-dessus représentent une région d'un kilomètre carré. Chaque point représente 10 habitants. Il y a 2 points dans le carré de gauche, c'est à dire 20 habitants au kilomètre carré. Combien d'habitants sont représentés dans les autres carrés?

Il n'y a que 20 habitants dans la région représentée à gauche. On dit qu'elle est faiblement peuplée. Il y a 2000 habitants dans la région représentée à droite, alors on dit qu'elle est fortement peuplée. Certaines régions de notre province sont faiblement peuplées, d'autres sont fortement peuplées. Regarde la carte. Quelles sont les régions fortement peuplées? Quelles sont celles qui sont faiblement peuplées? Est-ce que la région représentée dans la photo ci-dessous est fortement ou faiblement peuplée?

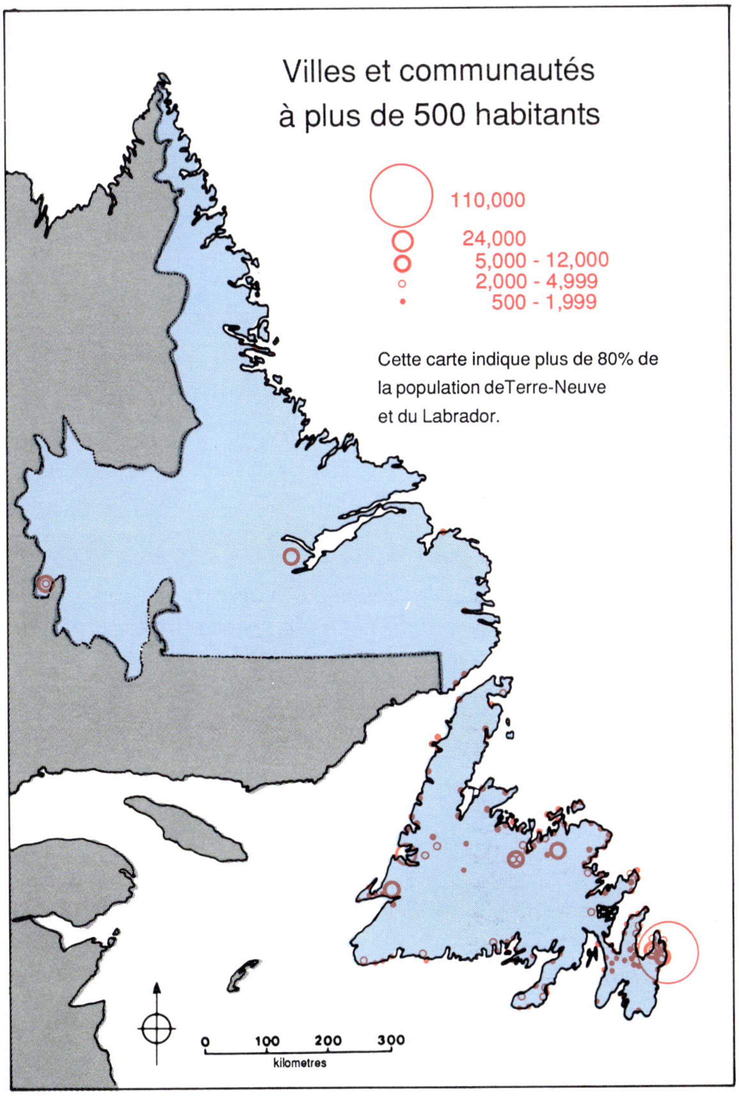

Les symboles qui nous unissent

Fais-tu partie d'une équipe de hockey, d'un club de ski, des guides ou des scouts, d'un club d'échecs? Est-ce que ton groupe a un badge, un *écusson* ou un autre symbole que vous portez tous pour montrer que vous êtes membres de ce groupe? Le symbole représente le groupe en général. Tous ces badges et ces écussons ont généralement un dessin qui explique ce qu'est ou ce que fait le groupe. Quand une personne porte un badge ou un écusson, elle veut montrer à tout le monde qu'elle est fière d'être membre de ce groupe.

A Terre-Neuve et au Labrador, nous avons des symboles spéciaux pour la communauté en général. Ils nous représentent et montrent que nous sommes fiers de notre communauté. Lorsqu'on examine les symboles d'une communauté, c'est une façon d'apprendre quelque chose sur cette communauté, le passé et les traditions de ses habitants.

Le drapeau de Terre-Neuve

Le drapeau a été dessiné par un artiste terreneuvien, Christopher Pratt. Il représente plusieurs symboles.

Les couleurs du drapeau sont symboliques: le blanc pour la neige et la glace; le bleu pour la mer, le rouge pour l'effort humain et la couleur or pour la confiance.

Chaque partie du drapeau est également symbolique. La partie bleue qui ressemble au drapeau britannique symbolise nos liens avec la Grande-Bretagne.

La grande partie rouge et or représente notre futur. Les triangles nous rappellent la forme de la partie attachée au continent (Labrador) et de l'île de Terre-Neuve. Une flèche en or pointe en direction d'un futur plein de promesses.

Dans le drapeau on retrouve aussi des symboles béothuks et des symboles chrétiens (la croix). La feuille d'érable stylisée symbolise notre union avec le Canada.

Les armoiries de notre province

Ces *armoiries* sont composées des symboles de notre province. En haut de l'écusson, il y a un élan qui nous rappelle le caribou qui vit dans notre province. Au centre, il y a les armoiries avec une croix en argent, des lions et des licornes. Ce sont les symboles de la Grande-Bretagne et ils nous rappellent nos liens avec ce pays. Ces armoiries sont tenues par des **aborigènes** qui se sont établis ici. Sur l'écusson est inscrit:

«Recherchez le royaume de Dieu»

✍#12

Exercice de groupe. Les objets représentés dans cette page sont de bons symboles. Pourquoi?

Lis les *hymnes* que le professeur t'as donnés. Est-ce qu'ils te donnent le sentiment que tu appartiens à une province ou à un pays? Pourquoi?

Les chansons qui nous unissent

Dans cette province nous chantons beaucoup de chansons différentes, mais il y en a trois qui montrent que nous appartenons à un certain groupe. Ce sont nos hymnes: «Ode to Newfoundland», «Ode to Labrador», et «O Canada», notre hymne national.

II
LA COLONISATION

Fais une liste des raisons pour lesquelles les gens déménagent. Y a-t-il des endroits où tu aimerais vivre? Où? Pourquoi?

Avant d'étudier comment notre pays a été colonisé, découvrons quelque chose sur nous-mêmes. Ton professeur va mettre trois cartes sur le tableau d'affichage: une carte de Terre-Neuve et du Labrador, une du Canada, et une du monde. A l'aide de punaises colorées les élèves devront identifier les endroits suivants (une couleur par question).

1. Est-ce que ta famille a habité ailleurs? Où?
2. Y a-t-il des membres de ta famille qui habitent ou qui ont habité ailleurs? Où?

✍ #13

Ton professeur va te donner deux cartes. Sur une d'elles, indique les endroits d'où viennent les gens de ton école et de ta communauté.

Sur l'autre, indique les endroits dans le monde où les gens de ton école ou de ta communauté sont partis vivre.

As-tu entendu dire que «le monde se rétrécit»? Qu'est-ce que ça veut dire?

Les enfants ci-contre ont des origines très différentes, mais ils sont tous Terre-Neuviens.

Le passé

Dans le chapitre 3, nous étudierons l'arrivée des gens qui sont venus s'installer à Terre-Neuve. Nous parlerons d'abord des gens qui sont arrivés il y a 9000 ans. Comment savons-nous qu'ils ont existé? Quand on s'intéresse au passé on fait comme les détectives. On cherche des indices pour résoudre les mystères du passé.

1. **Les objets du passé**

Est-ce que tu as déjà vu quelque chose qui appartenait à un de tes grand-parents? Est-ce que cet objet te donne des renseignements sur leur façon de vivre? Les choses que nos ancêtres nous ont laissées peuvent nous apprendre beaucoup de choses sur eux. Les gens qui habitaient à Terre-Neuve et au Labrador il y a des milliers d'années n'ont pas raconté leurs vies par écrit. Mais ils ont laissé des objets qu'ils utilisaient: des outils et des armes, des parties de maisons où ils vivaient. Voilà des *indices* qui nous renseignent sur leurs modes de vie. L'archéologie est la science du passé par l'examen des objets du passé. Un archéologue peut vraiment nous apprendre beaucoup de choses sur les gens en examinant les **artefacts**. On conserve les collections d'artefacts dans les musées.

2. **Les dessins**

Depuis des milliers d'années, les humains font des dessins des endroits où ils vivent, des gens et des événements. Quels renseignements nous apportent les photos sur la manière dont vivent les gens?

3. **Les maisons, les bâtiments et les monuments**

Imagine que des archéologues étudient ce qui reste de ta maison dans 1000 ans. D'après toi, qu'est-ce qu'ils trouveront? Qu'est-ce que ces artefacts leur apprendront sur ta manière de vivre?

Les vieilles maisons de ta communauté peuvent nous renseigner sur le passé, même si elles sont en mauvais état ou si elles ont été modernisées. Quelquefois nous réparons des vieilles maisons ou des bâtiments pour qu'ils ressemblent le plus possible à ce qu'ils étaient. On peut donc imaginer comment on y vivait.

Les vieux monuments et les *pierres tombales* peuvent nous apprendre beaucoup de choses sur le passé de notre communauté. Imagine que tu découvres beaucoup de tombes d'enfants dans un cimetière, et tous ces enfants seraient morts presque en même temps. Qu'est-ce qui aurait pu se passer? Quelles informations peux-tu trouver en lisant les pierres qui sont près de ton école?

Les scientifiques qui étudient le passé s'appellent des archéologues. Cette archéologue étudie comment les Esquimaux Dorset vivaient il y a 600 ans. Elle creuse les ruines d'une maison à Saglek dans le nord du Labrador. Les archéologues étudient aussi le passé en examinant des **épaves** de bateau comme celles retrouvées à Bay Bulls et à Red Bay par exemple.

4. Le folklore oral

Avant la venue de la télévision, des films etc, les gens se racontaient souvent des histoires pour s'amuser. Ils inventaient des histoires et des chansons à partir de leurs vies. Ces histoires et chansons étaient racontées et chantées de génération en génération. Une histoire peut avoir plusieurs versions, alors nous devons jouer les détectives.

Le Commissariat de St.John's a été restauré. Il ressemble à ce qu'il était il y a cent ans. En quoi les vieux bâtiments dans ta ville sont-ils différents des nouveaux? (la forme, les matériaux utilisés...)

5. Les récits écrits

Les journaux et les livres racontent les événements avec beaucoup de détails. Les lettres et les journaux intimes sont aussi des récits écrits. Ils décrivent ce que les gens pensaient de la vie autrefois. Est-ce que tu as quelque chose qui a été écrit par un de tes ancêtres?

Supposons que tu découvres des os ou des poteries. Peut-être que des gens vivaient ici il y a très longtemps. C'est interdit par la loi de toucher à ces objets. Il est important que les spécialistes étudient le site intact. N'oublie pas que seuls les artefacts peuvent nous permettre de découvrir le passé des hommes qui ont vécu avant nous.

 # 14

Fais une courte description d'un événement. Mettez-vous par groupe de cinq. Raconte l'histoire à quelqu'un d'autre et dis-lui de la raconter à une autre personne. Comment est-ce que la dernière personne t'a raconté l'histoire?

CHAPITRE 3
LES ABORIGÈNES D'AMÉRIQUE DU NORD S'INSTALLENT DANS NOTRE PROVINCE

A travers les siècles, beaucoup de groupes d'individus sont arrivés à Terre-Neuve et s'y sont installés. Bien avant l'arrivée des Européens, des groupes de natifs se sont installés ici. Nous allons en parler dans ce chapitre.

Il y a très longtemps, quatre peuples différents ont habité ici. Il y a eu les premiers Labradoriens, les Indiens archaïques maritimes, les premiers Esquimaux et les Esquimaux Dorset.

Certains peuples ont vécu pendant une certaine période, mais ils ont disparu. D'autres groupes ont survécu et font maintenant partie de la population de la province.

Ci-dessous tu trouveras leur nom et les symboles qui seront utilisés dans les prochaines pages pour t'aider à te souvenir des peuples que nous étudierons.

LES PREMIERS HABITANTS (INDIGÈNES) DE LA PROVINCE

Les Indiens

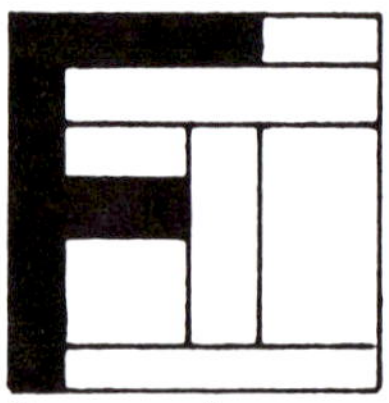

Les premiers Labradoriens

Les Indiens archaïques maritimes

Les Esquimaux

Les premiers Esquimaux

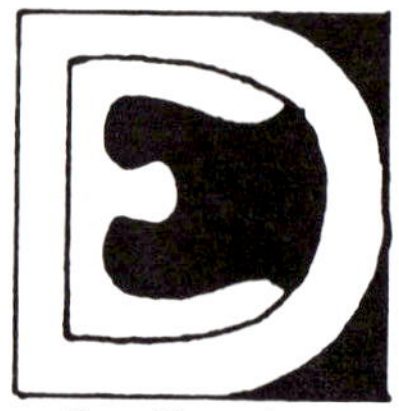

Les Esquimaux Dorset

LES HABITANTS (INDIGÈNES) SUIVANTS

Les Indiens

Les Innus (Montagnais, Naskapi)

Les Béothuks

Les Micmacs

Les Inuits

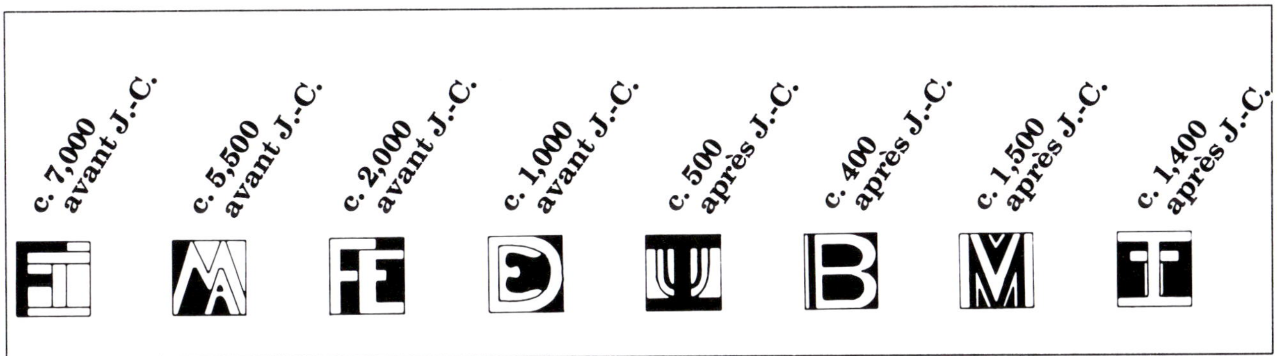

Etudie le tableau chronologique. A quelle époque est-ce que chaque peuple a vécu dans la province? Est-ce que plusieurs groupes y ont vécu en même temps?

Une ligne de temps nous aide à comprendre l'ordre chronologique des événements historiques et leur rapport au présent. Les premiers événements apparaissent tout à fait à gauche et le présent apparaît tout à fait à droite. Les nombres représentent les années. Certaines lignes de temps, comme celle de cette page, représentent une longue période de temps alors les divisions démarquent des milliers d'années.

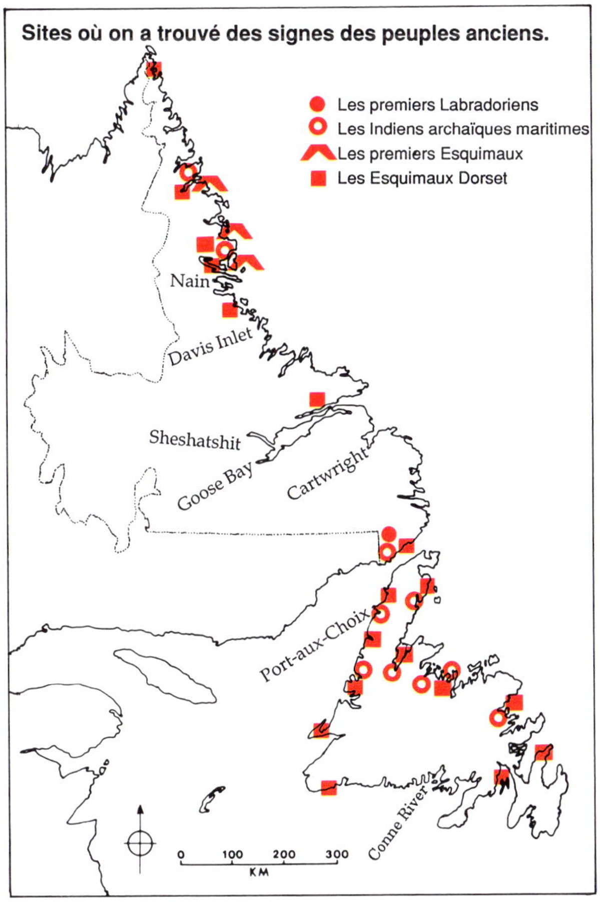

La carte indique les principaux sites où on a retrouvé des traces de ces peuples. Quels groupes ont vécu seulement au Labrador? Seulement sur l'île de Terre-Neuve? Dans les deux endroits?

Tu pourrais faire une ligne de temps de ta vie. Cependent, les espaces représenteraient une année chaque.

Tu remarqueras les expressions «avant J.-C.» et «après J.-C.» Notre calendrier débute avec la naissance du Christ. Nous approchons présentement l'année 2000, soit le nombre d'années depuis sa naissance (2000 années après J.-C.) Les événements qui ont précédé la naissance du Christ sont aussi indiqués, tel 1000 années avant J.-C.

Qui étaient les premiers habitants?

Les premiers Labradoriens

C'est dans le sud du Labrador qu'on a trouvé les premières traces d'humains dans notre province. Regarde la carte de la page 45 pour voir où ces premiers Labradoriens habitaient.

Quand ont-ils habité au Labrador? Pour connaître la réponse, regarde le tableau **chronologique** de la page 45. Quand est-ce qu'ils sont arrivés? Quand est-ce qu'ils ont disparu?

Nous ne savons pas beaucoup de choses sur la manière de vivre des Labradoriens en ce temps-là. Il semble que leurs communautés étaient petites. Ils vivaient sans doute le long de la côte presque toute l'année, là où ils chassaient et pêchaient. De quoi avaient-ils besoin pour vivre? D'après toi, qu'est-ce qu'ils chassaient?

Les archéologues n'ont pas encore trouvé de traces plus récentes de leurs outils. Peut-être que ces habitants sont tous morts. Peut-être qu'ils sont partis vivre ailleurs. Ou peut-être qu'ils ont adopté la façon de vivre de ceux qui sont venus habiter dans leur région. Si c'était le cas, il n'y aurait plus de traces.

✍#15

Les archéologues ont découvert plusieurs endroits où les Indiens archaïques maritimes vivaient. Un de ces sites est à Port au Choix sur la côte nord-ouest de Terre-Neuve. Regarde où se situe Port au Choix sur la carte de la page 45. Au centre d'interprétation de Port au Choix, on peut découvrir comment ils vivaient. Recherche des informations sur les différents peuples indigènes de Terre-Neuve et du Labrador.

Cet homme lance un harpon à tête mobile. C'est une des armes utilisées par les Indiens archaïques maritimes pour chasser les phoques et les morses. Le bout restait implanté après avoir touché l'animal. La longue ficelle permettait au chasseur de tirer l'animal jusqu'au rivage ou à son bateau.

Les Indiens «archaïques maritimes»

Les Indiens archaïques maritimes ont été le deuxième peuple à habiter notre province. Quand ont-ils habité notre province et où vivaient-ils? Regarde le tableau chronologique de la page 45 pour répondre à cette question.

✍# 16

Quand les Indiens archaïques maritimes tuaient un caribou, ils utilisaient beaucoup de parties du corps de l'animal. Essaie de penser à quoi servaient la peau, la viande et les os.

Les scientifiques pensent que les Indiens archaïques maritimes ne savaient pas utiliser les métaux. D'après la photo, qu'est-ce qu'ils utilisaient comme outils et armes? De quoi étaient-ils faits? Ces habitants mangeaient ce qu'ils chassaient et pêchaient. D'après la photo, qu'est-ce que c'était?

Les premières exportations des Labradoriens

Aux environs de 3000 avant J.-C., près de ce qui est maintenant Ramah, sur la côte du Labrador, les Indiens archaïques maritimes ont découvert une pierre qu'on appelle maintenant le silex noir de Ramah. Cette pierre était facile à travailler et améliorait vraiment leurs armes. Les couteaux et les flèches de harpons pouvaient être plus longs, plus fins et plus *tranchants*.

Les Indiens faisaient le *troc* de divers outils et armes entre eux. On a bientôt utilisé le silex noir de Ramah tout le long de la côte du Labrador et sur l'île de Terre-Neuve. Il a aussi été utilisé dans le golfe du Saint-Laurent, là où sont maintenant les provinces maritimes.

Les colons venus du Nord

Les premiers Esquimaux

Quand les Indiens archaïques maritimes vivaient à Terre-Neuve et au Labrador, un autre peuple est arrivé sur la côte nord du Labrador. C'était les Esquimaux. A l'aide du tableau chronologique de la page 41, trouve quand ils sont arrivés et combien de temps ils sont restés. Tu verras où on a trouvé leurs sites sur la carte de la page 45.

Les scientifiques ont découvert seulement des outils et des armes en pierre. Pourquoi est-ce qu'il est difficile de savoir comment ils ont vécu?

Les premiers Esquimaux vivaient sans doute presque comme les Indiens archaïques maritimes. Ils chassaient les phoques et pêchaient le long des côtes où ils vivaient toute l'année.

Regarde la page 45. Où vivaient les premiers Esquimaux et les Indiens archaïques maritimes? Regarde le tableau chronologique. Est-ce que les deux groupes auraient pu se rencontrer? Les scientifiques pensent que oui, mais on ne sait pas s'ils étaient en bons termes.

Les Esquimaux Dorset

Les Esquimaux Dorset ont été le troisième peuple à s'installer au Labrador. Regarde le tableau chronologique. Tu y verras combien de temps ils y ont vécu. D'après la carte, peux-tu dire où on a trouvé les artefacts qui nous racontent leur histoire?

Les scientifiques pensent que les habitations d'hiver de la période Dorset ressemblaient à celle-ci. Elles étaient partiellement creusées dans le sol. La structure de ces habitations était fabriquée à partir d'os de baleine ou de bois et recouverte de gazon ou de peaux. Pourquoi est-ce qu'ils utilisaient des os de baleines? Qu'est-ce qu'ils utilisaient pour faire la cuisine? En été, ils vivaient dans des tentes fabriquées en peau et faisaient la cuisine à l'extérieur. Pourquoi faisaient-ils la cuisine dehors en été et dedans en hiver?

La dernière trace des Dorset au Labrador date de 1500 avant J.-C. Nous croyons que la majorité d'eux avait déjà quitté l'île de Terre-Neuve à ce moment-là. Personne ne sait vraiment pourquoi.

C'est dans la région de Saglek que l'on a retrouvé cette sculpture d'un Esquimaux Dorset dans une pierre de stéatite. Elle ne fait que trois centimètres de haut et pourtant, elle nous permet de voir le genre de vêtements que portaient ces gens. Remarque le grand col qui servait peut-être de capuche.

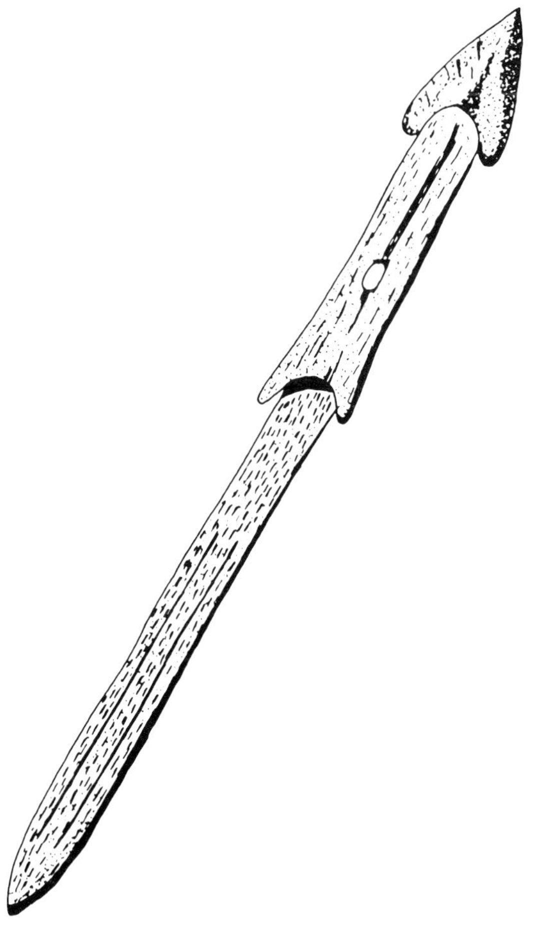

Les armes et les outils des Esquimaux Dorset étaient petits et fabriqués avec de la pierre, des bois de cerfs et de l'ivoire. Ils utilisaient la pierre de la région de Ramah. Pourquoi?

On a retrouvé cet ours sculpté dans la baie de Saglek. On a l'impression qu'il tombe vers l'arrière car il a été blessé à mort. L'ours a peut-être une signification religieuse. Son esprit était particulièrement important pour les Esquimaux Dorset. D'après toi, pourquoi? Ils croyaient en plusieurs esprits de la terre et de l'eau. Chaque peuple avaient certainement un prêtre ou chaman qui portait des masques et utilisait des amulettes et des charmes pour parler avec les esprits. Ils croyaient que ces esprits pouvaient les protéger.

Les Indiens de Terre-Neuve et du Labrador

Les Esquimaux Dorset ont disparu du Labrador mais d'autres groupes s'installaient déjà dans ce qu'on appelle maintenant notre province. Il y avait trois groupes: les Innus, les Micmacs et les Béothuks. Les Innus étaient formés de deux sous-groupes: les Montagnais et les Naskapi. Les Innus et les Micmacs ont encore des descendants parmi les Terre-Neuviens et les Labradoriens.

D'où venaient les premiers Indiens?

Les Naskapi vivaient dans le nord du Labrador depuis des centaines d'années avant l'arrivée des Européens. Les Montagnais qui sont arrivés au Labrador il y a environ cinq cents ans venaient de la rive nord du golfe du Saint-Laurent. Petit à petit, ils se sont installés à l'intérieur des terres jusqu'au lac Melville.

Les Micmacs venaient du Cap Breton et ils ont traversé le golfe du Saint-Laurent. Au début, ils sont sans doute venus pour chasser mais ils repartaient chaque année. Plus tard, il y en a qui se sont installés à Terre-Neuve de façon permanente. Il y a des écrits qui prouvent que les Micmacs venaient déjà à Terre-Neuve vers 1500. Mais d'après la tradition orale il y en avait bien avant.

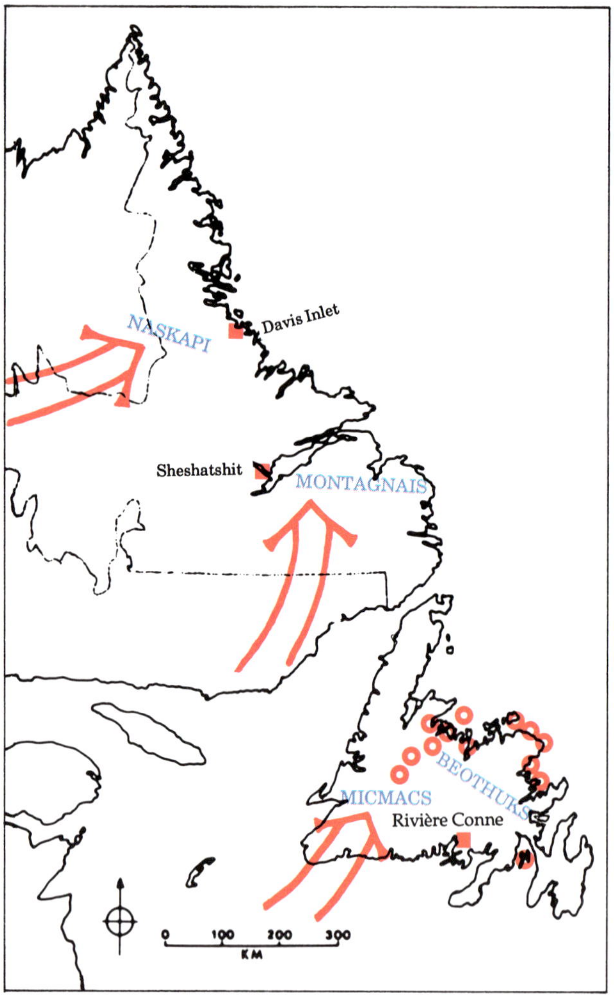

Cette carte montre les régions où les tribus indiennes ont vécu et les déplacements de trois d'entre elles. Le lieu d'origine des Béothuks n'est pas indiqué. Pourquoi? Cette carte montre aussi les principales communautés des trois peuples indiens qui vivent dans la province de nos jours. On voit également les principaux sites des Béothuks.

✍# 17

Dans les prochaines pages, tu étudieras les différents peuples indigènes qui ont survécu jusqu'à maintenant. Un seul peuple, les Béothuks, n'a pas survécu.

Dans ton cahier d'exercice, fais un tableau comme ci-dessous. Tu rempliras les colonnes après avoir lu les prochaines pages.

	Famille des premiers Inuits	Famille des premiers Micmacs	Ta famille
habitations			
nourriture			
habillement			
transport			

Les premiers Indiens - des chasseurs nomades

Les tribus d'indiens se déplaçaient de la côte vers l'intérieur, puis retournaient vers la côte selon les saisons. Regarde le dessin ci-dessus. Pourquoi penses-tu qu'ils auraient choisi un endroit tel que celui-ci?

Les déplacements au printemps, en été et à l'automne

Imagine que tu es un petit indigène. Chaque printemps tous les membres de ta famille doivent prendre tout ce qui leur appartient et marcher pendant longtemps à travers les forêts, les rivières et les marécages. Puis à l'automne, il faut refaire le même trajet pour passer l'hiver dans le centre de l'île.

Comment est-ce que tu te déplacerais pour parcourir ces grandes distances? Et maintenant, comment est-ce qu'on se déplace quand on va loin?

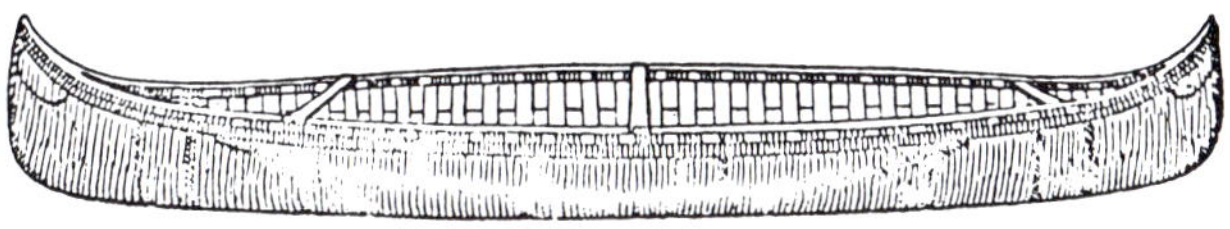

Les premiers Indiens voyageaient beaucoup sur l'eau. Leurs canoës étaient solides, légers et faciles à manier. Ils avaient une charpente en bois recouverte d'écorce de bouleau ou de peaux d'animaux.

✍# 18

Trois moyens de transport inventés par les premiers Indiens sont toujours utilisés aujourd'hui, mais pour différentes raisons. cependant, ils sont fabriqués avec des matériaux différents. Reproduis le tableau suivant dans ton cahier d'exercice, et remplis-le.

	canoë	raquettes	toboggan
Matériau utilisé par les indigènes			
Matériau utilisé aujourd'hui			

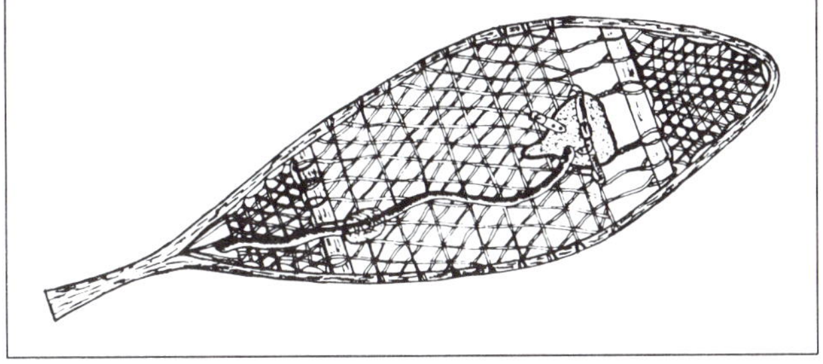

Lorsque les premiers Indiens se déplaçaient en hiver, c'était surtout pour aller à la chasse. Puisqu'ils marchaient dans la neige profonde, ils ont inventé les raquettes. Ils transportaient les objets lourds (par exemple les caribous qu'ils venaient de tuer) sur des toboggans ou des traîneaux.

Les ressources de la nature

Les premiers Indiens vivaient dans des wigwams. Il y en a deux sortes: des grands de forme conique et d'autres plus plats en forme de bol. Les Indiens utilisaient la deuxième sorte lorsqu'ils pensaient qu'ils ne resteraient pas longtemps dans un même endroit. Avec quoi est-ce qu'on fabriquait les wigwams?

Regarde l'illustration de l'habitation d'été des Beothuks. On a retrouvé des ***vestiges*** *d'habitations d'hiver des Béothuks dans le centre de Terre-Neuve. D'après toi, comment est-ce que les murs étaient fabriqués? Et les toits? On mettait de la mousse dans les trous entre les troncs d'arbres qui formaient les murs. Pourquoi est-ce qu'on utilisait de la mousse? Souvent le sol était légèrement creusé et la terre était empilée autour des murs pour garder la maison chaude.*

Les premiers Indiens n'avaient pas de marmites ni de casseroles car, elles n'existaient pas encore. D'après cette photo, peux-tu dire comment ils faisaient la cuisine?

Ces femmes Naskapi préparent les peaux avec des instruments spéciaux. La femme de gauche nettoie des morceaux de peaux et de graisse. L'autre enlève les poils. Qu'est-ce que les premiers indigènes faisaient avec les différentes parties des animaux? Est-ce qu'ils peuvent nous enseigner quelque chose en ce qui concerne le gaspillage? Quoi?

Chefs et enfants, chamans et charmes

Chaque groupe avait son chef. Quand il y avait des décisions importantes à prendre, tous les gens du groupe décidaient ensemble. Dans les tribus d'Innus, il y avait plusieurs chefs, dépendant des circonstances. Par exemple, si la tribu partait en voyage, il y avait un chef, mais pour la chasse il y avait un autre chef. On pense que les Béothuks avaient des chefs mais on ne sait pas comment ils gouvernaient.

Remarque le ***chaman*** *dans le dessin ci-contre. Les chamans étaient importants dans les tribus des premiers Indiens. On pensait qu'ils faisaient le lien entre le monde des esprits et les gens. On pensait aussi qu'ils pouvaient prévoir l'avenir et guérir les malades.*

Queue de castor était un jeune garçon de quinze ans très impatient. Il avait hâte d'être considéré comme un homme par le reste de sa tribu. Mais il devait s'y préparer.

D'abord, les adultes lui ont raconté de merveilleuses histoires sur les animaux. Ils lui ont dit que les animaux avaient des esprits. L'être humain devait donc respecter toutes les créatures vivantes, même s'il devait en tuer pour se nourrir. Les adultes ont averti qu'il fallait seulement tuer les créatures dont il avait besoin.

Ensuite, on a envoyé Queue de castor dans la forêt pour rencontrer un ami qui le protégerait pour le reste de sa vie. Ce serait un ami très spécial qui apparaîtrait sous la forme de l'esprit d'un animal. Queue de castor est resté dans la forêt pendant quatre jours. Il n'a rien mangé. Il a prié et a attendu que l'esprit apparaisse.

Finalement, Queue de castor a vu quelque chose dans le ciel. Ça ressemblait à un ours. L'ours est descendu vers lui et lui a dit : «Je suis ton ami et je te protégerai des mauvais esprits dangereux. Rentre chez toi et souviens-toi de moi.» Puis l'esprit a donné à manger à Queue de castor.

Queue de castor est rentré dans sa tribu tout content. Il a été accueilli avec joie. Il était enfin un homme.

Aujourd'hui, nous entendons beaucoup de gens dire que nous devons protéger la nature. Qu'est-ce que nous pouvons apprendre des premiers Indiens sur le respect de la nature?

Regarde cette photo d'une famille typique chez les premiers Indiens. Qu'est-ce que tu peux dire sur cette famille?

Si tu étais un enfant de cette famille, tu saurais que la tribu formait une sorte de grande famille. Elle était composée des grand-parents, des oncles et tantes et des cousins qui pouvaient aider quand on en avait besoin. Tu n'irais pas à l'école. Comment apprendrais-tu ce que tu dois savoir? Si tes parents étaient morts, d'autres membres de la famille s'occuperaient de toi.

Quelquefois, les parents choisissaient un mari ou une femme pour leurs enfants. Mais souvent, les enfants pouvaient choisir eux-mêmes.

Les Béothuks

Les Béothuks sont les seuls Indiens dont l'histoire n'appartient qu'à notre province. Il ne reste plus de Béothuks. Leur histoire est tragique car ils n'ont pas survécu à leur rencontre avec les Blancs. Dans ces pages, nous allons étudier leur façon de vivre et leur rencontre avec les Blancs.

Les premiers Européens à Terre-Neuve n'ont pas rencontré beaucoup de Béothuks. C'est peut-être parce qu'ils pêchaient le long des côtes de la péninsule de l'Avalon, et il n'y avait pas beaucoup de Béothuks dans cette région-là.

Plus tard, les pêcheurs et les trappeurs sont partis vers le nord, dans les baies de Bonavista et de Notre-Dame. La plupart des Béothuks vivaient dans cette région-là. L'été, ils descendaient les rivières pour rejoindre les côtes. Ils découvraient des pêcheurs dans les ports que les Béothuks utilisaient depuis longtemps. Les trappeurs tuaient beaucoup d'animaux dont les Béothuks dépendaient en hiver.

Pourquoi est-ce que c'était un problème que les Béothuks ne puissent plus pêcher le long des côtes? Imagine que tu es un petit Béothuk, ta famille ne peut pas pêcher où elle veut; quelle est ta réaction?

Les hommes et les femmes béothuks s'habillaient de la même façon. Leur vêtement principal était une tunique sans manche en peau de caribou. Quand il faisait plus froid, ils portaient des mocassins, des jambières (ou guêtres), se couvraient les bras et portaient des mitaines. Tout était fait avec des peaux d'animaux.

En 1612, quand John Guy et un groupe de colons exploraient Trinity Bay, ils ont trouvé un village béothuk, mais il n'y avait plus personne. Quelques jours plus tard, les natifs sont venus de l'autre côté de la baie pour souhaiter la bienvenue aux nouveaux arrivés. C'est un artiste qui a imaginé ce que leur rencontre aurait pu être. Qu'est-ce que le dessin représente? Plus tard, ils ont mangé ensemble. On pense qu'ils ne se sont jamais revus.

A la fin des années 1700, les Béothuks mourraient de faim dans la région du lac Red Indian et de la rivière Exploits. Les Béothuks ont pris de la nourriture, des filets et des outils qui appartenaient aux colons. Pourquoi? Certains colons ont détruit les wigwams des Béothuks et ont pris leurs fourrures. Quelquefois ils se tuaient car ils étaient en colère et ils voulaient se venger. Les colons avaient des fusils. Les Indiens n'en avaient pas.

Quand la pêche et la chasse étaient bonnes, les gens vivaient bien. Quand il n'y avait pas beaucoup de poissons ou de caribous, les gens avaient faim. Ils partaient pour essayer de trouver de la nourriture. Mais s'ils n'en trouvaient pas, beaucoup d'entre eux mourraient. Est-ce que tu sais qu'il y a des enfants qui meurent de faim aujourd'hui. Où? Qu'est-ce qui peut être fait pour les aider?

Trois enfants Béothuks

Nous connaissons un peu l'histoire de trois enfants Béothuks qui ont vécu avec les nouveaux habitants de Terre-Neuve il y a deux cents ans.

John August
En août 1768, un petit Béothuk âgé de quatre ans, son petit frère et sa mère ont rencontré des pêcheurs terreneuviens. Les pêcheurs ont tué sa mère et le bébé. Ils ont capturé le petit garçon et l'ont appelé John August car il a été capturé au mois d'août. Bien sûr, il avait déjà un nom béothuk, mais ils n'ont pas essayé de le découvrir. John a été emmené en Angleterre où on le montrait aux gens qui payaient pour voir «l'Indien rouge». Puis on l'a ramené à Terre-Neuve où il a grandi à Catalina. Plus tard il a travaillé pour un marchand à Trinity et il est devenu capitaine d'un bateau de pêche. Chaque automne, John disparaissait dans son canoë pendant deux ou trois semaines. Il allait sans doute voir sa famille. Il est mort à Trinity en 1788.

Oubee
En juillet 1791, une jeune Béothuk, son frère et son père étaient dans les bois près d'un ruisseau. Soudain, ils ont vu trois hommes blancs avec des fusils. Ces derniers croyaient que des Béothuks leur avaient volé des choses et ils les cherchaient. Ils ont tué le père d'Oubee et blessé son frère. Elle a essayé de s'échapper mais les hommes l'ont attrapée et l'ont emmenée à Trinity. On l'a placée chez un marchand. La fille a dit qu'elle s'appelait Oubee. John Clinch, un pasteur qui était aussi médecin, était gentil avec elle. Elle lui a enseigné quelques mots de sa *langue maternelle*. On a emmené Oubee en Angleterre où elle est morte quelques années plus tard.

Tom June
Nous ne savons pas autant de choses sur Tom June. Nous ne savons pas comment, quand, ni où il a été capturé. Certains écrits précisent qu'il vivait à Catalina, d'autres font mention de Twillingate ou Fogo. Il retournait souvent voir les siens. Il connaissait bien le centre de l'île et les explorateurs lui demandaient ce qu'ils y trouveraient. On dit qu'il s'est noyé lorsque son bateau a *chaviré* dans le port de Fogo.

A la fin des années 1700, il ne restait pas beaucoup de Béothuks. Ils n'ont pas survécu au contact avec les Blancs pour plusieurs raisons.

Les pêcheurs de Terre-Neuve les ont empêché de chasser et de faire la pêche. Certains ont été tués par ces pêcheurs. D'autres ont été malades à cause des microbes et des virus que les Blancs ont apportés. Le nombre de Béothuks a diminué et en 1829, ils avaient tous disparus.

Lorsque les habitants de Terre-Neuve se sont rendus compte que le nombre de Béothuks diminuait, ils ont essayé d'établir un contact avec eux. Ils voulaient les aider à survivre. Malheureusement, il était déjà trop tard pour les sauver.

✍# 19

Regroupez-vous afin de mettre en scène ces trois histoires. Jouez les rôles des différents personnages. Imaginez leurs sentiments.

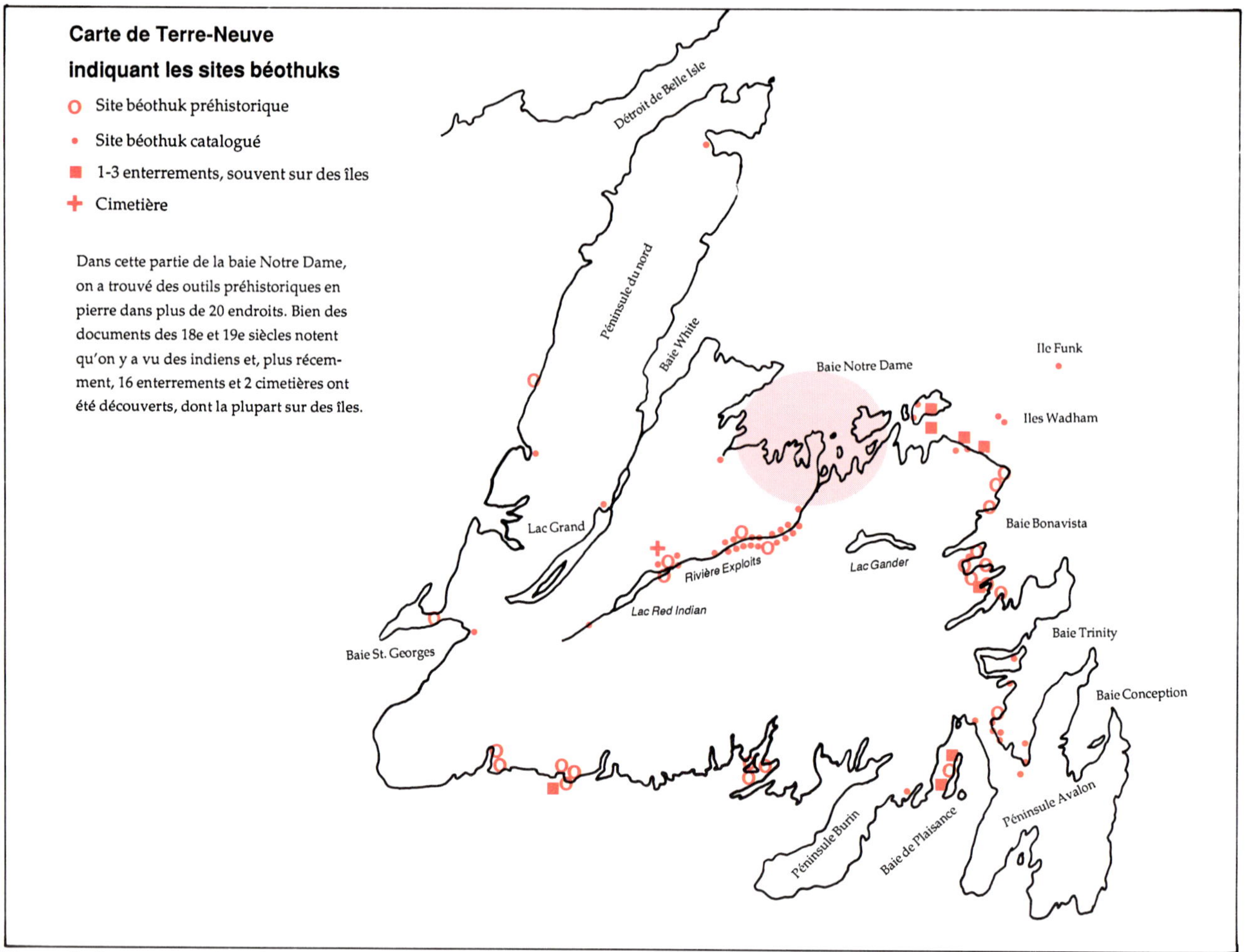

Regarde la carte et situe les régions où les Béothuks vivaient. Quelles sites sont les plus proches de ta communauté?

En 1823 une jeune femme béothuk, Shanawdithit, sa soeur et sa mère sont sorties d'une forêt près de Grand Falls. Elles étaient malades et mouraient de faim. Beaucoup de Béothuks de leur tribu étaient déjà morts. Un Terre-Neuvien a rencontré Shanawdithit sa mère et sa soeur, les a emmenées chez lui et leur a donné à manger.

Il y avait des Terre-Neuviens qui voulaient être amis avec les Béothuks. Ils leur ont donné de la nourriture, des cadeaux et un bateau pour qu'elles retournent chez elles. Ils espéraient qu'elles diraient aux leurs que les Blancs avaient été bons avec elles. Cependant elles n'ont trouvé personne, alors elles sont revenues à Grand Falls. La mère de Shanawdithit et sa soeur sont mortes peu après. Shanawdithit a fait des dessins pour expliquer le mode de vie de son peuple aux Terre-Neuviens. Elle est morte en 1828. Nous croyons qu'elle était la dernière de son peuple.

Les Innus

Une famille naskapi environ 1890.

Souviens-toi qu'il y a deux groupes d'Innus au Labrador, les Montagnais et les Naskapi. La principale communauté des Montagnais se situe à Sheshatshit. Les Naskapi vivent surtout à Davis Inlet. Recherche ces deux endroits sur la carte de la page 45.

Les Innus ont acheté des outils, des couteaux par exemple, des premiers marchands européens. D'après toi, pourquoi voulaient-ils ces outils? Pourquoi étaient-ils mieux que les outils que les Innus utilisaient? Pour payer ces outils, ils devaient leur donner des fourrures aux marchands.

 # 20

On peut supposer qu'il y avait des *querelles* dans les tribus Innus. Certains voulaient échanger les fourrures contre des outils en métal, d'autres ne voulaient pas faire d'échange avec les Européens.

Divisez la classe en trois groupes: le conseil de la tribu, un groupe qui sera pour les échanges et l'autre qui sera contre. Préparez vos idées, présentez-les, et le conseil décidera ce qu'il faut faire.

Les Micmacs

Aujourd'hui il y a plusieurs milliers de Micmacs qui vivent sur l'île de Terre-Neuve. Beaucoup d'entre eux vivent à Conne River, dans la baie d'Espoir. Situe cet endroit sur la carte de la page 45. Le gouvernement du Canada les considère maintenant comme un peuple indigène.

Les Micmacs venaient du Cap Breton et traversaient le golfe du Saint-Laurent en canoë pour arriver à Terre-Neuve. La majorité repartait au Cap Breton après la saison de pêche mais certains restaient à Terre-Neuve.

Dans les années 1600, les Français ont établi des colonies en Nouvelle-Ecosse. Les Micmacs les ont aidés à s'adapter à la vie en Amérique du Nord. Les Français les ont convertis au catholicisme. Ils échangeaient des fourrures contre des couvertures de laine, des couteaux et des haches, des *bouilloires* en fer et des fusils. Avec les fusils, ils pouvaient tirer plus loin qu'avec leurs harpons et leurs flèches.

La majorité des Micmacs a continué à vivre en Nouvelle-Ecosse. Mais comme les animaux à fourrure devenaient de plus en plus rares, il y en a de plus en plus qui sont partis chasser à Terre-Neuve. Ils emmenaient leurs fourrures à la base française de Plaisance. Quand les Français ont quitté Plaisance, certains Micmacs ont continué à venir chasser à Terre-Neuve. De temps en temps, ils rencontraient des Béothuks. Ils se battaient parfois, mais généralement, ils s'évitaient.

Les photos de cette page et de la page suivante, qui de 1900, représentent des chasseurs et une famille micmacs.

Les Micmacs ont commencé à faire du commerce avec les Anglais pour les produits dont ils avaient maintenant besoin: des couvertures, des couteaux, des fusils, de la farine, du bacon, du thé. Ils ont commencé à porter des vêtements européens et à vivre dans des maisons en bois plutôt que dans des wigwams. Certains se sont installés dans le centre et le sud de l'île, et dans la région de la baie Saint-Georges. La principale communauté Micmac d'aujourd'hui est à Conne River.

Mais dans les années 1800, il y a eu des problèmes. Les Européens se sont installés dans des régions où les Micmacs chassaient depuis des générations. Les caribous, leur principale source d'alimentation, sont devenus rares. Le prix des fourrures est tombé. Il a fallu que les gens de Conne River trouvent une autre façon de gagner leur vie. Ils ont commencé à vendre du bois pour le feu aux Anglais et à fabriquer des *barriques*. Ils guidaient aussi les Anglais qui voulaient voyager au centre de l'île.

Ils ont trouvé qu'il était utile de parler anglais. Dans les écoles, les centres de soins et les bureaux du gouvernement, on ne parlait que l'anglais. Certains d'entre eux ont épousé des Anglais(es). Maintenant, il n'y a plus que quelques Indiens micmacs qui parlent leur langue maternelle.

De nos jours, les Micmacs terreneuviens ont peur qu'on oublie leur passé. Ils essayent de faire revivre leurs légendes, leur histoire, leur langue et leur culture. Ils veulent qu'on n'oublie pas qu'il y a un groupe de natifs qui vit dans le sud de l'île et qu'ils sont fiers de leur passé.

Les Inuits

La nourriture des Inuits dépendait des saisons. Quelles habiletés devaient-ils développer pour trouver de la nourriture?

Les Inuits du Labrador n'ont pas la même histoire que les tribus indiennes que nous venons d'étudier. Ils avaient des aptitudes, des outils, des **traditions** et des histoires différents.

Aux environs de 1500 avant J.-C. ils sont arrivés par le nord et se sont installés sur la côte du Labrador. Regarde la carte de la page 45. Les descendants de ces indigènes vivent toujours dans le nord du Labrador. Les trois plus grandes communautés sont: Nain, Hopedale et Makkovik. Quelle est la communauté la plus au nord? La plus au sud?

Ils ont été appelés Esquimaux par les premiers Européens qu'ils ont rencontrés. Beaucoup de gens les ont appelés ainsi. Cependant, ils ont toujours employé le mot Inuit eux-mêmes. C'est le nom qu'on utilise maintenant.

Etudions maintenant comment vivaient les premiers Inuits. Imagine comment vivaient les enfants inuits de ton âge à cette époque-là.

Les lois

Y a-t-il des règles à respecter chez toi? A l'école? Qu'est-ce qui se passe si tu ne les respectes pas? Est-ce que tu seras puni? Les lois ressemblent aux règles. Ce sont des règles établies par un gouvernement. Qu'est-ce qui arrive quand on découvre qu'une personne ne respecte pas la loi?

Les premiers Inuits n'avaient pas de **gouvernement**, alors ils n'avaient pas de lois comme nous en avons. Mais il y avait des règles que tout le monde devait suivre. Pour une petite offense, il y avait une petite punition. La punition pour un crime sérieux, comme un *meurtre* par exemple, était décidé par un groupe d'hommes dans la communauté. Ce n'était pas la police qui faisait respecter la loi. Tous les Inuits de la communauté aidaient à conserver la paix entre eux. Est-ce que tu penses qu'on pourrait vivre sans la police, comme les premiers Inuits? Pourquoi?

Dans ce jeu, on lançait un crâne de lapin en l'air. Il fallait le frapper avec un os.

Les jeux

Chez les premiers Inuits, les hommes pratiquaient la *lutte*, la boxe et le *tir à l'arc*. Les femmes et les filles aimaient le *tir à la corde*.

Les premiers Inuits fabriquaient leurs jouets à partir des objets quotidiens. D'après ce que tu viens de lire, et les images ci-contre, quels objets employaient-ils? D'où les ont-ils eus? Comment leurs jeux diffèrent-ils des jeux que tu joues avec tes amis?

Les premiers Inuits aimaient les jeux de balle. Ces balles étaient faites de morceaux de peaux cousus ensemble et remplis de cheveux. Dans ce jeu, chaque équipe essayait de lancer la balle dans le but de l'autre équipe à l'aide de pinces attachées à un bâton.

Les habitations des Inuits

Les premiers Inuits ne vivaient pas tout le temps dans la même habitation. Ils avaient une habitation pour l'hiver et une autre pour l'été.

Les premiers Inuits aimaient danser au rythme des tambours recouverts de peaux de phoque tendues. Par deux, les femmes chantaient «des chants de gorge,» c'était souvent un des grands moments de la fête.

✍# 21

Imaginez que la classe est une communauté Inuit. Un Inuit accuse un autre d'avoir volé une peau de phoque. On considère que c'est un crime sérieux. Alors on réunit un groupe de personnes pour décider comment punir le coupable. Mettez cette situation en scène.

La religion

Les Inuits croyaient que le monde était plein d'esprits appelés torngats. Les Inuits pensaient qu'ils devaient toujours faire plaisir aux esprits. Sinon, ils ne feraient peut-être pas de bonne chasse ni de bonne pêche.

Les Inuits parlaient aux torngats par l'intermédiaire des angagoks ou prêtres. Les angagoks leur disaient ce que les torngats voulaient qu'ils fassent. Les torngats leur imposaient beaucoup de règles religieuses auxquelles ils devaient obéir.

Les Inuits croyaient en la vie après la mort. Ils croyaient que leur esprit irait dans un endroit plus agréable que la terre. On brûlait ce qui leur appartenait pour les aider dans leur nouvelle vie.

Les Inuits rencontrent les Européens

Okik était un jeune Inuit qui vivait dans le nord du Labrador au début des années 1700. Il n'avait jamais entendu parler des Blancs. Il ne connaissait pas les autres régions de son pays. Un jour, sur le **rivage**, il regardait en direction de la mer. Il n'en croyait pas ses yeux. Il n'avait jamais vu de bateau aussi gros. Il était bien plus gros qu'un kayak ou qu'un oumiak. En fait, il avait l'air très bizarre. Okik était surpris et il avait peur. Qui était dans cet étrange bateau? C'était peut-être des mauvais esprits.

Il a couru annoncer la nouvelle au village. Tout le monde a accouru voir cette chose étrange. Personne n'avait jamais vu, un bateau pareil même pas la plus vieille personne du village.

La mère d'Okik a dit à son père: «Ce sont peut-être des hommes étranges habillés d'une façon curieuse et qui parlent des langues bizarres. Tu te souviens que ton oncle qui habitent plus loin sur la côte t'en a parlé?»

«C'est peut-être eux,» a répondu le père d'Okik. «Je l'espère, car ils auront des couteaux durs qu'on pourra avoir.»

Les parents d'Okik avaient raison. Ces visiteurs étaient Européens. Ils se sont approchés des côtes, ont mis un petit bateau à la mer et ont ramé jusqu'au rivage.

Caché derrière ses parents, Okik observait les étrangers et les Inuits qui se faisaient des signes. Les visiteurs ont montré des couteaux au père d'Okik. Il n'en avait encore jamais vu qui ressemblaient à ça. Par des signes, les visiteurs ont bien fait comprendre qu'ils voulaient des fourrures d'animaux en échange pour des couteaux.

Puis les visiteurs ont offert quelque chose à boire aux parents d'Okik. Ils l'ont *craché* car ils trouvaient que c'était mauvais. Les visiteurs ont ri et en ont bu eux-mêmes. Peu de temps après, la plupart des adultes du village en buvaient aussi et ils en voulaient plus. Les visiteurs leur en donnaient en échange de fourrures.

C'est ainsi qu'Okik et les gens de son village ont rencontré les Européens pour la première fois. C'était au début des années 1700. Dans les années qui ont suivi, il y a eu beaucoup de *malentendus* et de bagarres entre les Inuits et les marchands européens.

Quand Okik était plus âgé, d'autres hommes sont venus. Ils ont dit qu'ils appartenaient à l'Eglise moravienne, qu'ils appelaient «United Brethren». Ils venaient d'Allemagne et du Danemark, des pays loin à l'est. Contrairement aux marchands, les Moraviens parlaient la langue des Inuits. Ils ont dit qu'ils l'avaient apprise avec les Inuits du Groënland. Ils voulaient aider Okik et son peuple. Ils voulaient les protéger de ces marchands qui les volaient et leur vendaient de l'alcool. Ils voulaient aussi leur parler de leur Dieu et de la religion chrétienne.

Okik et les siens ont eu confiance dans les Moraviens. Ils ont construit des écoles, des églises et des établissements de commerce.

La structure de l'habitation d'hiver étaient en os de baleine. D'après toi, pourquoi? Avec quoi recouvraient-ils cette structure? Quand la neige commençait à tomber, ils l'entassaient tout autour de la maison pour empêcher le vent froid de rentrer. L'habitation d'été (ci-dessus) ressemblait à une tente. Elle était recouverte de peaux d'animaux.

Petit à petit, beaucoup d'Inuits se sont installés de façon permanente. Aujourd'hui, les principales communautés d'Inuits sont à Nain, Hopedale et Makkovik.

Comment Okik a-t-il réagi quand il a vu ces Blancs pour la première fois? Quelle serait ton impression si tu voyais des extra-terrestres atterrir près de chez toi? Raconte une histoire à ce sujet.

✍# 22

Le professeur va te donner une carte sur laquelle tu verras l'Allemagne, le Danemark et le Groënland. Avec des flèches, indique le trajet que les Moraviens ont suivi pour aller au Labrador. Situe et inscris les communautés de Nain, Hopedale et Makkovik.

CHAPITRE 4

LES PREMIERS EUROPÉENS À TERRE-NEUVE

Dans le dernier chapitre, nous avons parlé des premiers habitants de l'île. Ils vivaient dans d'autres régions d'Amérique du Nord avant de s'installer dans cette partie du continent. Dans ce chapitre-ci, nous allons parler des premiers Européens sur notre sol. Ils ont dû traverser l'océan Atlantique pour y arriver.

Trouver le chemin

A une certaine époque, les navigateurs ne voulaient pas quitter les côtes de vue car ils avaient peur de se perdre. En 1200, les navigateurs européens utilisaient les **compas magnétiques**. La pointe du compas indique toujours le nord, les navigateurs savaient dans quelle direction ils allaient. Mais s'ils étaient au milieu de l'océan, ils ignoraient toujours où ils étaient. Pour le savoir, ils devaient connaître leur latitude et leur longitude. Aux environs de 1490, les navigateurs avaient appris à trouver leur latitude en mesurant l'angle des rayons du soleil. Ils savaient maintenant s'ils se trouvaient au nord ou au sud de l'équateur et s'ils en étaient loin. S'ils connaissaient leur latitude et leur longitude, ils pouvaient se diriger sur les océans. Ils ne savaient toujours pas comment trouver leur longitude. C'est donc pour cette raison que les premières cartes ont l'air étrange.

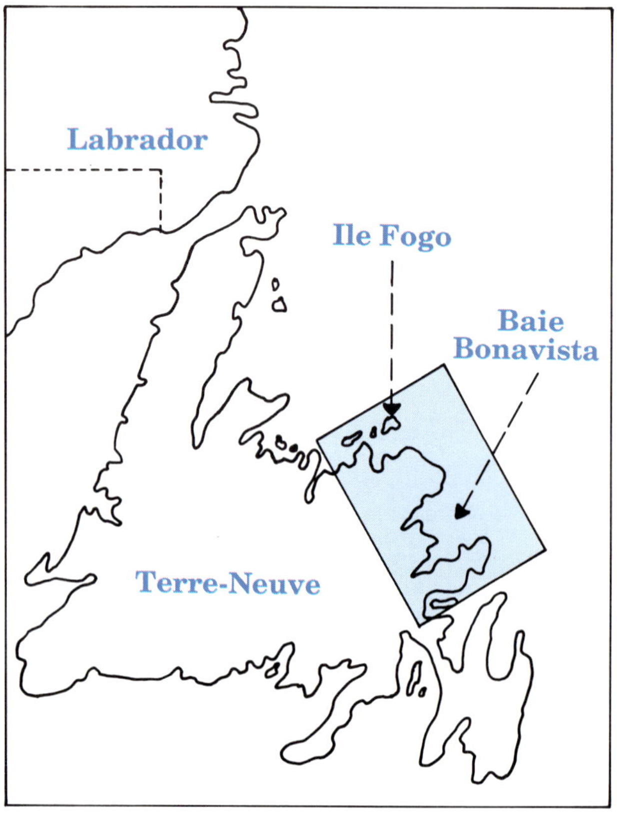

Plus tard, quand beaucoup de gens s'étaient installés dans la province, les bateaux naviguaient tout autour des côtes. Ils savaient comment aller d'un endroit à l'autre sans heurter des rochers sous l'eau ou des plateformes rocheuses. Pour les aider à se souvenir de leur route, ils inventaient des chansons qui leur rappelaient exactement comment y aller. La chanson de Wadham, écrite en 1756, est la plus célèbre.

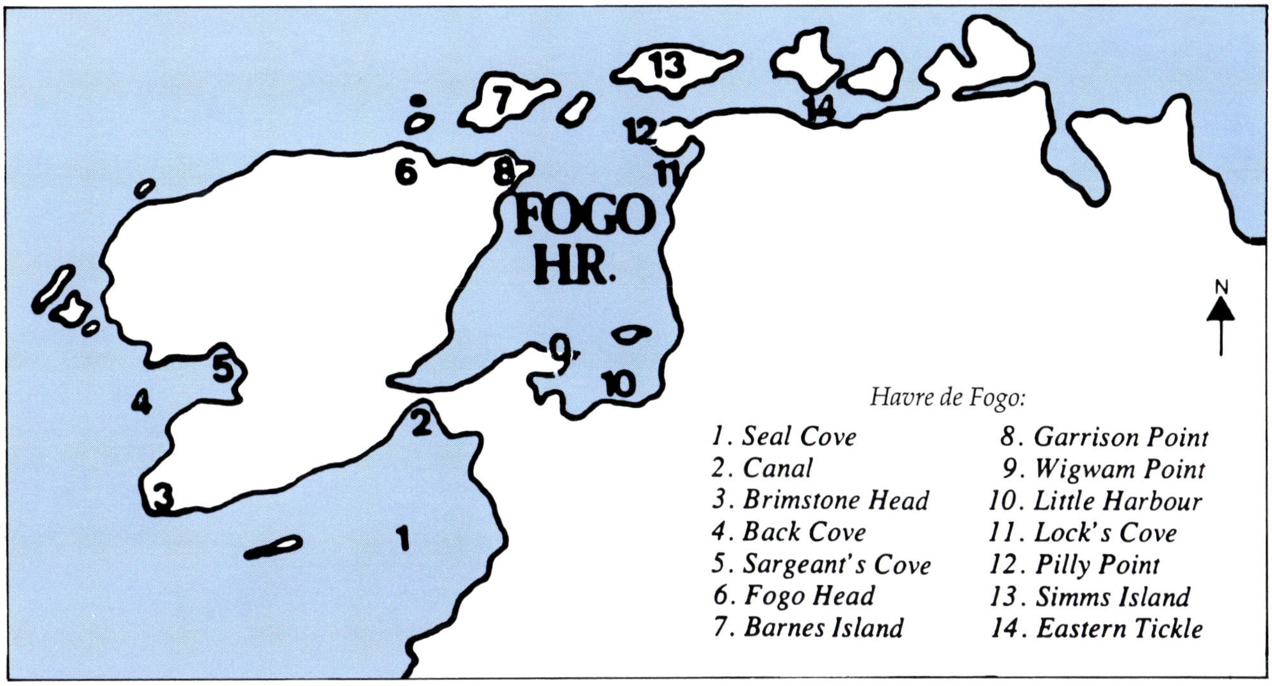

✍# 23

Etudie la chanson ci-dessous. Où se trouve le bateau quand Brimstone Head est directement en ligne avec Pilley's Point? De là, quelle est la route à suivre pour se rendre au havre de Fogo?

La Chanson de Wadham

Du Cap de Bonavista aux îles Cabot
Cap au nord, quarante milles
Puis au noroît jusqu'au Cap Freels,
L'île Gull se trouve à l'ouest-nord-ouest.

Ensuite direction nord-nord-ouest pendant
trente-trois milles.
Les îles Wadham se trouvent à trois
lieues au large.
Il faut faire attention à un rocher
Situé à deux milles au sud-sud-est.

Puis nord-ouest par ouest pendant
au moins douze milles.
Là on voit Round Head sur l'île de Fogo;
Au nord-nord-ouest, à sept ou huit milles
Gare au rocher submergé près des îles Barrack.

Alors, je te recommande, mon ami
Pour ne pas y faire naufrage,
D'y prendre garde,
Et de bien orienter tes voiles.

Lorsque tu t'approches de Fogo,
Tu auras quinze **brasses** de fond,
De quinze à dix-huit, jamais plus,
En restant près de la côte.

Quand tu seras près de Round Head
Tu verras très clairement la pointe de Joe Batt,
A **tribord** pendant trois ou quatre milles
Et tu verras des îles diablement *escarpées*.

Tu arriveras alors dans le détroit de Joe Batt,
Pour le port de Fogo, mets cap à l'ouest,
Mais par malchance,
Tu trouveras sur ta route un **récif**.

Prends donc la direction ouest-nord-ouest
Jusqu'à Brimstone Head,
Que tu apercevras au-dessus de Pilley's Point
Tu auras alors évité le danger.

Quand tu seras à un mille de l'île de Syme
Tu verras une maison.
L'entrée du **goulet** n'est pas très large,
Mais à **bâbord** les eaux sont plus profondes.

Quand tu auras passé la pointe
Tu dois avoir trois brasses de profondeur.
A bâbord toutes et fais attention,
Reste bien au milieu du goulet.

Lorsque tu atteins Pilley's Point,
A tribord, cap sud-sud-ouest;
Quand tu ne verras plus le bâtiment de Syme
Je te promets que tu seras hors de danger.

Les visiteurs venus d'outre-atlantique

Aux environs de l'année 1800, des Norvégiens et des Danois que l'on appelait les Vikings se sont installés en Islande.

Eric le Roux vivait en Islande. Vers 982, on l'a obligé à quitter son pays car il avait tué des hommes dans une *bagarre*. Eric a décidé d'explorer des terres qui avaient été découvertes à l'ouest. Il a découvert des vallées verdoyantes au pied des montagnes recouvertes de glace et a décidé de baptiser cet endroit le Groënland. Des colons l'ont vite rejoint.

Bjarni était un marchand viking qui transportait des marchandises dans son **knorr** (ou cargo) entre le Groënland et l'Islande. Une fois il s'est perdu pendant une tempête. Quand il a fait soleil de nouveau, Bjarni a aperçu une terre couverte de forêts et de petites collines. Il savait que ça n'était pas le Groënland. Alors il est parti vers le nord-est et a atteint le Groënland une semaine plus tard. En chemin, il a vu d'autres terres; certaines étaient plates et boisées, d'autres rocheuses et *dénudées*. Son histoire a suscité beaucoup d'enthousiasme car il n'y avait pas beaucoup d'arbres au Groënland.

Lief, le fils d'Eric, s'intéressait au conte de Bjarni. Il a acheté le bateau de Bjarni et est parti explorer cette nouvelle terre. Il a trouvé la terre rocheuse et l'a baptisée Helluland, ce qui veut dire la terre de grosses pierres. Il a aussi trouvé la terre boisée et l'a appelé Markland, ce qui veut dire la terre de forêt. Deux jours plus tard, Lief a trouvé une île au nord. Il l'a appelé Vinland, ce qui voulait peut-être dire la prairie.

Lief aimait Vinland et a décidé d'y passer l'hiver. Il a trouvé beaucoup de saumon, de la bonne herbe pour le *bétail*, et des vignes ou des *baies*. Il est rentré chez lui au printemps; son bateau était plein de bois de construction et de «raisins secs.»

L'année suivante, Thovald, le frère de Leif est parti avec des hommes vers les nouvelles terres. Au début, il n'ont rencontré personne. Mais au bout de trois ans, il ont rencontré des **skraelings** ou natifs. Il y a eu une bagarre. Thorvald a été tué et les autres sont rentrés chez eux.

Plusieurs années plus tard, en 1009, des amis de Lief ont décidé de faire une nouvelle tentative d'installation à Vinland. Gudrid, la femme de Thorfinn Karlsefni était avec eux.

A leur arrivée, ils ont trouvé les maisons que Leif avaient construites. Gudrid a eu un bébé qu'ils ont appelé Snorri. Snorri Thorfinnson est le premier Européen né en Amérique du Nord.

Les colons ont trouvé la vie difficile à Vinland. Les hivers étaient plus froids qu'ils le pensaient et ils avaient des problèmes avec les skraelings. Thorfinn savait que son petit groupe ne pourrait pas résister à une attaque des skraelings et il est rentré chez lui à *contre-coeur*.

Les événements importants n'étaient pas toujours écrits comme ils le sont maintenant. On se souvenait souvent des événements passés grâce aux chansons et aux histoires. Les Vikings se souvenaient de leur passé en apprenant et en racontant des histoires que l'on appelle des Sagas. Plus tard, on a écrit certaines de ces Sagas. «La Saga du Groënland» et la «Saga d'Eric» racontent la découverte et la tentative d'établissement à Vinland.

Les Sagas vikings ne sont pas assez précises pour savoir si Vinland est bien Terre-Neuve. Il y a des gens qui pensent que c'est le nord-est des Etats-Unis à cause de la description du climat et des plantes. Nous savons que le climat peut changer avec le temps. Le climat du Groënland, par exemple, était beaucoup plus doux il y a 1000 ans. Cependant, en 1400, il faisait si froid au Groënland que les Vikings sont partis et ont tout abandonné.

L'intérieur d'une habitation Viking ressemblait sans doute à cette photo. Ils utilisaient le feu pour faire la cuisine, se chauffer et s'éclairer.

L'Anse aux Meadows. Ces habitations vikings ont été reconstruites selon le modèle de celles de Thorfinn et Gudrid.

En 1961, les **archéologues** ont découvert les vestiges d'un village viking à l'Anse aux Meadows. C'est peut-être là que Leif s'était installé.

Site classé d'importance mondiale

L'Anse aux Meadows a été reconnue comme un des principaux sites archéologiques au monde. C'est le premier emplacement de structures européennes au Nouveau Monde, d'outils en fer, et peut-être la première rencontre entre les Européens et les natifs américains. En 1978, l'Anse aux Meadows a été reconnu comme le premier site historique sur la liste des sites classés et naturels de grande renommée de **l'UNESCO**.

Les capitaines de bateaux venus d'Europe

Après le départ des Vikings, il n'y a pas eu de visiteurs pendant des centaines d'années. Aux environs de 1400, des événements avaient lieu de l'autre côté de l'Atlantique. Ces évènements allaient amener beaucoup de gens vers nos côtes.

Raisons des explorations

Dans les années 1400, les *seigneurs* et les dames, les riches marchands européens voulaient des bijoux, des soies et des épices pour *aromatiser* leur nourriture. Les soies et les épices venaient de Chine et d'Inde et le trajet par route était long et difficile. Christophe Colomb pensait qu'il pouvait trouver un trajet plus court et moins coûteux!

En 1492, il a traversé l'océan Atlantique en direction de l'ouest. A cette époque-là, beaucoup de gens commençaient à penser que la Terre était ronde. Les capitaines de bateaux utilisaient le compas magnétique qui leur permettait de **garder le cap**. Les nouvelles voiles permettaient de naviguer contre le vent. Christophe Colomb a découvert des terres et pensait qu'il était arrivé à l'est en naviguant vers l'ouest. La nouvelle s'est répandue très vite. Tous les capitaines de la marine marchande européenne voulaient utiliser cette nouvelle route. Cependant, ils ont vite découvert que Colomb avait tort. Il n'était pas allé aux Indes. Il avait découvert un continent que les Européens ne connaissaient pas et que l'on a baptisé Amérique du Nord.

John Cabot

En mai 1497, John Cabot est parti de Bristol en Angleterre. Il a navigué en direction de l'ouest dans un petit bateau, le Matthew. Le roi d'Angleterre lui avait demandé de «naviguer dans toutes les mers et de découvrir toutes les îles, les pays, les régions ou les provinces qui étaient inconnues aux chrétiens.» Cinquante deux jours plus tard, le 24 juin, on a entendu un cri «La terre.» Cabot et son équipage ont accosté et ont hissé le drapeau anglais. Ils ont cherché des signes de vie le long de la côte. Quand il ne leur restait plus beaucoup de nourriture, ils sont rentrés chez eux.

Poussés par les vents, le Matthew est arrivé à Bristol douze jours plus tard. Cabot a parlé d'une «New founde land» une «terre neuve.» Les mers qui l'entouraient étaient pleines de poissons. Les marchands de Bristol étaient sans doute déçus parce qu'il n'avait pas trouvé de bijoux, de soies ni d'épices. Mais ce voyage montrait que l'on pouvait gagner de l'argent. Le poisson faisait régulièrement partie de l'alimentation des Européens car les chrétiens n'avaient pas le droit de manger de viande le vendredi. Le roi a donné une petite récompense à Cabot et les marchands lui ont donné de l'argent pour un autre voyage.

John Cabot

L'année suivante, Cabot est parti avec cinq bateaux et assez de provisions pour un an. Ils ont été pris dans une tempête et un des bateaux a dû rentrer en Irlande. Les quatre autres bateaux sont partis dans l'Atlantique et on n'a jamais su ce qui leur était arrivé.

Nous ne savons pas si la terre que Cabot avait appelée «terre neuve» est Terre-Neuve. Cabot a emporté toutes les cartes qu'ils avaient établies pendant son premier voyage. Nous n'avons que les renseignements des autres pour essayer de deviner où il est arrivé. Il y a une statue de Cabot au Cap Bonavista car on pense que c'est là qu'il est arrivé.

#24

Imagine que Cabot a écrit un journal et qu'on y lit les quatre événements suivants. Tu peux illustrer deux de ces événements. Ecris un cinquième événement qui a eu lieu lors de son retour en Angleterre.

Le premier mai 1497

Notre roi veut que l'Angleterre soit aussi riche que l'Espagne. Colomb a trouvé une nouvelle terre pour l'Espagne, alors notre roi veut que quelqu'un dirige une expédition anglaise. Il a décidé de m'envoyer.

Le 20 mai 1497

Je dois naviguer au nord du trajet que Colomb a suivi. Je ne veux pas trouver des terres qui sont déjà découvertes par l'Espagne. Cela pourrait entraîner une guerre.

Le 21 juin 1497

Nous sommes en mer depuis longtemps. Certains membres de l'équipage veulent rentrer. Cependant, aujourd'hui nous sommes très contents. Nous avons vu des centaines de poissons dans la mer et quand nous avons tendu un filet, nous avons pris beaucoup de morues. Nous sommes peut-être proches d'une terre.

Le 24 juin 1497

Nous avons enfin touché la terre. Il n'y a pas de ville, pas d'or, et pas d'épices. La terre est couverte de forêt et la mer est pleine de poissons. Nous avons découvert une terre pour l'Angleterre et nous allons l'annoncer à notre roi.

Les frères Corté-Real

Gaspar Corté-Real était un explorateur portugais. Pendant l'été 1500, il a exploré la côte de Terre-Neuve. L'été suivant, il est revenu avec son frère Miguel. Ils ont amené deux bateaux. Miguel est rentré au Portugal en hiver mais Gaspar a voulu continuer les explorations avant de rentrer chez lui. Gaspar n'est pas rentré et son frère est allé à sa recherche l'été suivant. Il n'est pas rentré non plus. Les frères Corté-Real sont sans doute morts dans un *naufrage*. Ils ont pourtant donné les premières informations qui ont permises d'établir des cartes des côtes de Terre-Neuve.

John Fernandes

John Fernandes était Portugais. Il était propriétaire terrien ou «lavrador.» Il a quitté son pays en 1499 et a pris la direction du nord-est. Il est arrivé dans un endroit qu'il a appelé «Tierre del Lavrador» (la terre du propriétaire terrien). Les premiers cartographes pensaient que c'était ce qu'on appelle maintenant le Labrador, mais ça ne l'était pas. En réalité, Fernandes était arrivé au Groënland! On a découvert l'erreur cent ans plus tard, mais à ce moment-là on utilisait le mot Labrador et on a gardé ce nom.

Jacques Cartier

Les Européens ont vite compris qu'ils avaient découvert un nouveau continent. Cependant, beaucoup d'entre eux pensaient qu'il était peut-être possible de trouver un passage dans le continent et une nouvelle route vers les Indes.

Jacques Cartier est parti de France pour découvrir de nouvelles terres. Lors de son premier voyage en 1534, il est parti de St-Malo et est arrivé au Cap Bonavista. Cependant, il y avait beaucoup de glace et il a *jeté l'ancre* à Catalina.

Plus tard, il a navigué le long des côtes en direction du nord, à travers le **détroit** de Belle Isle, vers la péninsule de Port au Port au sud, puis vers l'ouest en direction de l'**embouchure** du Saint-Laurent. Il a suivi le chemin inverse pour rentrer.

L'année suivante, il a fait un deuxième voyage. Cette fois, il a d'abord traversé le détroit de Belle Isle et a pris la direction du sud vers le Saint-Laurent. Il a passé l'hiver avec ses hommes là où se trouve maintenant la ville de Québec. L'année suivante, sur le chemin du retour, il a traversé le détroit de Cabot. Il a ainsi montré aux cartographes que Terre-Neuve était une île.

Cartier a navigué le long de la côte sud de Terre-Neuve. Il s'est arrêté à St-Pierre où il a rencontré des pêcheurs français, puis il est allé au Cap Race avant de rentrer en France.

25

Fais une **ligne de temps** qui indique les découvertes des Européens dans le nouveau monde.

Sur une carte de l'est du Canada, retrace les voyages de Cartier en 1534, 1535-36.

26

Etudie la carte de Terre-Neuve. Il y a beaucoup de noms de lieux d'origine portugaise, le Cap Race (Raco), Fermeuse (Fermosa), Cap Spear (Espera), la baie de Conception. Où est-ce qu'ils se situent? Qu'est-ce que cela indique?

Fais un tableau comme celui-ci. Est-ce que tu peux en tirer quelques conclusions?

Communautés qui ont des noms français	où les retrouve-t-on?	Communautés qui ont des noms anglais	où les retrouve-où les?
Port-au-Choix			

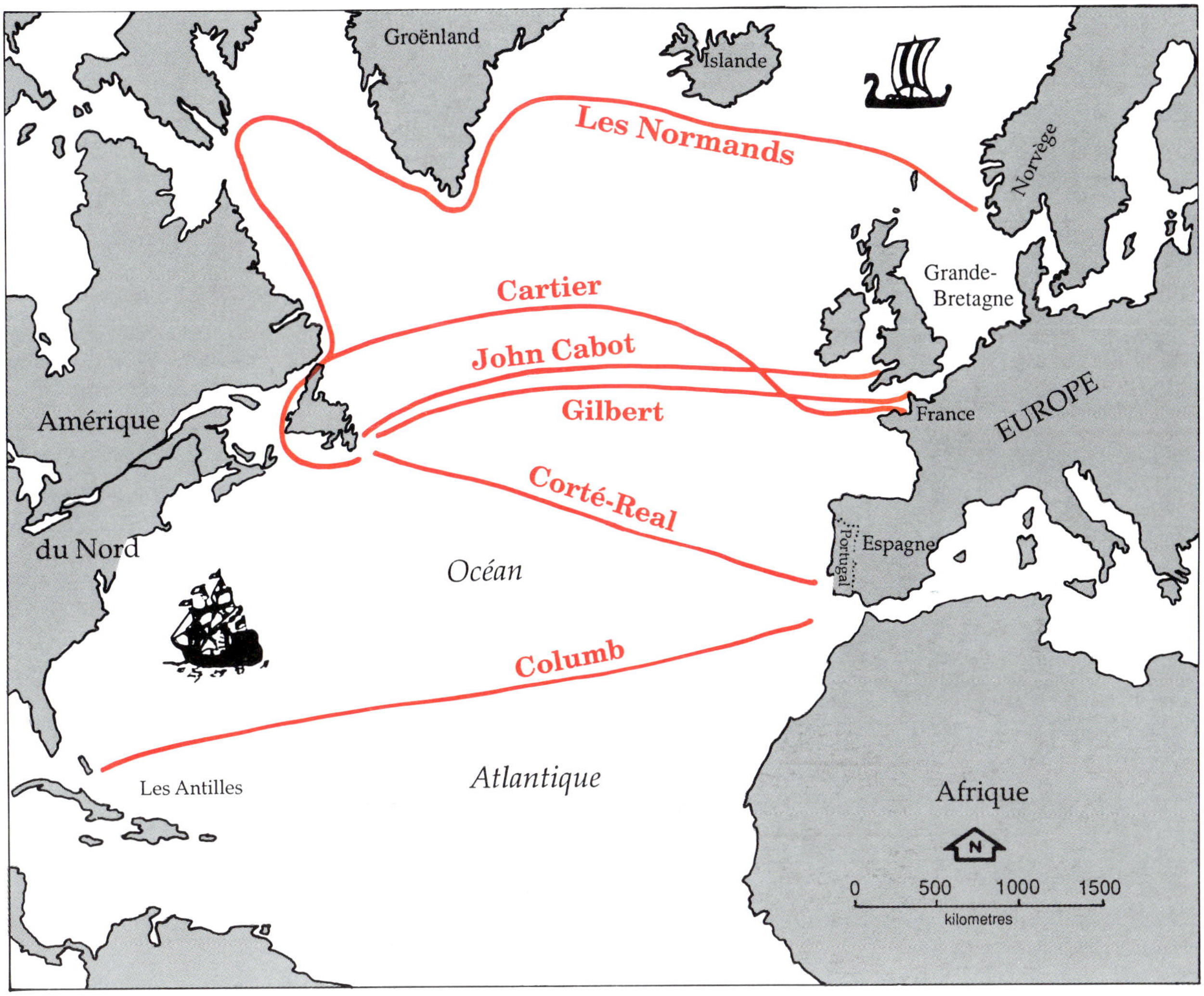

Les trajets suivis par les explorateurs.

Les pêcheurs viennent sur nos côtes

On a dessiné cette image sur une carte d'Amérique du Nord publiée en 1714. Elle représente la manière de pêcher et de saler et sécher le poisson à Terre-Neuve. L'artiste a inclu des lettres et la clé suivante pour expliquer l'image.
A. Les habits des pêcheurs
B. Une ligne de pêche
C. La façon de pêcher
D. Nettoyer la morue
E. Un panier pour la morue nettoyée
F. Des boîtes à sel
G. Le transport de la morue
H. Laver la morue
I. Une presse pour extraire l'huile de foie de morue
K. Un tonneau pour attraper l'eau et le sang des foies
L. Un tonneau pour l'huile
M. Le séchage de la morue

On a très vite appris qu'il y avait beaucoup de poissons sur nos côtes. Beaucoup de pêcheurs d'Angleterre, de France, du Portugal et d'Espagne partaient en mer chaque printemps. Ils pêchaient assez de poissons pour que les Européens en mangent en hiver.

A ce moment-là il n'y avait pas de réfrigérateurs et les gens ne savaient pas faire des *conserves*. La seule façon de garder le poisson était de le faire saler et sécher. Les Français, Portugais et Espagnols pouvaient avoir du sel à très bon marché. Ils pouvaient donc en mettre beaucoup sur le poisson et le faire sécher au retour. Ils pouvaient pêcher au large des Grands Bancs.

Cependant, le sel était cher en Angleterre. Les pêcheurs en utilisaient donc le moins possible pour préserver leur poisson. Par conséquent, ils devaient le préserver avant le retour. Ils ont donc construit des installations de pêche le long des côtes de Terre-Neuve.

Chaque printemps, les bateaux anglais partaient directement vers les ports situés entre le Cap Race et le Cap Bonavista. Ils pêchaient à partir de leur bateau de pêche ou à partir de petits bateaux. Ils nettoyaient le poisson sur la côte et le salait légèrement. S'il n'y avait pas de plage où ils pouvaient faire sécher le poisson ils construisaient des séchoirs ou plateformes en bois. Ils bâtissaient aussi des *dortoirs* et des cuisines pour les ouvriers.

Chaque automne, les pêcheurs rentraient en Angleterre avant le mauvais temps. Ils laissaient les séchoirs, les dortoirs et les cuisines. Au printemps, les bateaux retournaient dans le

27

Etudie l'image ci-dessus. Décris la manière dont les pécheurs anglais prenaient et préparaient le poisson pour le vendre.

même port. Après avoir réparé les bâtiments endommagés pendant l'hiver, les hommes étaient prêts à commencer une nouvelle saison.

A cette époque, les Anglais pêchaient surtout entre le Cap Race et le Cap Bonaventure. Les Français pêchaient le long des côtes sud et ouest. Comme nous allons le voir plus tard, cela a entraîné de graves batailles en période de guerre.

Quand les bateaux de pêche quittaient l'Europe pour Terre-Neuve, les équipages étaient formés exclusivement d'hommes et de jeunes garçons. Ils partaient travailler pour de longues périodes, quelquefois pour quatre mois. Il devaient quitter leurs familles pour gagner leurs vies. Il n'y avaient ni courrier ni téléphone, alors ils ne recevaient aucune nouvelle.

✍ # 28

Imagine que tu es un pêcheur à Terre-Neuve pendant l'été aux environs des années 1550. Tu es loin de ta famille et de ton pays pour longtemps. Ecris ce que tu ressens.

De nos jours, est-ce que les gens doivent partir «au loin» pour travailler? Où vont-ils? Pourquoi? Qu'est-ce qui est différent des années 1550?

Les chasseurs de baleine

Quand les pêcheurs rentraient en Europe, ils racontaient ce qu'ils avaient vu à Terre-Neuve. Ils avaient vu des baleines.

Les Basques ont entendu ces histoires. Ces gens vivent dans le sud-ouest de la France et le nord-est de l'Espagne. Les Basques étaient de très bons marins et depuis des siècles, ils gagnaient leur vie en chassant la baleine. En ce temps-là on utilisait l'huile de baleine pour beaucoup de choses: pour la lumière et le savon par exemple. Les Basques étaient de bons chasseurs de baleines. Ils étaient si bons qu'il n'y avait plus beaucoup de baleines près de chez eux.

Quand ils ont appris qu'il y avait beaucoup de baleines près de Terre-Neuve, ils y sont venus. Ils ont vite découvert, qu'à cause des **migrations**, il y avait beaucoup de baleines dans le détroit de Belle Isle. Ils ont utilisé plus de dix ports pour aller chasser la baleine. En 1500, le principal port pour la chasse à la baleine se trouvait à Red Bay, sur la côte sud du Labrador.

Les historiens savaient déjà que les Basques chassaient la baleine à Terre-Neuve. Mais c'est seulement à la fin des années 1970 qu'ils ont découvert l'importance de cette entreprise. Depuis, les archéologues ont creusé les sites de plusieurs bâtiments. Ils ont découvert les restes de trois *baleiniers* et des petits bateaux dans les eaux froides du port de Red Bay. A partir de ces découvertes, il peuvent nous expliquer comment les Basques pratiquaient la pêche à la baleine dans les années 1500.

Ils arrivaient au début du printemps dans leurs baleiniers que l'on appelait aussi des galions. Certains de ces bateaux étaient assez grands pour transporter 2000 barriques d'huile de baleine. Ils construisaient ou réparaient leurs installations. Ils utilisaient un bâtiment pour faire bouillir la graisse de baleine dans des grands

Le port de Red Bay et les sites archéologiques.

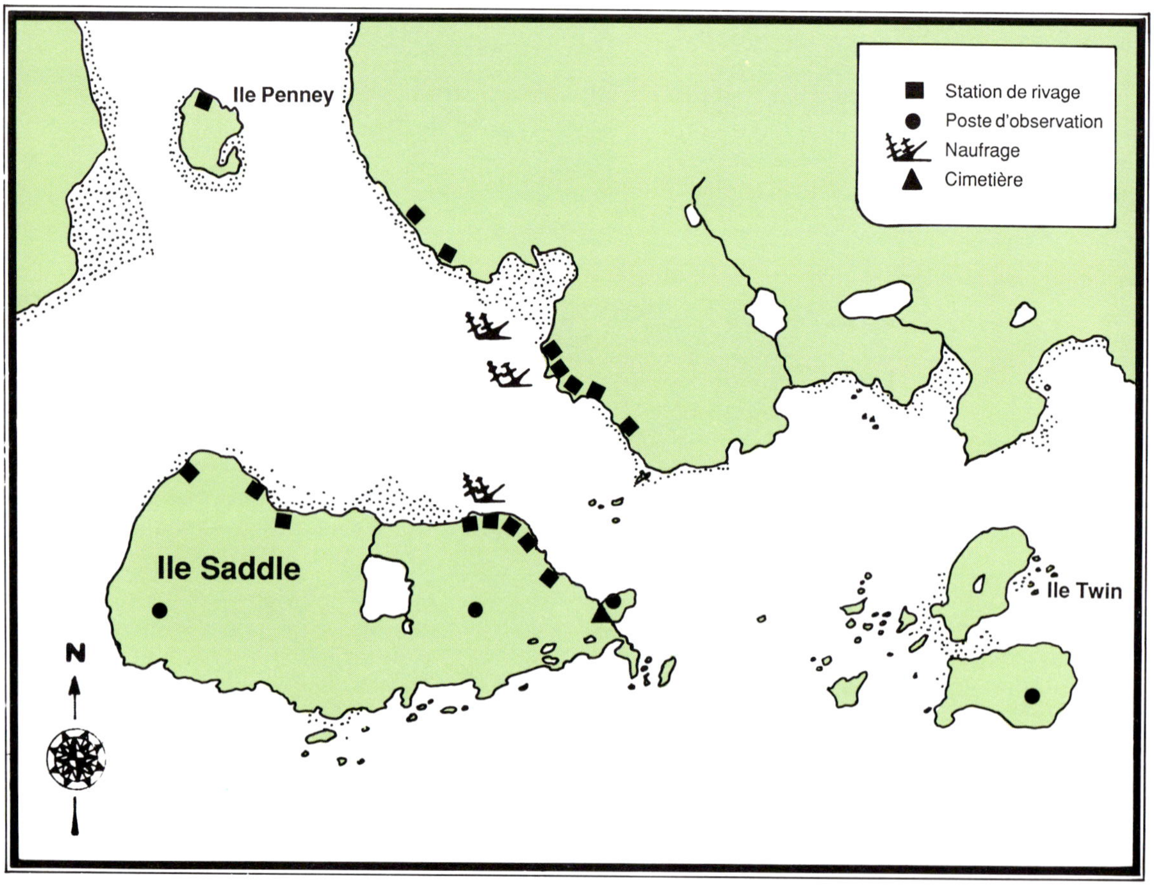

pots. Le *tonnelier* fabriquait des tonneaux dans un autre bâtiment; ces tonneaux servaient au transport de l'huile. L'équipage vivait peut-être près des bâtiments où ils travaillaient.

Pendant que la plupart des hommes faisaient tous les préparatifs, il y en avait qui restaient sur la colline à surveiller l'arrivée des premières baleines. Quand ils en apercevaient, six ou sept hommes partaient sur des petits bateaux appelés des plates. Ils ramaient jusqu'à ce qu'ils soient près de la baleine et ils la harponnaient. Le harpon était attaché à un flotteur que les hommes jetaient par dessus bord. Cela obligeait la baleine à ralentir et quand elle revenait à la surface pour respirer, ils lançaient d'autres harpons et d'autres flotteurs. Quand la baleine était fatiguée, ils la tuaient avec une lance pointue. C'était très dangereux car les hommes devaient être très près de la baleine et une baleine blessée peut facilement faire chavirer un petit bateau.

Ils ramenaient la baleine au port. Ils la coupaient en petits morceaux pour la faire bouillir dans des pots en cuivre pour en extraire l'huile.

Entre 600 et 900 personnes ont travaillé dans le port de Red Bay. Il y a peut-être eu jusqu'à 2000 personnes chaque été dans le détroit. Parmi eux, il y avait des garçons de onze ou douze ans. Quelquefois, les bateaux restaient trop tard à l'automne, et ils étaient pris dans les glaces. Les hommes n'avaient pas assez de nourriture pour l'hiver et ils tombaient malades. Beaucoup de chasseurs de baleine sont morts de cette façon.

Les archéologues ont découvert les squelettes de 140 chasseurs. Le premier *testament* fait au Canada a été rédigé à Red Bay, le 22 juin 1577.

Ces photos montrent des archéologues travaillant sous l'eau à Red Bay. Ils remontent des épaves de baleiniers enfouies dans la mer.

CHAPITRE 5

LA COLONISATION

Une «terre neuve»

Regarde l'image. Est-ce que tu reconnais le port? C'est celui de St. John's. D'après toi de quand date cette image? De l'an dernier, ou bien avant? Comment le sais-tu? Qu'est-ce qui se passe dans le port?

A la fin des années 1500, les Européens avaient compris qu'il y avait un autre continent et un autre océan entre l'Europe et l'Asie. Il semblait que ces terres n'appartenaient à personne. Les natifs ne parlaient pas de propriété. Ils pensaient que tout le monde pouvait utiliser la terre. Les pays européens ont décidé de prendre possession de l'Amérique.

L'histoire suivante est imaginaire. C'est le récit de quelqu'un qui aurait voyagé avec Sir Humphrey Gilbert.

J'étais si content de trouver un emploi sur le Golden Hind. *J'étais très heureux lorsque nos cinq bateaux sont partis vers le nouveau monde. Nous pensions tous que c'était un honneur d'être avec Sir Humphrey car la reine Elizabeth I l'avait envoyé établir une colonie en Amérique du Nord.*

Très vite nous avons eu un premier épisode malheureux. Le Raleigh *a dû faire demi-tour. Quand nous sommes arrivés près des côtes de Terre-Neuve, il ne nous restait plus assez de nourriture fraîche ni d'eau, alors on a décidé de s'arrêter à St. John's.*

St. John's est un très bon port protégé des vents. Mais l'entrée est très étroite. En fait, le Delight *a heurté un rocher dans l'entrée et des pêcheurs sont venus aider à le renflouer.*

Je pense qu'il y avait environ trente bateaux dans le port. Ils n'étaient pas tous anglais. Il y avait des bateaux espagnols et portugais. Sir Humphrey voulait qu'ils sachent que Terre-Neuve appartenait à l'Angleterre. Alors, le 5 août il a réuni tous les pêcheurs sur le rivage.

C'était merveilleux! Tous les capitaines et les officiers des bateaux étaient là. Ils portaient leurs plus beaux vêtements. J'y suis allé avec mon capitaine. Il y avait des drapeaux et des fanions partout. Puis il a déclaré que toutes les terres dans un rayon de mille kilomètres appartenaient à l'Angleterre. Il leur a dit que tous ceux qui insulteraient le nom de la reine perdraient leurs bateaux, leurs biens, et on leur couperait les oreilles.

Ensuite quelqu'un a déterré une motte d'herbe et a pris une branche d'arbre. Il les a donnés au page de Sir Humphrey pour qu'il les rapporte en Angleterre. Elles symboliseraient l'appartenance de Terre-Neuve à l'Angleterre.

Des célébrations ont suivi. On s'est amusé et on a dansé au son de la musique sur le rivage et dans les bateaux.

Il fallait repartir mais deux des capitaines ont dit qu'ils étaient malades et ne voulaient plus continuer. Beaucoup d'hommes étaient malades aussi. Sir Humphrey leur a permis de rentrer chez eux dans le Swallow.

Il ne restait plus que trois bateaux. le Delight, *le* Golden Hind, *et le* Squirrel. *Mon capitaine voulait que Sir Humphrey vienne sur notre bateau car il était plus gros que le* Squirrel. *Mais il a refusé. Il voulait partager le danger avec ses hommes.*

Nos trois bateaux ont quitté St. John's et ont navigué vers le sud-ouest. Nous avons eu d'autres problèmes près de l'île de Sable (près de la Nouvelle Ecosse). Le Delight *s'est échoué dans une tempête. Sir Humphrey a donc décidé de rentrer en Angleterre.*

Il y a eu une autre grosse tempête pendant la traversée de l'Atlantique. Nos bateaux ont été vraiment secoués. J'avais très peur mais j'ai essayé de ne pas le montrer. Nous avions très peur pour le petit Squirrel. *Sir Humphrey et ses hommes étaient en danger. Il a été très courageux. Nous l'avons entendu crier: «Il ne faut pas avoir peur. Nous sommes aussi proches du ciel en mer que si nous étions sur terre.»*

Pendant la nuit, nous avons tous essayé de voir les lumières du Squirrel *qui luttait contre les vagues. Quand nous le voyions, nous sautions de joie. Puis vers minuit, il a disparu pour la dernière fois. Nous espérions qu'il n'avait pas disparu, mais au lever du jour, on ne le voyait plus.*

Nous sommes rentrés en Angleterre, très tristes.

Regarde de nouveau l'image. Qu'est-ce qui différencie les officiers des autres marins?

On voit Signal Hill derrière Sir Humphrey Gilbert. Compare cette image à celle de la page 121. Quelles différences y a-t-il entre les deux images?

Il y a deux garçons dans cette image, le page de Sir Humphrey Gilbert et le jeune garçon qui a raconté l'histoire ci-dessus. Est-ce que tu es surpris de voir des garçons parmi les membres de l'équipage? Pourquoi? Est-ce qu'il y aurait des garçons si le voyage avait lieu maintenant?

✍#29

En 1983, Terre-Neuve a célébré le quatre-centième anniversaire de l'arrivée de Sir Humphrey Gilbert. Il y a eu beaucoup de célébrations dans toute la province et la visite du Prince Charles et de la Princesse Diana. Cherche des articles de journaux qui retracent ces événements et colle-les dans ton cahier.

Les premières colonies

Quand Sir Humphrey Gilbert a quitté St. John's, la pêche a continué comme auparavant. Les Français ne sont pas partis à la suite de sa proclamation. Il ne l'ont pas prise au sérieux.

Pendant longtemps, les Français et les Anglais se sont battus pour avoir le pouvoir dans l'île. Les Anglais pêchaient surtout au sud-est de la péninsule d'Avalon et au nord du Cap Bonavista et les Français pêchaient sur la côte sud.

Au début, les pêcheurs des deux pays venaient chaque printemps et repartaient à l'automne. Puis, petit à petit, ils ont laissé quelques pêcheurs pendant l'hiver. D'après toi, pourquoi voulaient-ils les y laisser? Ils étaient les premiers Européens à vivre à Terre-Neuve toute l'année.

Dans les années 1600, en France et en Angleterre, il y avait des gens qui pensaient que l'on devrait établir des colonies permanentes à Terre-Neuve.

Les colonies anglaises

En Angleterre certains marchands ont demandé la permission au roi d'installer une colonie avant les autres pays. Le roi a accepté. Ces marchands ont formé une compagnie. Le roi lui a donné le contrôle de la côte du Cap Sainte Marie au Cap Bonavista. Cependant les pêcheurs de passage avaient toujours le droit d'y pêcher.

Cupids

John Guy, de Bristol dans le sud-ouest de l'Angleterre, a été choisi comme responsable des colons. Il a décidé d'installer une colonie à Cuper's Cove, qui est devenue Cupids dans la baie de Conception. **L'anse** était un bon endroit pour le port et il y avait de l'eau et du bois. C'était bien caché. C'était une chose importante car les pirates devenaient de plus en plus nombreux.

Dans l'été 1610, Guy est arrivé avec quarante hommes. A l'automne et à l'hiver, ils ont construit des bateaux de pêche, deux maisons, un bâtiment de travail, puis une jolie maison pour le gouverneur. Au printemps, ils ont *défriché* la terre et planté des graines. L'été suivant, Guy a amené un autre groupe d'Angleterre. Il a aussi amené du bétail, des porcs et des poulets.

Les deux premiers hivers ont été assez doux mais l'hiver de 1612-1613 a été très froid. Huit personnes sont mortes et presque tous les animaux aussi. Cependant le 27 mars 1613, le premier bébé anglais est né à Terre-Neuve.

Guy est retourné en Angleterre au printemps. Pendant son absence le nombre de colons a diminué. A la fin de l'été, il ne restait plus que 30 personnes. En 1615, un nouveau gouverneur, John Mason, est arrivé. Il n'a pas réussi à établir une colonie permanente.

Ferryland

La compagnie des marchands perdait intérêt dans la terre qu'on leur avait donnée à Terre-Neuve. La compagnie a commencé à la vendre à d'autres gens qui voulaient établir des colonies. George Calvert s'y intéressait.

Calvert était catholique. A cette époque-là, les églises catholiques n'étaient pas autorisées en Angleterre. Les prêtres catholiques n'avaient pas le droit de dire la messe. Calvert voulait vivre dans un endroit où les catholiques pourraient pratiquer leur religion en toute liberté.

Le roi a permis à Calvert d'établir une colonie dans le territoire d'Avalon, qu'il avait acheté. En 1621, Calvert a envoyé un groupe à Ferryland. Ils ont construit une grande maison en pierre pour le gouverneur. Ils ont planté des légumes, et ils allaient à la pêche et à la chasse.

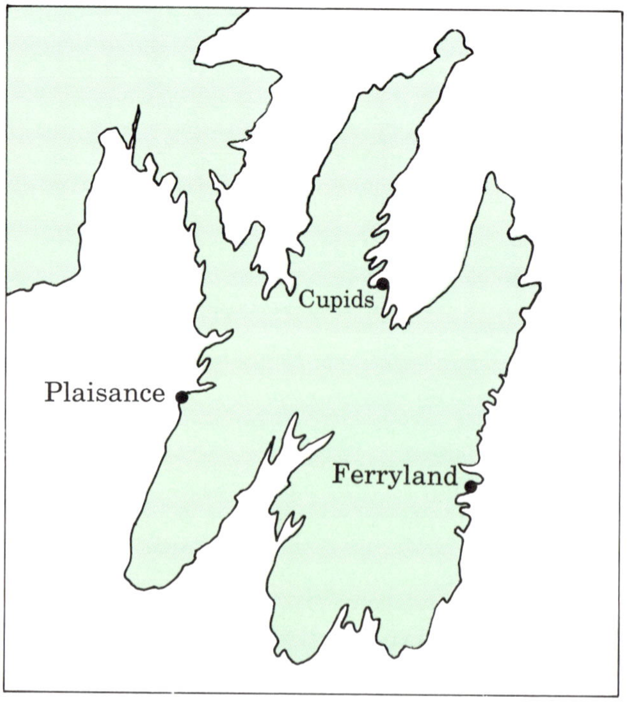

George Calvert, ou Lord Baltimore, comme on l'appelait à ce moment-là, est venu visiter la colonie en 1627.

L'année suivante, il est revenu avec sa femme et ses enfants, et ils se sont installés dans cette maison. Mais 1628 n'a pas été une bonne année. Les Anglais étaient en guerre avec les Français qui ont attaqué Ferryland. L'hiver a été très dur. Beaucoup de gens sont tombés malades car ils n'avaient pas assez de nourriture; Lord Baltimore était découragé. Il est rentré en Angleterre et a demandé au roi d'aller dans un endroit plus chaud. Son fils a établi une colonie catholique dans le Maryland, en 1632.

Les colonies françaises

Certains pêcheurs français restaient aussi à Terre-Neuve en hiver. Mais le roi de France pensait qu'on devrait s'y établir de manière permanente. En 1660, il a décidé d'établir une colonie à Plaisance (Placentia).

Plaisance

Il y a une très grande plage à Plaisance qui permettait de faire sécher le poisson. C'était un endroit très apprécié des pêcheurs européens. Les Français voulaient établir une colonie à Plaisance pour protéger la pêche française. Le roi savait que les Anglais n'aimeraient pas cette idée alors il a donné l'ordre d'y faire construire un fort et d'envoyer des soldats pour le défendre.

En 1662, cinquante colons et trente soldats sont arrivés à Plaisance. Les soldats détestaient l'humidité et le brouillard. Leur chef, le jeune Sieur de Pieron a eu des difficultés à maintenir l'ordre. Un jour il était à la chasse et il a été tué par ses hommes. Les coupables ont été jugés et exécutés à Québec.

La colonie a survécu et le roi voulait qu'elle s'agrandisse. On donnait de l'argent supplémentaire aux capitaines s'ils amenaient des colons à Plaisance. La colonie a bientôt eu un médecin, un *serrurier* et un *menuisier*. En 1865, 150 colons plus les soldats vivaient à Plaisance.

En plus de la colonie à Plaisance, les Français avaient plusieurs campements à l'année longue sur la côte sud: Saint Pierre, Fortune, Grand Bank et l'Hermitage.

le vieux Plaisance.

#30

Imagine que tu essaies d'attirer des gens à venir s'installer à Terre-Neuve. Ecris une publicité pour un journal.

#31

Imaginons que tu envisages d'établir la colonie de Plaisance en 1662. Comment feras-tu? Voici quelques questions importantes:

1. Combien de gens faudrait-il emmener?
2. Quels métiers devraient-ils avoir?
3. Quelles provisions faudrait-il emmener?
4. Quelles sortes de travail y aurait-t-il à faire?
5. Quels genres d'habitations faudrait-il construire?

Ajoute d'autres choses importantes à prévoir pour établir une colonie.

Les pirates et les corsaires

Terre-Neuve est la partie de l'Amérique du Nord la plus proche de l'Europe. Beaucoup de bateaux qui traversaient l'Atlantique passaient près de la péninsule d'Avalon. Dans les années 1600, Terre-Neuve était un endroit très fréquenté par les pirates. Ils attaquaient les bateaux et pouvaient facilement se cacher dans les baies et les anses le long de la côte. A cette époque-là, quand les pays étaient en guerre, les gouvernements autorisaient les capitaines à *piller* les bateaux ennemis. Ces capitaines étaient appelés des **corsaires**.

Quelques uns de ces pirates et ces corsaires attaquaient des villages et volaient la nourriture et les armes. Quelquefois ils *embauchaient* ou kidnappaient des pêcheurs locaux pour faire partie de leurs équipages.

Deux pirates connus

Peter Easton était un des pirates les plus connus et les plus redoutés dans les eaux de Terre-Neuve. Il avait capturé beaucoup de bateaux dans **la Manche**, alors James I, roi d'Angleterre avait demandé au capitaine Henry Mainwaring de l'arrêter. Easton a donc décidé de traverser l'Atlantique avec ses dix bateaux et d'y continuer ses activités. En 1610, il a installé un camp à Harbour Grace et a trouvé d'autres bateaux et d'autres marins. Pendant deux ans il a pillé des bateaux entre St. John's et l'équateur. Il a attrapé de nombreux bateaux dans la région très fréquentée des Grands Bancs. Très vite, il a été assez riche pour s'arrêter. Il s'est acheté un palais, un titre «le marquis de Savoie», la liberté et s'est installé dans le sud de la France.

A ce moment-là, Mainwaring a cessé de chercher Easton et est devenu lui-même un pirate renommé. Il a *dévalisé* des bateaux espagnols pleins de trésors. Pendant un certain temps, il a utilisé le camp abandonné d'Easton comme base. Finalement il a été pardonné. Il est retourné au service du roi en Angleterre. Il est devenu chevalier, membre du Parlement et écrivain. Son livre racontait comment capturer les pirates.

Deux corsaires

Les Français ont attaqué Ferryland en 1628. L'année suivante, deux corsaires anglais, David et Lewis Kirke, ont remonté le Saint-Laurent et ont pris possession de la colonie française à Québec.

Quand les Anglais et les Français ont fait la paix, les frères Kirke ont dû abandonner Québec, mais le roi d'Angleterre voulait récompenser David Kirke. En 1638, il a nommé David gouverneur de l'île de Terre-Neuve. Kirke a amené une centaine de colons pour s'installer avec les habitants de Ferryland. Il s'est installé dans la grande maison de Lord Baltimore avec sa famille.

La charte de Kirke interdisait de s'installer à moins de dix kilomètres du rivage ou d'empêcher le travail des pêcheurs saisonniers. Il n'a pas respecté certaines de ces conditions. Les marchands anglais n'étaient pas contents. Ils étaient encore plus mécontents quand ils ont appris que Kirke voulait faire venir quatre cents autres colons. En 1648, un nouveau gouvernement s'est installé en Angleterre. Les marchands ont dit à ce nouveau gouvernement que Kirke avait l'intention d'attaquer l'Angleterre. Il a été arrêté, emmené en Angleterre et jugé innocent. Mais ce n'était pas la fin de ses problèmes. La famille Baltimore disait qu'il n'avait pas le droit de vivre dans la maison qu'ils avaient construite et qu'il devait la leur rendre. Kirke est mort avant que le problème soit résolu.

✍#32

Peter Easton a visité les Grands Bancs pour la première fois avec la marine anglaise. On se devait d'offrir une protection aux bateaux de pêche anglais. Comment cette expérience lui aurait-il été utile quand il devint pirate plus tard?

Les cartes côtières

Est-ce que tu t'es déjà perdu? On regarde partout et on ne sait pas où on est. On ne sait pas comment aller où on veut aller. On peut rencontrer quelqu'un qui nous indique le chemin. On peut aussi consulter une carte pour se guider.

Il est très difficile de trouver son chemin lorsque l'on est en mer. Il faut connaître les rochers submergés qui sont dangereux, les courants, les endroits peu profonds et les ports où on est en sécurité.

Les premiers explorateurs européens n'avaient pas de cartes ni de cartes côtières du Nouveau Monde. Ils quittaient l'Europe et partaient vers l'ouest. Mais ils prenaient des notes. C'est pour cela que nous savons où ils sont allés.

Tous les capitaines rapportaient des informations des nouvelles terres. Ces informations ont permis de dessiner des cartes et des cartes côtières. Les colons, les pêcheurs et les officiers de la marine compilaient aussi des informations pour établir ces cartes.

James Cook

James Cook fut un des plus grands cartographes. Beaucoup d'endroits dans le monde entier portent son nom. Pourquoi est-ce que Cook est plus célèbre que les autres cartographes? Il a voyagé et a établi plus de cartes que n'importe qui d'autre. En plus, ses cartes étaient d'une très grande qualité.

Cook a grandi dans une ferme. A 18 ans, il a travaillé dans une *épicerie*, dans une ville anglaise proche de la mer du Nord.

L'Angleterre et la France étaient en guerre pour le territoire qui est devenu l'Amérique du Nord anglaise. A la fin de la guerre, on a demandé à Cook d'établir une carte de Terre-Neuve. Il a fait un travail remarquable! En quatre ans, il a dessiné plus de 3600 kilomètres de côtes. Ses tracés étaient si précis qu'on les utilisaient encore il y a quelques temps. Pour établir ses cartes, il s'orientait à partir des terres. Pour mesurer la profondeur de l'eau dans les ports et les baies, il faisait descendre un poids en plomb au fond de l'eau. Il prenait aussi beaucoup de notes sur tous les endroits qu'il visitait: les endroits où on pêchait et où on faisait sécher le poisson, les bons ports, la qualité du sol et le nombre d'habitants. Les pêcheurs et marins locaux l'aidaient lorsqu'il établissait ses cartes.

Cook a quitté cette région en 1768 pour explorer et cartographier des terres dans et autour de l'océan Pacifique, y compris l'Australie, la Nouvelle Zélande et la côte ouest de l'Amérique du Nord. Michael Lane, un autre officier britannique, a continué le travail à Terre-Neuve.

Deux ans plus tard le tracé des côtes était pratiquement terminé.

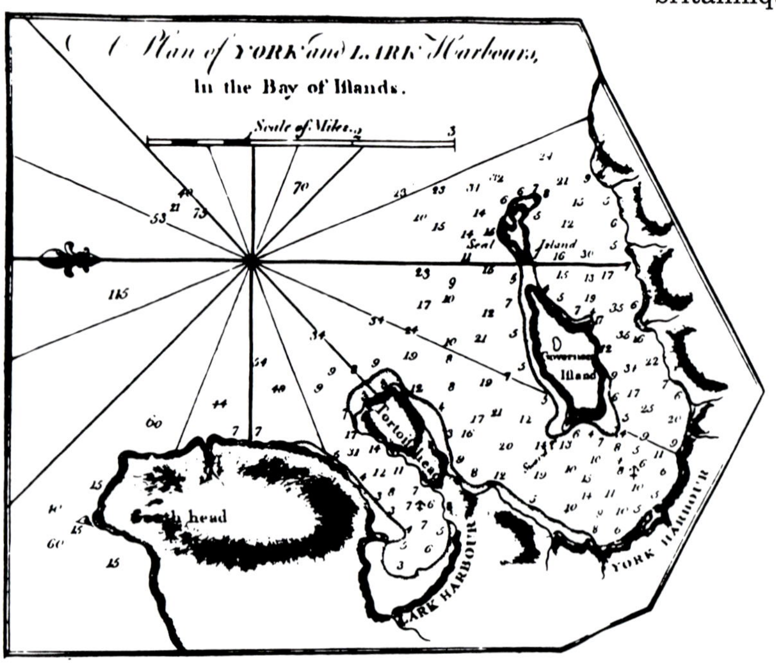

Exemple d'une carte dessinée par le capitaine James Cook. Les chiffres font référence à la profondeur de l'eau. La mesure utilisée est la brasse. Une brasse équivaut à environ deux mètres.

✍# 33

Nous avons vu comment les pêcheurs utilisaient les chansons, comme la chanson de Wadham, pour trouver la route de Bonavista à Fogo. Cette chanson, à droite, aidait les gens à se souvenir où se trouvent les baies de Terre-Neuve. Situe chaque baie sur la carte.

Activité

Mets deux centimètres de plâtre ou de sable bien tassé dans une boîte à chaussures. La surface doit être irrégulière. Laisse sécher. Recouvre la boîte avec du papier d'aluminium. Enfonce une aiguille à tricoter à travers le papier d'aluminium. A quelle profondeur s'arrête l'aiguille dans différents endroits?

Les baies de Terre-Neuve

Conception, Trinity, Bonavista
Notre Dame, White et Hare, Salut!
Pistolet tout en haut,
Gare aux ours, qui s'y trouvent!
Ingornachoix, cette charmante baie,
Suis le détroit jusqu'aux montagnes,
Bonne Baie, Bay of Islands,
Port au Port, St . Georges
puis fais le tour par l'île aux Morts,
La poile, l'Hermitage, Fortune,
Pars donc alors à l'aventure,
Plaisance, Saint Mary's, Trepassey
Et retour à la maison.

Le capitaine James Cook

Les explorateurs

Des centaines d'explorateurs ont rassemblé des renseignements sur Terre-Neuve et le Labrador. Certains explorateurs cherchaient quelque chose, comme un passage vers l'est par exemple. D'autres cherchaient des informations supplémentaires. Il y en a qui faisaient une course, et d'autres qui voyageaient pour le plaisir.

William Cormack et Mina Benson Hubbard faisaient partie de ces gens qui voulaient savoir ce qu'il y avait au-delà de l'horizon.

William Cormack

En 1822, les Européens ne connaissaient presque rien au sujet de l'intérieur des terres à Terre-Neuve. Les Micmacs chassaient dans le sud-ouest de l'île. Les Béothuks qui vivaient dans le Nord disparaissaient. William Cormack de St. John's voulait être le premier Européen à traverser l'île à pieds. Il avait deux buts: établir des contacts avec les derniers Béothuks et étudier la faune et la flore de l'intérieur de l'île.

Cormack a emmené Joseph Sylvester, un Micmac de Bay d'Espoir avec lui. Le 5 septembre 1822, ils sont partis de l'endroit que l'on appelle maintenant Clarenville. Ils ont pris la direction de l'ouest. Le voyage était difficile. Parfois, ils devaient traverser des forêts très denses ou des marécages. Parfois, ils devaient aussi traverser des grands lacs sur des radeaux de fortune. Leur matériel était déjà lourd mais il devenait encore plus lourd car Cormack ramassait des pierres et des minéraux. L'équipe se faisait attaquer jour et nuit par les insectes.

Le 12 octobre, alors qu'ils étaient à mi-chemin, ils ont rencontré une famille d'Innus qui les a accueillis et nourris. Quand ils sont repartis, la neige tombait et les étangs commençaient à geler. Certains jours, ils avaient des difficultés à trouver assez de nourriture. Ils ont rencontré des Micmacs près de la côte ouest et un d'entre eux les a accompagnés jusqu'à la côte. La neige, la glace et les montagnes ont compliqué leurs problèmes. Ils ont atteint leur but le 2 novembre: le port de Saint-Georges.

Cormack et Sylvester n'ont pas réussi à rencontrer des Béothuks mais les rapports de Cormack et les prélèvements qu'ils ont faits, ont permis de mieux connaître l'intérieur des terres de Terre-Neuve. Le Mont Sylvester et le Mont Cormack ont été nommés en leur honneur.

Mina Benson Hubbard

Mina Hubbard, une jeune veuve, voulait finir le voyage que son mari n'avait pas pu terminer car il était mort en route. Avec ses quatre compagnons, elle est partie en juin 1905 de Northwest Point sur le lac Melville pour arriver à la baie d'Ungava. Elle avait l'intention de

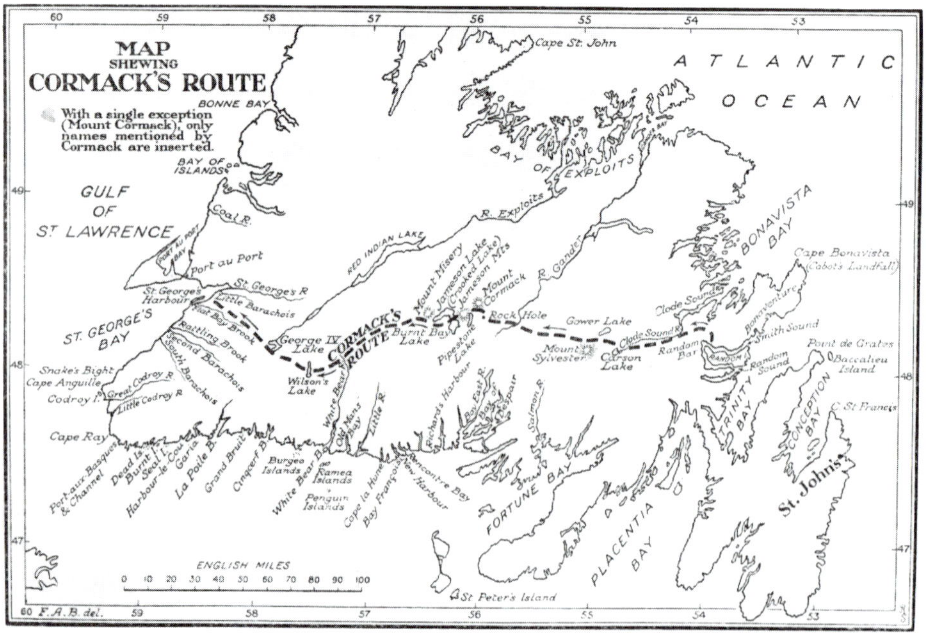

Cette carte représente le trajet suivi par Cormack lors de sa traversée de Terre-Neuve.

voyager sur les rivières et les lacs et de faire du portage entre les deux. Son équipe était composée de natifs: George Elson, John Chapier, Joseph Iserhoff et Gilbert Blake. Elle faisait la course contre l'équipe de Dillon Wallace pour essayer d'être la première personne de race blanche à traverser le Labrador.

Mina Hubbard et les quatre hommes avançaient lentement vers l'ouest et le nord à travers des terrains inaccessibles. Les moustiques étaient un véritable problème. Au début, Mina Hubbard se couvrait le visage avec un voile, mais ça n'était pas très efficace. Elle s'est donc fait un masque avec des

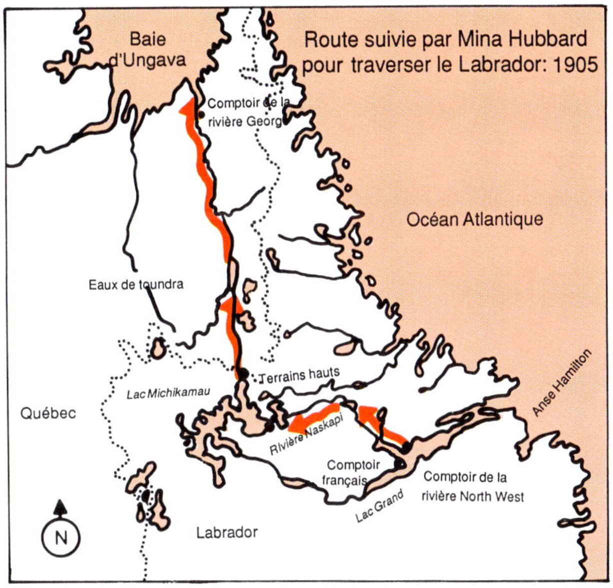

Ces photos ont été prises pendant le remarquable voyage de Mina Benson Hubbard. Dans la photo du haut, des Inuits accueillent Mina Hubbard et ses compagnons lorsqu'ils ont gagné la course.Dans la photo à droite, elle prépare le petit déjeuner près du Lac Michikamau.

trous qu'elle avait recouverts de plusieurs épaisseurs de voile.

Les Indiens montagnais leur ont indiqué la direction à suivre. Ils ont aussi rencontré un groupe d'Indiens naskapi vers le nord, et ils ont échangé des cadeaux.

A cette époque-là, bien que les femmes travaillaient très fort, beaucoup de femmes n'auraient pas fait un voyage aussi dangereux. L'équipe de Mina Hubbard a mis des mois à atteindre la baie d'Ungava. Mais ils ont gagné la course contre Wallace. Il est arrivé six semaines plus tard.

✍#34

Complète les tableaux en comparant le voyage de Cormack et celui de Hubbard.

	Hubbard	Cormack
km. parcourus		
lieux		
but		
saison		
date		

En quoi un voyage à travers Terre-Neuve et le Labrador serait-il différent aujourd'hui?

Les Anglais s'établissent à Terre-Neuve

Nous avons vu qui étaient les Européens qui sont venus à Terre-Neuve, pourquoi ils y sont venus et ce qu'ils y ont fait. Les Anglais ont voulu établir une colonie à Terre-Neuve avant que les Français ou les Espagnols en établissent une. Ils voulaient être sûrs qu'ils ne perdraient pas ces eaux riches en poissons. Nous avons aussi vu qu'il y avait beaucoup d'Anglais qui ne voulaient pas s'installer définitivement à Terre-Neuve.

Tu te souviens certainement qu'il y a des gens qui se sont installés à Terre-Neuve et au Labrador et qu'ils y sont restés. Tu es peut-être un descendant des premiers colons. Dans ce chapitre, nous allons étudier comment les Européens se sont établis à Terre-Neuve.

Opposition à l'établissement de colonies permanentes

Pourquoi est-ce qu'autant de marchands, de politiciens et d'officiers de la marine qui vivaient en Angleterre dans les années 1600-1700 étaient contre l'établissement de colonies permanentes à Terre-Neuve? Ils voulaient ramener tous les profits de la pêche en Angleterre. Ils voulaient que les pêcheurs achètent des filets et du matériel en Angleterre. Ils n'aimaient pas que les pêcheurs les fassent eux-mêmes ou les achètent à des négociants, comme à Boston par exemple. Ils voulaient que les gros bateaux traversent l'Atlantique chaque année pour former des marins pour la Marine.

Les débuts des colonies permanentes

Comme nous l'avons vu, quand les bateaux de pêche partaient chaque année, il y avait des gens qui restaient. Certains ont fait venir leur famille d'Angleterre. D'autres ont épousé les filles des autres colons ou les jeunes filles qui étaient venues comme servantes. Ils ont eu des enfants. Ces enfants ne connaissaient que Terre-Neuve. C'est ainsi que les établissements permanents se sont implantés sur les côtes de Terre-Neuve.

Les premiers établissements se sont implantés dans les baies de Trinity, et Conception et sur la côte est de la péninsule d'Avalon. Il fallait beaucoup de place pour l'industrie du poisson. S'il y avait trop de gens qui pêchaient dans le même port, ils ne pêchaient pas beaucoup de poissons. Ils avaient également besoin d'espace pour saler et faire sécher le poisson. Les colons avaient également besoin de terre pour faire pousser les légumes et le foin pour nourrir les vaches et les moutons.

Certains colons ont commencé à chercher d'autres endroits où ils pourraient vivre. Ils sont allés jusqu'à Burin, le long de la côte sud, à Twillingate et à Fogo, vers le nord. D'autres colons ne voulaient pas quitter l'endroit où ils s'étaient établis. Alors chaque été, certains d'entre eux allaient dans des îles autour de Plaisance ou de Bonavista pour pêcher. Ils rentraient chez eux en hiver.

St. John's 1784.

Un développement très lent

A Terre-Neuve, la population a augmenté beaucoup moins vite que dans les autres colonies d'Amérique du Nord. Pourquoi? Pour plusieurs raisons:

- Beaucoup de gens continuaient à rentrer en Angleterre à l'automne. L'Angleterre restaient leur pays d'attache.
- Les premières tentatives d'installation permanente ont échoué, alors les colons étaient découragés.
- Puisque la population était petite, il n'y avait pas beaucoup d'églises, d'écoles ni de routes.
- Le sol était pauvre et le climat était trop dur pour beaucoup de gens.

✍#35

Pourquoi est-ce que les gens ont quitté les premiers établissements pour s'installer dans d'autres anses et petits villages? Certaines personnes ne partaient pas définitivement. Elles changeaient de lieu d'habitation selon les saisons. Quels avantages avaient-ils à faire ça? Quels désavantages? Pourquoi est-ce que les gens vont vivre dans un nouvel endroit? Est-ce qu'un de tes amis a quitté ta communauté récemment pour aller vivre ailleurs? Pourquoi? Y a-t-il de nouveaux élèves dans ta classe cette année? Si oui, pourquoi sont-ils venus dans ta communauté? Par groupe de trois, faites une liste des raisons pour lesquelles les gens déménagent. Ensuite, comparez vos raisons et faites un tableau qui indiquent les raisons les plus fréquentes.

La guerre entre les Français et les Anglais

Pendant les années 1600, les Anglais et Français étaient de grands ennemis à Terre-Neuve. Chaque pays voulait Terre-Neuve pour la pêche. Les pêcheurs des deux pays travaillaient dans une partie différente de Terre-Neuve. La carte montre quelles parties ils utilisaient.

Le conflit a provoqué deux guerres. Une de 1689 à 1697, et une autre de 1702 à 1713.

Les Français attaquent les établissements anglais

Pendant les guerres franco-anglaises, St. John's servait de base aux soldats anglais à Terre-Neuve. St. John's était aussi un grand centre d'échange. C'était donc une cible évidente pour les Français.

Dans l'été 1696, la marine française a attaqué St. John's. Le port est étroit, il était donc facile à défendre, et les Français ont été battus. Quand le bateau anglais est parti à l'automne, les colons n'étaient pas inquiets. Ils avaient tort.

En novembre, une petite armée formée de soldats français et de Micmacs a traversé la péninsule de Plaisance à Ferryland. Puis ils sont partis en bateau vers Bay Bulls et Petty Harbour.

A St. John's, les habitants se sont regroupés pour arrêter les Français. Mais il ne pouvaient rien faire contre les soldats bien entraînés. Ils ont dû se rendre trois jours plus tard. Les Français les ont renvoyés en Angleterre et ont fait brûler toute la ville de St. John's.

Plusieurs années plus tard, les Français ont encore essayé de chasser les Anglais. Ils ont attaqué St. John's et les colonies autour des baies de Conception, Trinité et Bonavista. Ils ont encore brûlé St. John's. Les colons anglais reconstruisaient leurs communautés à chaque fois.

Puis en 1762, une petite armée des forces navales a capturé St. John's. Les hommes ont travaillé tout l'été pour renforcer le fort et espéraient que d'autres soldats français arriveraient avant les Anglais. Mais les Anglais sont arrivés les premiers, et ils ont attaqué en arrivant de la terre. Ils ont capturé le canon situé sur la colline derrière la ville, et ils ont chassé les Français.

Les bateaux britanniques entrent dans le port de St. John's en 1762.

Les Anglais attaquent les Français

Les forces anglaises ont attaqué Plaisance trois fois pendant les guerres. Ils ont échoué à chaque fois et Plaisance est restée française. Cependant les Anglais ont détruit des établissements de pêche à Trepassey, Colinet, St. Mary's et St. Lawrence, ainsi qu'un fort à St-Pierre.

Les batailles de Terre-Neuve n'étaient qu'une partie de la guerre entre la France et l'Angleterre. En Europe, les Anglais ont vaincu les Français, alors ils ont remporté la victoire à Terre-Neuve aussi.

Les Anglais ont obligé les Français à abandonné le contrôle de la côte sud de Terre-Neuve.

Grand Bank, ou Grand Banc, comme les Français l'appelaient, était une communauté française. Elle n'a pas été attaquée mais elle a été affectée par les guerres. Voici l'histoire d'une famille:

Jean et Marie Bourny vivaient à Grand Bank depuis longtemps. Ils avaient plusieurs enfants. Imagine que tu es l'un d'eux. Tu as environ dix ans.

Tu es né à Grand Bank et tu y as toujours habité. Tu as entendu parler des guerres et tu as peur qu'un bateau anglais arrive près de chez toi. Tu apprends que la guerre est enfin terminée et que les Anglais n'attaqueront pas. Ta mère t'a dit qu'il y avait eu beaucoup de guerres autrefois et qu'il n'était rien arrivé aux habitants de Grand Bank.

Mais cette fois, c'est différent. On a appris que le gouverneur français et les soldats pouvaient rester à Plaisance. Les Français n'auraient plus le contrôle de Grand Bank, ni de la côte sud de Terre-Neuve. Qu'est-ce que ça veut dire? Tu ne comprends pas.

Un jour, un bateau anglais arrive. Le capitaine rassemble tous les gens. Tu restes près de ta mère et écoutes ce qu'il dit. Il dit que Grand Bank appartient maintenant aux Anglais mais que tout le monde pourrait y rester s'ils prêtaient serment d'être loyaux envers la reine d'Angleterre.

Ce soir-là, dans ton lit, tu entends ton père et ta mère parler. Ils parlent à voix basse mais tu sais qu'ils sont inquiets. Que vont-ils faire? S'ils ne prêtent pas serment, ils perdront tout ce qu'ils ont et ils devront quitter leur maison. Mais le gouverneur français de Plaisance a envoyé une lettre qui est affichée sur la porte de l'église. Elle dit que tous ceux qui prêteront le serment de loyauté envers la reine d'Angleterre seront pendus s'ils retournent sur une terre française. Cela voulait dire qu'ils seraient en danger s'ils prêtaient ce serment et que les Français reprenaient Grand Bank un jour.

Tu pleures quand tu imagines ton père et ta mère pendus. Qu'est-ce qui vous arriverait à toi et à tes frères et soeurs? Tu ne peux pas dormir.

Le lendemain matin, ton père et ta mère t'annoncent qu'ils ont prêté serment. La plupart des gens ont fait la même chose.

Beaucoup de colons français ont prêté serment. Le capitaine anglais est donc parti. Il pensait que tout allait bien. Quand il est revenu au printemps suivant, les Bourny et les autres colons de la côte avaient disparus. Où étaient-ils? Nous ne sommes pas certains mais nous pensons qu'ils sont allés au Cap Breton en Nouvelle Ecosse qui n'appartenait pas aux Français. Peut-être que le gouverneur leur avait dit que même s'ils avaient prêté serment aux Anglais, ils ne seraient pas pendus s'ils allaient au Cap Breton tout de suite.

✍ #36

Il y avait des enfants de ton âge dans les communautés anglaises et françaises. Qu'est-ce que tu ressentirais si tu voyais l'ennemi arriver? Fais un dessin qui exprime ce sentiment. Qu'est-ce que tes parents auraient fait? Et toi? Est-ce que tu combattrais les soldats et les marins? Est-ce que tu courrais te cacher dans les bois? Pourquoi?

✍ #37

La colonie française de Cap Breton a été fondée par des colons qui avaient quitté la côte sud de Terre-Neuve. Ils ont aidé à construire un grand fort français à Louisbourg. Plus tard, il a été pris par les Anglais. Le fort de Louisbourg est maintenant restauré comme il était à cette époque. Dessine une carte du Cap Breton et indique où se trouve Louisbourg. Ecris à Parcs Canada pour recevoir des informations sur le fort restauré et mets-les dans ton cahier.

Les colonies françaises à Terre-Neuve

Les Français et les Anglais ont signé le **traité** de 1713 qui cédait le contrôle de Terre-Neuve aux Anglais. Les Français ont donc été obligé d'abandonner Plaisance et les villages de la côte sud où ils vivaient depuis plus de cinquante ans. Mais le traité autorisait les Français à continuer la pêche du Cap Bonavista à Pointe Riche. C'est ce qu'on appelait la côte française.

Les pêcheurs anglais et terreneuviens disaient que le traîté les autorisaient à pêcher le long de la côte française. De toute manière, quand les Anglais et les Français étaient en guerre, il n'y avait pas beaucoup de pêcheurs français à Terre-Neuve car ils avaient peur d'être capturés par la puissante Marine anglaise. Les pêcheurs terreneuviens cherchaient toujours de nouveaux endroits pour la pêche. Quand les Français sont revenus après la guerre, les Terre-Neuviens s'étaient établis dans les baies de Bonavista et de Notre Dame. Bien sûr, les Français n'étaient pas du tout contents de perdre ces régions très riches en poissons.

En 1763, la France a renoncé à *s'approprier* ce qui s'appelle maintenant le Canada. Mais elle a gardé le droit de pêche, en été, le long de la côte française. Elle a aussi gardé le droit de s'établir dans deux îles situées au sud de Terre-Neuve, pour pouvoir continuer à pêcher sur les Grands Bancs. Ces îles, St-Pierre et Miquelon, sont toujours françaises.

En 1783, les limites de la côte française ont changé. Les nouvelles limites allaient du Cap Saint John au Cap Ray. Puis en 1904, on a obligé la France à abandonner ses droits de pêche sur la côte française.

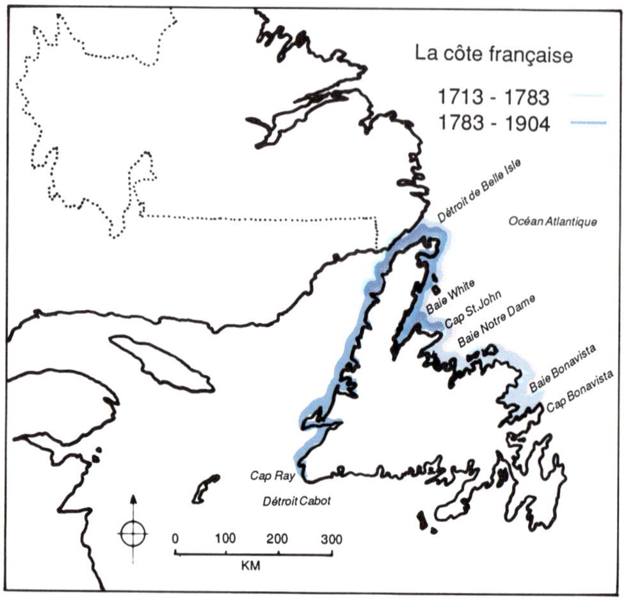

Sur quelle partie de la côte de Terre-Neuve les pêcheurs français avaient-ils le droit de pêcher en 1783? Où est-ce qu'ils n'avaient pas le droit de pêcher?

Les Français s'installent dans l'ouest de Terre-Neuve

A la fin des années 1700, les colons français qui ont été renvoyés d'Acadie (une partie de la Nouvelle Ecosse et du Nouveau-Brunswick) se sont installés dans la région de la baie Saint-Georges. Ils étaient surtout agriculteurs et on les a laissé s'installer car ils ne gênaient pas les pêcheurs anglais. Les pêcheurs de St-Pierre et de France venaient pêcher chaque été dans la région de Port au Port. Une des installations de pêche les plus importantes étaient situées sur l'île Rouge, une île signalée par Jacques Cartier en 1534. Des jeunes garçons de 12 à 16 ans y travaillaient pendant de longues heures. Ils nettoyaient et salaient le poisson. Ils avaient les pires couchettes du bateau pour les traversées de l'Atlantique. Sur l'île Rouge, ils vivaient dans des cabanes faites de branches d'arbres. Ces cabanes étaient construites sur la plage, là où ils nettoyaient le poisson. Les pêcheurs habitaient dans des habitations plus confortables en haut de la falaise.

A leur retour en France, ils risquaient fort de passer cinq ans dans la marine française. Pendant les années 1800, beaucoup de ces garçons ont déserté et se sont cachés dans les forêts de la presqu'île de Port au Port. Certains Saint-Pierrais sont aussi venus s'y établir. Ils y venaient chaque été pour pêcher et préféraient s'y installer de façon permanente. Plus tard, d'autres

colons français sont venus de la Nouvelle-Ecosse, de l'île du Prince-Edouard, du Nouveau-Brunswick, et des Iles de la Madeleine.

D'autres familles de pêcheurs venus d'Acadie ont décidé de s'installer à Terre-Neuve. Ils se sont installés à Kippen's, Stephenville et dans la vallée Codroy. Leur style de vie était semblable à celui des colons anglais de Terre-Neuve.

Les Franco-Terreneuviens au vingtième siècle

La France a cédé son droit de pêche sur la côte française en 1904. Les colons français installés dans la presqu'île de Port au Port étaient maintenant gouvernés par les Anglais. Au début, cela n'a rien changé car les communautés étaient isolées. Les habitants ont vécu de façons indépendante pendant longtemps.

Il n'y avait pas de route et il y avait peu d'écoles. Grand'Terre a eu sa première école en 1921. Pourtant l'instruction était en anglais comme dans les autres écoles de Terre-Neuve. La première église de Cap Saint-Georges et de la région a été construite en 1921. Le prêtre, comme tous les prêtres de Terre-Neuve, était anglophone.

En 1935, les colons anglais de la côte sud se sont installés à Clam Bank Cove. Ils l'ont rebaptisé «Lourdes.» Cette communauté s'est agrandie très vite et a prospéré. Cependant, elle se trouvait au milieu des communautés françaises de la région.

En 1940, les choses ont changé dans la région de Port au Port, les Américains ont construit une base militaire à Stephenville. Beaucoup d'Acadiens qui avaient cédé leurs terres pour la construction des pistes ont été relogés dans des régions anglophones.

Tout à coup, il y avait des milliers d'emplois qui payaient bien, mais il fallait parler anglais. La pêche était en déclin, et beaucoup de francophones sont venus travailler à la base. Cela a continué pendant vingt-cinq ans et beaucoup de gens ont cessé de parler français pour parler anglais.

En 1970, beaucoup de gens pensaient que le français disparaîtrait rapidement. Pourtant la politique gouvernementale du bilinguisme et du bi-culturalisme a permis aux francophones de faire revivre leur langue et leur culture. Aujourd'hui les enfants peuvent aller à l'école française.

Les Franco-Terreneuviens aujourd'hui

La base américaine à Stephenville a fourni beaucoup d'emplois pour les habitants des communautés françaises de la péninsule de Port au Port. Cependant l'utilisation du français a rapidement diminué.

Aujourd'hui il n'y a plus d'Américains et les francophones sont toujours là. Les Terre-Neuviens se rendent compte que les communautés françaises font partie de l'histoire et de la culture de la province. Dans certaines écoles de la région de Port au Port, les cours sont en français et l'anglais est enseigné comme langue seconde. L'enseignement de la langue française fait partie intégrante de la plupart des programmes scolaires dans la province. Notre gouvernement fait son possible pour préserver cet aspect important de notre héritage.

✍#38

Dessine une carte de l'est du Canada. Indique avec des flèches d'où venaient les gens qui se sont installés à Port au Port.

Le développement de St. John's

Quand Sir Humphrey Gilbert est arrivé à St. John's en 1583, il a trouvé trente-six bateaux qui utilisaient le port comme quartier général pour la pêche en été. Le port était un des meilleurs de la péninsule d'Avalon.

Au début des années 1600, St. John's était un centre de commerce réputé. Les capitaines de bateaux qui partaient d'Europe vers l'Amérique du Nord en prenant la route nord arrivaient souvent à St. John's.

Les premiers colons qui se sont établis de façon permanente sont arrivés vers 1604. Pendant longtemps, la population de St. John's augmentait beaucoup l' été à cause des Anglais qui venaient pêcher.

Une capitale militaire

Pendant les guerres entre les Français et les Anglais, St. John's est devenu le quartier général des bateaux et des soldats que les Anglais avaient envoyés pour défendre leur colonie. La ville était donc une cible pour l'ennemi. Souviens-toi que la ville a été attaquée et brûlée plusieurs fois. Mais cela n'a pas empêché la ville de s'agrandir. Vers 1760, un visiteur a décrit St. John's de cette façon:

On ne peut pas comparer St. John's avec les autres villes que j'ai vues. La ville est construite sur le flanc d'une colline qui fait face au port. Il y a deux ou trois cents maisons et presque autant de séchoirs à poissons qui dégagent une odeur insupportable en été. Pas de rues, les maisons sont construites en rangs et elles touchent les séchoirs, il n'y a donc pas de trottoir.

Les Irlandais

Jusqu'aux environs de 1720, presque tous les gens qui se sont installés à St. John's étaient anglais. Au printemps, les bateaux qui partaient du sud-ouest de l'Angleterre s'arrêtaient en Irlande pour le *ravitaillement.* Ils embauchaient souvent des marins irlandais et des domestiques. Certains Irlandais sont restés travailler pour les colons anglais.

St. John's s'est développé par *à-coups.* Des bateaux pleins de gens arrivaient à Terre-Neuve; ils venaient surtout du sud de l'Irlande. La majorité de ces bateaux arrivaient à St. John's et la plupart des nouveaux arrivés s'installaient en ville. Beaucoup de familles irlandaises se sont établies à St. John's car chez eux, ils vivaient dans la pauvreté. Aujourd'hui, la majorité des habitants sont de descendance irlandaise.A cause de l'augmentation du nombre d'habitants, il y avait besoin de nouvelles sortes d'emplois. Vers 1800, il y avait les emplois suivants à St. John's: cordonniers, maréchaux-ferrants, horlogers, tailleurs, professeurs, tonneliers, chaudronniers, et coiffeurs.

Un centre de commerce

Dans les années 1800, au fur et à mesure que St. John's s'agrandissait, les marchands installaient de nouveaux commerces et agrandissaient les anciens. Au lieu de rentrer en Angleterre pour emporter le poisson, les **goélettes** des petites communautés l'apportaient aux marchands à St. John's. Ils retournaient chez eux avec de la farine, de la mélasse, des pots et des outils. Les marchands gagnaient leur vie en vendant le poisson à l'étranger et en achetant ce dont les Terre-Neuviens avaient besoin. Ils achetaient ces marchandises en Angleterre, en Nouvelle-Ecosse, aux Etats-Unis et aux Antilles.

Les *ateliers*, les chantiers navals et les usines fabriquaient des produits pour les habitants de St. John's, mais aussi pour les gens

Sécher le poisson près de l'entrée du port de St. John's.

qui vivaient dans les communautés le long des côtes. Quand on a commencé à utiliser les bateaux à vapeur, il n'y avait qu'à St. John's qu'on trouvait des mécaniciens qualifiés pour les réparer et du matériel pour les faire fonctionner.

Le siège du gouvernement

St. John's était la capitale de la colonie. Quand Terre-Neuve dépendait de l'Angleterre, le gouverneur vivait à St. John's. C'est là qu'il rencontrait son conseil. Plus tard, la colonie a obtenu le droit de se gouverner. L'Assemblée, où les membres élus se réunissaient pour prendre des décisions, était à St. John's.

Le feu détruit St. John's

Le vendredi 8 juillet 1892 au matin, les conduites d'eau de la ville de St. John's étaient fermées pour les nettoyer. A trois heures du matin, on a ouvert l'eau. Les conduites se sont remplies d'eau doucement, mais plusieurs heures plus tard, il n'y avait toujours pas d'eau dans le haut de la ville.

A quatre heures, un feu s'est déclaré dans la grange de M. T. Brien, au coin de Carter's Hill et de la rue Freshwater. Les pompiers n'avaient pas d'eau. Les vents violents faisaient voler le bois en feu qui enflammait les toits voisins. En l'espace d'une heure, plusieurs maisons étaient en flammes.

A six heures trente le feu s'avançait dans le centre de la ville. Le collège méthodiste et l'église méthodiste de Gower Street brûlait. Puis le toit de la cathédrale s'est effondré. Très vite la *caserne* de Signal Hill et le *tribunal* ont pris feu.

Près du port, les peintures, les huiles, le goudron, le bois, la poudre à fusil et le charbon ont alimenté les flammes. Des bateaux ont brûlé dans le port. Le lendemain, il ne restait pratiquement aucun bâtiment dans l'est de la ville. Plus de 12 000 personnes étaient sans toit.

St. John's a été reconstruit et a continué à se développer, mais la destruction de ces bâtiments historiques nous a fait perdre une partie de notre passé culturel.

St. John's après le grand feu de 1892.

La colonisation du Labrador

Nous avons étudié l'évolution de l'installation des colons à Terre-Neuve. Il y avait aussi des établissements de pêche au Labrador. La vie était la même qu'à Terre-Neuve, les gens avaient les mêmes intérêts et les mêmes *soucis*. Il y avait des colons français et des colons anglais comme à Terre-Neuve.

Le gouvernement du Labrador

Quand l'Angleterre a pris le contrôle de l'Amérique du Nord en 1763, elle a dû décider comment gouverner le Labrador.

Est-ce que le Labrador devait être gouverné par le gouverneur du Québec puisqu'il faisait partie du continent? C'est ce qui est arrivé d'abord. Puis en 1809, les Anglais ont décidé qu'il valait mieux le gouverner de Terre-Neuve. Les Terre-Neuviens pêchaient le long des côtes du Labrador. Peu de Québécois sont partis au nord de la vallée du Saint-Laurent.

Lorsque beaucoup de colons se sont installés à Terre-Neuve, les bateaux ont commencé à aller pêcher le long des côtes du Labrador. L'été, les pêcheurs partaient au Labrador, comme les Européens le faisaient à Terre-Neuve autrefois.

Les frontières du Labrador

Qu'est ce que c'était que le Labrador? Pendant longtemps, cela n'avait pas d'importance. Les natifs qui y vivaient n'avaient pas besoin de frontières et presque tous les autres ne s'intéressaient qu'aux côtes pour la pêche. Puis, en 1902, une entreprise de bois de construction a eu un problème.

Le gouvernement de Terre-Neuve avait autorisé l'entreprise à couper du bois au sud de la rivière Hamilton. Un **fonctionnaire** est arrivé du Québec. Il a dit que le territoire appartenait au Québec et l'entreprise devrait donc obtenir la permission du Québec.

Soudain, il était très important de savoir où était la frontière du Labrador. Terre-Neuve et le Canada ont donc demandé aux **tribunaux** anglais de décider.

Les querelles ont continué pendant des années. Finalement, en 1927, les juges anglais ont décidé que le Labrador appartenait à Terre-Neuve.

St. Francis Harbour, Labrador c. 1853

La décision prise en 1927 a donné raison à Terre-Neuve. Les juges ont décidé que les frontières incluraient toutes les terres où coulait une rivière qui se jetait dans l'Océan Atlantique.

Les Labradoriens

Le Labrador fait deux fois et demie la grandeur de l'île de Terre-Neuve. Il est divisé en plusieurs régions.

Les descendants des familles de pêcheurs européens et terreneuviens habitent le long de la côte sud. Les Inuits et les Naskapi vivent surtout le long de la côte nord. Les communautés inuits, montagnaise et les descendants des Européens vivent sur les bords du lac Melville. Dans la plupart de ses villes, la population est composée de personnes d'origine diverse.

Une base pour des avions militaires a été construite à l'intérieur de la région, à Goose Bay, en 1941. La ville de Happy Valley a aussi été créé tout près. Après la deuxième guerre mondiale, les avions civils qui volaient entre l'Europe et l'Amérique du Nord l'utilisaient comme *escale* technique.

Churchill Falls se situe encore plus à l'intérieur. Les ouvriers qui travaillent dans l'usine électrique de Churchill Falls habitent dans cette nouvelle ville. A l'ouest, près de la frontière québécoise, il y a deux autres villes récentes: Labrador City et Wabush. Ce sont des villes minières dans le coeur de la ceinture minière du Labrador.

Autrefois, le Labrador n'avait pas beaucoup d'importance. En 1925 et en 1931, Terre-Neuve a essayé de le vendre au Canada. Le Canada a refusé. Aucun pays ne se rendait compte de la valeur des ressources naturelles du Labrador.

Aujourd'hui, nous savons que le Labrador est important pour notre province et notre gouvernement réconnâit les besoins des Labradoriens.

Deux communautés du Labrador. Au premier plan, Sheshatshit. A l'arrière plan, Northwest River.

Le Labrador fait partie de Terre-Neuve et du Labrador; beaucoup de Labradoriens en sont fiers et expriment leur attachement par des symboles, comme ce drapeau par exemple. D'après toi, pourquoi est-ce qu'il y a les choses suivantes: un rameau, du vert et du blanc?

✍ #39

Certaines personnes disent que Terre-Neuve est une «province-île». Pourquoi est-ce que c'est incorrect? Quelle province est la «province-île» du Canada? Dessine une carte du Labrador. Ecris le nom de tous les endroits inscrits sur ta carte. Trouve une manière d'indiquer les endroits où vivent les Inuits, les Montagnais, les Naskapi et les Européens. Dessine un trait rouge pour indiquer la partie que le Québec réclamait.

La Premiere Guerre mondiale touche nos communautés

En 1914, les pays européens sont entrées en guerre. D'autres pays du monde entier y ont été impliqués. C'est pour cela qu'on l'a appelée la guerre mondiale et maintenant on l'appelle la Première Guerre mondiale. La guerre a duré quatre ans. Plus de huit millions (8 000 000) de personnes sont mortes.

Les Terre-Neuviens partent en guerre

Comme tu le sais, Terre-Neuve était une colonie britannique. Quand l'Angleterre a déclaré la guerre à l'Allemagne, tous les pays de l'Empire britannique étaient donc en guerre. Terre-Neuve en faisait partie.

Les jeunes gens de toute la province ont répondu à l'appel pour aller se battre. Beaucoup ne savaient pas ce que c'était qu'être soldat. Les seuls qui avaient une sorte d'entraînement militaire faisaient partie des quatre corps de la préparation militaire: Les «Church Lads Brigade,» les «Catholic Cadet Corps,» les «Methodist Guards,» et les «Newfoundland Highlanders.» Le régiment de Terre-Neuve a été formé avec ces garçons.

En septembre 1914, ils se sont entraînés à Pleasantville près de St. John's. Le 3 octobre, «les cinq cent premiers» (en fait ils étaient 537) sont partis vers l'Angleterre.

Une tragédie

Les Terre-Neuviens se sont battus avec courage dans les batailles de mai. Pour les récompenser de leurs efforts héroïques, le roi a donné le titre de «Régiment royal de Terre-Neuve» au régiment.

Beaucoup de Terre-Neuviens sont morts dans une bataille à Beaumont Hamel en France. On leur avait ordonné d'attaquer l'ennemi et ils l'ont fait. Les fusils allemands étaient pointés vers eux, mais ils ont continué.

Vingt minutes plus tard, ils ne restait plus que 68 soldats. Ce n'est que le lendemain que l'on s'est rendu compte de la tragédie. Sur les 800 hommes qui s'étaient battus, 233 étaient morts, les autres étaient blessés ou avaient disparus.

Les héros

Thomas Rickets de Middle Arm (White Bay) était un des héros. A 16 ans, il a voulu s'engager dans le Régiment royal de Terre-Neuve. Il a dit qu'il avait 18 ans et on l'a accepté. Grâce à son habileté à deviner les plans de l'ennemi et à son courage, Rickets a aidé sa section à gagner une bataille contre les Allemands. Il a aussi sauvé beaucoup de vies.

Le Commonwealth et le gouvernement français ont remis des médailles à Thomas Rickets pour son courage.

Les effets de la Première Guerre mondiale

La guerre a changé le rythme de vie dans les petites et les grandes communautés. Il n'y avait plus de jeunes gens dans les rues, les ports de pêche et les camps de bûcheron. Ils se sont engagés dans la Marine royale, le corps des forestiers, le régiment de Terre-Neuve. Les mères, les soeurs et les petites amies attendaient avec impatience des nouvelles de ceux qu'elles aimaient.

La première guerre mondiale a duré de 1914 à 1918. Les troupes de Terre-Neuve et du Labrador servaient avec courage pendant que leurs familles travaillaient pour la cause.

On a déclaré l'**armistice** le 11 novembre 1918. Les cloches des églises ont sonné pendant que les Terre-Neuviens et les Labradoriens se réunissaient pour célébrer la victoire. Les soldats qui étaient encore vivants allaient bientôt rentrer.

Dans beaucoup de vieilles communautés de Terre-Neuve et du Labrador, il y a un monument aux morts. C'est une statue près de la *mairie*, ou une plaque commémorative dans un cimetière. On trouve aussi parfois une plaque commémorative dans une église. Tous les ans, le 11 novembre et le 1er juillet, la fête nationale du Canada, nous pensons à ceux qui sont morts à la guerre.

Le savais-tu?

En 1918, beaucoup de gens qui ont attrapé un nouveau type de grippe sont morts. On dit que cette grippe a fait plus de morts que la guerre. Dans toute l'île, des communautés ont beaucoup souffert. Des communautés du Labrador ont presque disparu.

#40

1. Y a-t-il une plaque dans une église de ta communauté ou un monument qui nous rappelle ceux qui sont morts à la Première guerre mondiale? Qu'est-ce qui est écrit dessus? Est-ce que ça rappelle d'autres guerres? Lesquelles?
2. Le premier juillet on célèbre la fête de la Confédération dans tout le Canada. C'est aussi une date importante à Terre-Neuve et au Labrador. C'est l'anniversaire de la tragédie de Beaumont Hamel pendant la Première guerre mondiale. Interroge des personnes âgées de ta communauté qui connaissent l'histoire de cette bataille.

Même pendant la Guerre, il y avait des moments de détente. D'après toi, pourquoi est-ce que le photo- graphe a nommé cette photo «exercices de tir»?

Terre-Neuve retourne à la guerre

En 1939, le monde était encore en guerre. Terre-Neuve a de nouveau participé à cause de sa relation avec la Grande-Bretagne.

Travail dans les forces armées britanniques

Quand la Deuxième Guerre mondiale a éclaté, beaucoup de Terre-Neuviens se sont engagés dans la marine et l'aviation anglaises. Les trois mille Terre-Neuviens de la Marine royale étaient réputés pour leur habileté à manoeuvrer les petits bateaux.

Trois mille autres Terre-Neuviens ont servi dans les services forestiers. Les bûcherons expérimentés sont allés couper des arbres en Angleterre et en Ecosse. On avait besoin de bois pour construire des bateaux et fabriquer des poteaux pour étayer les mines de charbon ainsi que pour réparer les bâtiments endommagés par les bombes des ennemis.

Les sous-marins et les convois

Pour faire la guerre il faut des soldats, mais il faut aussi beaucoup d'autres choses. Pendant une grande partie de la deuxième guerre, l'Allemagne contrôlait une bonne partie de l'Europe. L'Angleterre ne pouvait pas fournir toute la nourriture et le matériel nécessaires. Le **ravitaillement** venait presque entièrement d'Amérique du Nord. Mais les sous-marins allemands surveillaient l'Atlantique, prêts à attaquer les bateaux transportant du ravitaillement en Angleterre. Les bateaux de ravitaillement voyageaient en convois ou groupes, ils étaient lents et ne pouvaient pas se défendre. Mais ils étaient protégés par des bateaux de guerre de la Marine anglaise ou canadienne. Presque 10 000 Terre-Neuviens ont risqué leurs vies pour ce travail important.

Le travail de guerre

St. John's a joué un rôle important pendant la guerre. Les bateaux basés dans le port pouvaient secourir rapidement les bateaux en mer.

Il y avait d'autres centres importants dans l'île pendant la guerre. Les forces de l'air canadiennes ont construit un aéroport à Gander et un à Torbay pour que des avions protègent les convois. Les forces de l'air américaines ont construit un aéroport à Goose Bay pour que ses avions prennent du carburant en route. Ils en ont aussi construit un à Stephenville, à St. John's et à Argentia.

Beaucoup de Terre-Neuviens n'avaient pas de travail depuis des années quand la guerre a éclaté. Tout à coup il y avait beaucoup d'emplois.

Le port de St. John's avait un rôle essentiel dans l'acheminement des vivres et du matériel au départ de l'Amérique du Nord pour l'Europe. De nouveaux bateaux se joignaient généralement aux convois à Halifax. Les bateaux de guerre surveillaient les bateaux de marchandises jusqu'au milieu de l'Atlantique. Ils étaient ensuite remplacés par des bateaux de guerre britanniques. Sans les bateaux incoulables, l'approvisionnement n'aurait pas pu arriver en Europe.

Terre-Neuve pendant la guerre

Pendant la Première Guerre mondiale, la guerre a eu lieu de l'autre côté de l'océan. Ça n'a pas été la même chose pendant la deuxième.

A cause de la position géographique de Terre-Neuve, la navigation est devenue dangereuse. Des douzaines de sous-marins ennemis surveillaient cette partie de l'Atlantique nord. Ils venaient parfois très près des côtes de Terre-Neuve et de l'est du Canada.

Les sous-marins patrouillaient le long des côtes et ils coulaient parfois les bateaux *d'approvisionnement* qu'ils repéraient.

Toutes les lumières extérieures des maisons étaient éteintes et les fenêtres étaient bloquées pour qu'on ne voie pas de lumière en survolant en avion. C'était pour empêcher les bateaux ennemis de bombarder les communautés.

Les agents secrets représentaient un autre danger. L'ennemi envoyait des espions et des saboteurs, des gens qui devaient empêcher la construction de matériel de guerre. Nous ne savons pas le mal qu'ils ont causé, mais on dit qu'ils ont été responsables de plusieurs tragédies.

Le savais-tu?

En 1980, on a retrouvé les restes d'une station météorologique allemande au Labrador. Presque quarante ans plus tôt, des spécialistes en météorologie et en radio avaient atterri en secret et installé des équipements pour envoyer des informations météorologiques à leurs sous-marins.

#41

Beaucoup de personnes âgées se souviennent de la Deuxième Guerre mondiale. Certaines sont allées à la guerre, d'autres ont participé en aidant chez eux.

Interroge plusieurs personnes sur la guerre. Raconte leurs histoires dans ton cahier. Trouve des photos si tu le peux.

Le 14 octobre 1942, Le Caribou, *un bateau à vapeur qui voyageait le long des côtes de Terre-Neuve a été coulé entre Port aux Basques et la Nouvelle Ecosse. 137 personnes sont mortes.*

Le départ des petites communautés

Dans ce chapitre nous avons étudié l'évolution des communautés de notre province. Nous avons parlé de l'installation de petits villages de pêche le long des côtes. Les familles s'y installaient lorsqu'il y avait du poisson et qu'il y avait de la place pour le faire sécher.

Les besoins ont changé au fil du temps. Les gens voulaient vivre près des écoles, des hôpitaux et des églises. Ils voulaient des chemins de fer, de bonnes routes et la visite régulière d'un bateau à vapeur qui leur apportait du courrier, du ravitaillement et leur permettaient de voyager. Ils voulaient l'électricité, le téléphone et l'eau courante à la maison.

L'industrie de la pêche évoluait aussi. Les bateaux étaient maintenant équipés de moteurs et les pêcheurs pouvaient aller plus loin en mer. La plupart des gens qui achetaient notre poisson le préféraient maintenant en conserve ou congelé. Les pêcheurs ne salaient plus le poisson et ne le faisaient plus sécher. Ils devaient donc l'envoyer à l'usine de transformation.

Port de Grave 1949

Départ des petits villages de pêche vers les grands centres

Dans les années 1950, le gouvernement provincial a décidé que beaucoup de petits villages devraient être abandonnés pour plusieurs raisons. Il était difficile et cher d'offrir les services nécessaires aux habitants des petites communautés. Il serait certainement plus facile et moins cher d'offrir des écoles, des centres de soin et des transports à des communautés plus grandes et plus centralisées.

Ensuite, puisqu'il fallait maintenant transformer le poisson pour le vendre, il fallait construire des usines. Si on conservait des petites communautés, le gouvernement devrait construire beaucoup d'usines ou les gens devraient transporter leur poisson assez loin.

Certaines personnes pensaient que la vie dans les plus grands centres serait plus facile. D'autres n'étaient pas d'accord. Partir, c'était quitter les **falaises** sur lesquelles ils avaient joué pendant leur enfance, les baies où ils avaient pêché et la vieille église sur la colline.

✍ # 42

Imaginez que vous vivez dans une petite communauté. Les gens essaient de décider s'ils devraient partir ou non. Divisez la classe en deux groupes. Un groupe veut partir, un groupe veut rester. C'est une réunion publique. Quelles sont les raisons de chacun des deux groupes?

III
L'ÉPOQUE DE NOS GRANDS-PARENTS

FREE RADIO HANDBOOK

Only a few of our radio values can be shown on this page, and these only hint at the savings which can be effected by purchasing all your radio requirements from EATON'S. This handbook will be sent free on request.

Minerva Six-Tube, One-Dial Console Receiver

Although low-priced, it is comparable with even the very high-priced sets on the market. Fully protected under all Canadian patents.

Built Specially for EATON'S

The Minerva is a sensitive, select set with 3 stages of Balanced R.F. Amplification, detector and 2 stages of A.F. Amplification.

The chassis is strongly built and partly shielded. The built-in large O'Neil Cone Loud Speaker gives the set marvelous tone, faithful reproduction and splendid volume. The attractive Walnut-finished cabinet is 41 ins. high, 28 ins. wide, 15 ins. deep.

837-1645. Minerva Console, without tubes, batteries or aerial equipment. Price, delivered:

Cash Price **84.00** By Monthly Payments **89.30**

Terms: $8.40 down and $8.09 a month for 10 months.

Minerva Console with Complete Equipment

837-1646. Consists of the set: One 120-Amp.-hour storage "A" battery, three 45-volt Super Minerva "B" batteries, one 22½-volt "C" battery, five UX-201A and one UX-171 Radiotron tubes, and aerial kit. Price, delivered:

Cash Price **125.00** By Monthly Payments **132.90**

Terms; $12.50 down and $12.04 a month for 10 months.

As-tu déjà posé du papier *d'emballage* trempé dans du vinaigre sur ton front quand tu avais mal à la tête? As-tu déjà essayé de guérir un mal de tête en marchant à reculons en décrivant un cercle? Lorsque tu as mal à la tête, tu prends certainement des médicaments que l'on achète en pharmacie. Est-ce que tu as essayé les remèdes que l'on utilisait lorsque tes grands-parents avaient ton âge? On trempait du papier d'emballage dans du vinaigre et on le posait sur le front, ou on marchait en arrière en décrivant un cercle pour guérir le mal de tête. Tes parents s'en souviennent peut-être et ils connaissent sans doute d'autres méthodes que l'on utilisait dans leur jeunesse.

Dans le chapitre précédent, nous avons étudié l'exploration de notre province et l'évolution des communautés dans les cent dernières années. Dans ce chapitre-ci, nous allons explorer une communauté telle qu'elle était quand tes grands-parents avaient environ ton âge. Tu remarqueras les changements qu'ils ont connus. Ces changements ont certainement été plus importants que ceux que la génération précédente a connus.

CHAPITRE 6
LE MODE DE VIE

Dans les chapitres précédents nous avons vu comment nous découvrons le passé. Nous savons que les archéologues étudient les vieux objets pour connaître le passé. Les historiens utilisent des ressources primaires et secondaires pour étudier le passé. Les ressources primaires sont des documents originaux: les registres des naissances, des mariages ou des décès d'une paroisse par exemple. Quand les gens utilisent des ressources primaires, les documents d'une entreprise ou du gouvernement pour écrire autre chose, ils créent des documents secondaires. Dans ce chapitre, tu pourras utiliser des documents de différentes sources, tu travailleras donc comme un historien.

Le passé

Dans ce chapitre, nous allons voir à quoi ressemblait la vie dans une communauté **rurale** de Terre-Neuve à l'époque où tes grands-parents avaient environ dix ans. Bien sûr, c'était peut-être différent de ce que tu liras dans ce livre. Tu pourras travailler comme historien ou historienne, et essayer de décrire la vie dans ta communauté à cette époque-là. Peut-être que ta communauté n'existait pas encore mais les personnes âgées pourront te dire comment c'était là où elles habitaient.

Pour trouver des renseignements, tu peux interroger des personnes plus âgées. Il y a trois règles à respecter pour faire un bon travail:

1. Les préparatifs:
   - Décide à qui tu veux parler.
   - Fais une liste de toutes les questions à poser.
   - Contacte les personnes que tu veux interroger et prends rendez-vous.
2. L'entrevue:
   - Donne les questions à la personne pour qu'elle se prépare.
   - Pose tes questions et conserve les réponses. Il est plus facile de les enregistrer. Remercie la personne.
3. La présentation de tes recherches:
   - Tu peux faire écouter la cassette, redire ce que tu as entendu ou l'écrire dans un cahier pour que les autres le lisent.

Est-ce que tu peux lire des vieux journaux qui décrivent le style de vie? Si oui, regarde les prix dans les publicités. Y a-t-il des vieilles photos dans l'album de familles? Y a-t-il des artefacts chez toi? Y a-t-il des vieux bâtiments qui montrent comment les choses ont changé depuis sa construction?

On te demandera plusieurs fois de comparer ton style de vie à celui de tes grands-parents lorsqu'ils avaient ton âge. N'oublie pas de leur poser des questions; c'était peut-être différent de ce qui est décrit dans ce livre.

Fais un tableau que tu divises en deux pour te permettre de faire la comparaison.

Tu peux aussi illustrer les différences avec des dessins ou des photos. Tu peux également enregistrer des histoires que tes grand-parents ou d'autres personnes te raconteront.

Les loisirs à la maison	
Aujourd'hui	**Autrefois**

L'entretien de la maison

Aujourd'hui, beaucoup d'*appareils ménagers* nous facilitent le travail. Grâce à la machine à laver le linge par exemple, il ne faut que quelques minutes pour faire un lavage. Grâce à la sécheuse, nous n'avons pas besoin de faire sécher notre linge dehors. Nous pouvons donc faire un lavage quand nous voulons.

A l'époque de nos grands-parents, c'était différent. On faisait la *lessive* une seule fois par semaine car c'était un long travail. Chaque jour, on faisait un travail différent. On pouvait dire quel jour de la semaine c'était d'après le travail effectué et le repas.

Le jour de la lessive, les femmes n'avaient pas le temps de faire beaucoup de cuisine. Le repas principal était facile à préparer. C'était un *hachis* confectionné avec les restes de légumes et de viande du repas du dimanche.

Lundi: la lessive

- aller chercher l'eau au puits
- faire chauffer l'eau sur le fourneau de la cuisine
- faire tremper les vêtements très sales
- faire bouillir le linge très sale avec de la lessive
- brosser chaque vêtement
- rincer tout le linge
- *amidonner* certains vêtements (on faisait l'amidon avec de la farine bouillie avec de l'eau)
- étendre les vêtements sur une corde à l'extérieur.

Mardi: le repassage

- faire réchauffer les fers à repasser sur le fourneau de la cuisine
- repasser presque tout le linge.

Pour que les fers restent chauds, il fallait faire du feu toute la journée. Le repas principal était quelque chose qui mettait longtemps à cuire. C'était le *pot au feu* avec du porc ou du boeuf salé et des légumes que l'on ajoutait pendant la cuisson.

Mercredi: le pain et les gâteaux

- confectionner assez de pain, de gâteaux et des biscuits pour toute la semaine.

Le repas principal était du poisson salé et des pommes de terre avec de la peau de porc grillée ou un *ragoût* dans lequel on faisait cuire des boulettes de pâte.

Jeudi: le nettoyage du rez-de chaussée

- *épousseter* toutes les pièces
- balayer et laver les planchers
- secouer les tapis dehors (une ou deux fois par an, on les lavait dans le ruisseau)

Le repas principal était presque la même chose que le mardi, mais s'il y avait de la viande fraîche (animaux ou oiseaux de mer), on faisait une *tourtière.*

Vendredi: le nettoyage du haut

- nettoyer toutes les chambres à l'étage.
- secouer les tapis

Le repas principal était du poisson et des pommes de terre. Ils mangeaient parfois du «fish and brewis» (du poisson salé avec du pain dûr).

Samedi: le grand nettoyage

- laver tout le plancher du rez-de-chaussée
- faire briller *le pas de porte.*
- préparer tous les légumes pour le dimanche

Le repas principal était une soupe de pois avec des boulettes de pâte cuites dedans.

Dimanche: le repos et la prière

- aller à l'église
- rendre visite aux voisins

Le repas du dimanche était le meilleur de la semaine. Il y avait de la viande fraîche, quand c'était possible. On mangeait des salades, des gâteaux, des fruits en conserve avec de la crème ou de la gelée et du *blanc-manger.*

43

Dans ton carnet, écris une *rubrique* «Entretien de la maison.» Fais la liste de tout ce que ta grand-mère faisait chaque semaine. Ensuite, fais la liste de toutes les choses qui nous facilitent la vie. Quelles différences est-ce qu'il y a?

N'oublie pas d'interroger des personnes plus âgées. Essaie de trouver des artefacts comme un fer à repasser ou une planche à laver le linge. Apporte-les à l'école.

La chaleur de la maison

A l'époque de nos grands-parents, la cuisine était la pièce la plus importante de la maison. Tous les soirs, la famille se réunissait pour parler et finir le travail de la journée. En hiver, c'était la seule pièce assez chaude pour s'y asseoir. Il n'y avait pas d'électricité et la cuisine était souvent le seul endroit assez éclairé pour pouvoir y travailler. On posait souvent une lampe à pétrole sur la table pour que les gens travaillent.

Les travaux effectués dans la cuisine

On faisait beaucoup de choses dans la cuisine. On faisait la cuisine, le lavage, le repassage. Les enfants faisaient leurs devoirs et les femmes tricotaient, cousaient. Le travail du soir était différent selon les saisons.

Si les hommes avaient chassé des oiseaux pendant la journée, les femmes les plumaient et les nettoyaient. On gardait les plumes pour remplir les taies d'oreillers et les matelas.

A la fin de l'automne, les hommes réparaient souvent leurs filets à morue avec de la ficelle. Les enfants roulaient la ficelle en boule pour aider les hommes. A cette époque de l'année, les femmes préparaient souvent quelque chose pour Noël comme, par exemple, un tapis. Elles coupaient des vieux tissus et les *teignaient* pour faire des tapis colorés. Les petites filles les aidaient.

Beaucoup de familles élevaient des moutons. Les parents les *tondaient* au printemps. Puis les femmes *cardaient* et filaient toute la laine qu'il leur fallait pour une année. Quand la laine à tricoter était prête, la grand-mère, la mère et les filles avaient du travail pour de nombreuses soirées. Elles tricotaient des gants, des chaussettes et des chandails pour l'automne.

On préparait aussi le plant de pomme de terre. Dans beaucoup de maisons, il y avait des **celliers** où l'on gardait les légumes à racine pendant l'hiver. Les grandes familles de dix enfants n'étaient pas rares et ils avaient besoin d'environ cent kilos de pomme de terre. Certaines pommes de terre étaient mises de côté pour servir de plant. Avant de les planter, il fallait les couper soigneusement pour qu'il y ait le plus de pommes de terre possible l'année suivante.

Le fourneau

Le fourneau de la cuisine avait un rôle important. On l'utilisait pour la cuisine, mais c'était aussi la principale source de chaleur pour la maison. Toute la famille s'occupait du feu. Les parents coupaient du bois pour le chauffage. Les enfants l'empilaient dans le hangar et remplissaient la caisse de bois à la maison.

Le soir, le dernier travail du grand-père ou du père était de faire des *copeaux*. A l'aide d'un couteau de poche, ils coupaient de fins morceaux d'écorces pour allumer le feu du lendemain matin.

On gardait des pierres ramassées sur la plage et des *rondins* de bouleau dans le four pendant toute la journée. Le soir, on enveloppait les pierres dans de la flanelle et on les mettait dans les lits pour les réchauffer. Les chambres étaient parfois très froides car elles n'étaient pas chauffées. Une pierre bien chaude réchauffait le lit pendant des heures.

✍#44

Ajoute le mot Cuisine dans ton carnet. Fais la liste de tout ce que tes grands-parents faisaient dans la cuisine. Fais aussi la liste de ce que toute ta famille fait dans la cuisine. Est-ce que la deuxième liste est plus longue ou plus courte? Pourquoi?

✍#45

Regarde ces photos de cuisine. Quelles sont les ressemblances et les différences? Est-ce que ces illustrations sont des sources primaires ou secondaires?

Les remèdes de bonne femme

A l'époque de tes grands-parents, beaucoup de gens habitaient loin d'un médecin. Quand ils étaient malades, on les soignait souvent chez eux.

C'était souvent un membre de la famille qui s'occupait du malade. Il y avait souvent une femme qui s'occupait de tous les malades de la communauté. Elle avait peut-être appris avec sa mère comment soigner et prévenir les maladies. Beaucoup de médicaments étaient à base de plantes qui poussaient dans la région. Beaucoup de médicaments modernes utilisent les mêmes produits chimiques que ceux produits par ces plantes. C'était parfois un prêtre ou un pasteur qui s'occupait des malades de la communauté et il avait beaucoup de travail. Il fallait soigner les coupures des doigts et les jambes cassées, entre autres.

Dans certains villages, il y avait une infirmière diplômée qui se déplaçait dans les autres communautés proches. Il fallait parfois que l'infirmière fasse la dentiste aussi.

Si quelqu'un était très malade, on allait parfois chercher un médecin. Il y avait des petits hôpitaux dans les plus grandes villes. On y emmenait les personnes gravement malades.

Les remèdes «de bonne femme»

Regarde les remèdes de bonne femme. On les appelle ainsi car c'étaient des gens ordinaires qui les fabriquaient et les utilisaient. Comme nous l'avons dit, certains de ces mélanges contenaient des produits chimiques que l'on utilise dans la médecine moderne, et ils sont efficaces. D'autres médicaments n'étaient pas vraiment efficaces mais les gens avaient l'impression d'aller mieux.

Les remèdes de la mère William

Les plâtrages: Faire fondre de la térébenthine de sapin et la filtrer dans une *mousseline*. Etendez-la sur un morceau de tissu et appliquez-la sur le corps pour les *entorses*, les blessures musculaires, les coupures et les douleurs.

Souffre et mélasse: Au printemps donner ce mélange aux enfants pour leur purifier le sang. Donner une cuillerée à table chaque matin pendant trois jours, arrêter pendant trois jours, donner de nouveau pendant trois jours.

Bourgeons d'aune: Faire *infuser* les bourgeons dans de l'eau bouillante et boire ce liquide pour nettoyer le sang.

Ecorce de merisier: Faire bouillir de l'écorce de merisier et avaler ce liquide pour redonner de l'appétit.

Ampoules de sapin: Frotter la coupure avec la térébenthine de sapin. C'est un médicament très efficace.

Poudre à pâte: Pour soulager les piqûres d'insectes, mélanger de la poudre à pâte avec de l'eau pour former une pâte et appliquez la sur la peau.

Thé à la menthe: Faites pousser de la menthe dans votre jardin. Faites-en du thé qui appaisera les maux d'estomac et les coliques des bébés.

Papier d'emballage et vinaigre: Faites tremper du papier brun dans du vinaigre froid, placez-le sur le front pour guérir un mal de tête.

Hareng mariné: Pour guérir un mal de gorge, couper le hareng sur sa longueur et placez-le sur le cou du malade. Maintenir en place avec un tissu.

Feuilles de thé: Les feuilles de thé utilisées font un bon cataplasme pour un furoncle à l'oeil. Elles soignent aussi l'éblouissement par la neige.

Cataplasmes de pain ramolli: Faites des cataplasmes avec des morceaux de pain fait maison pour soigner l'infection des mâchures et coupures.

Savon et mélasse: Faites une pâte avec du savon et de la mélasse, étendez ce mélange sur un morceau de tissu et posez-le sur le furoncle. Le pus s'écoulera.

Pour soigner les verrues: Frottez la verrue avec un escargot de jardin. Epinglez-le sur un poteau et ne le regardez plus. Quand il sera décomposé et tombé, la verrue aura disparu. Ça ne marchera pas si le malade regarde l'escargot.

Les bébés

Dans beaucoup de communautés, la femme qui s'occupait des malades s'occupait aussi des *accouchements*. La femme qui aide à l'accouchement s'appelle une *sage-femme*. Il n'y avait pas d'hôpitaux, alors les bébés naissaient à la maison. En hiver, on envoyait les enfants chez un voisin pour que le bébé naisse dans la cuisine où il faisait chaud.

Il y des sages-femmes à Terre-Neuve et au Labrador qui ont accouché beaucoup de bébés dans leurs carrières, des centaines, peut-être même plus de mille enfants. Elles étaient très compétentes, mais si une sage-femme pensait qu'une mère pouvait avoir des problèmes, elle faisait venir un médecin. A cette époque-là, même dans les villes, peu de femmes accouchaient à l'hôpital.

✍#46

Sous le titre Médecine, écris les réponses aux questions suivantes:
-Est-ce que tes grands-parents sont nés à la maison? Et toi? Si non, où?
-Est-ce que tu habites loin d'un hôpital?
-Et tes grands-parents, vivaient-ils loin d'un hôpital?
-Combien de temps te faudrait-il pour aller à l'hôpital? Et eux, combien leur en fallait-il?
-Est-ce que ta famille utilise beaucoup de remèdes de bonne femme aujourd'hui? Est-ce que ce sont les mêmes que ceux que nous avons vus?

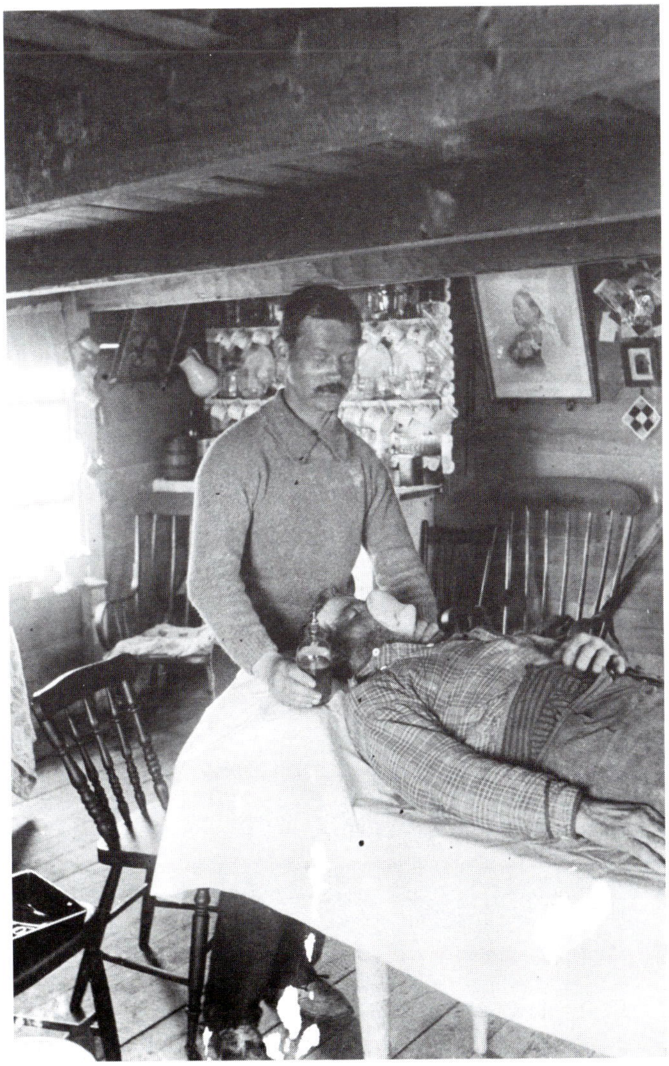

En 1892, Wilfred Grenfell, jeune médecin anglais, est arrivé sur la côte du Labrador. L'année suivante il a ouvert un hôpital à Battle Harbour et un autre à Indian Harbour. Grenfell était médecin mais il s'intéressait aussi à d'autres choses. Il a établi des co-opératives de pêcheurs et des clubs de loisirs. Il a appris aux gens à jouer au soccer. Il a aussi ouvert un orphelinat à St. Anthony. C'était pour les enfants dont les parents étaient morts dans des accidents de chasse ou de pêche. Il a installé une bibliothèque mobile de 3700 livres. Elle se déplaçait par bateau le long de la côte. En 1927, il a ouvert un grand hôpital moderne à St. Anthony. Il est mort en 1940. Il a passé quarante-huit ans à améliorer la médecine et les conditions sociales dans le nord de la province. L'Association internationale Grenfell continue son oeuvre.

L'école

Dans les petites communautés, tous les élèves étaient généralement dans la même classe. Il y avait une école pour chaque religion.

La salle de classe était chauffée par un poêle. Les hommes du village coupaient le bois pour l'école. Les garçons les plus âgés le fendaient, le rentraient dans la classe et allumaient le feu. En hiver, quand les élèves arrivaient le matin, ils n'enlevaient pas leurs manteaux tout de suite, ils attendaient que la pièce se réchauffe. Les petits, assis près du poêle, avaient chaud. Les grands, assis près des murs, ne se réchauffaient jamais, ils gardaient presque toujours leurs manteaux.

Les classes et les années

Il y avait différents niveaux ou années quand tes grands-parents allaient à l'école et pourtant il n'y avait qu'une classe. Chaque élève travaillait avec d'autres qui étaient dans la même année. L'âge n'avait pas d'importance. Il y avait rarement plus de cinq élèves dans l'année la plus avancée. Parfois il n'y avait qu'un seul élève ou il n'y en avait pas du tout dans une année.

Le même professeur enseignait toutes les matières à tous les élèves. Le matin, il (ou elle) commençait par la lecture des petits, puis leur écrivait un poème au tableau qu'ils devaient copier. Pendant ce temps-là, il (elle) faisait des mathématiques avec les plus âgés. Les élèves passaient beaucoup de temps à mémoriser. Ils mémorisaient leurs leçons d'histoire et les récitaient mot à mot au professeur.

L'équipement scolaire et les fournitures

Il n'y avait que le poêle au milieu de la pièce, des pupitres en bois et des bancs pour les élèves, une chaise et un bureau sur une *estrade* pour le professeur. Il y avait deux toilettes dehors. Les filles balayaient la salle de classe tous les jours. Leurs mères venaient faire le grand nettoyage une fois par semaine. Les enfants étaient contents ces jours-là car ils n'avaient pas d'école. Les enfants écrivaient presque toujours sur des *ardoises*, ou des petits tableaux. Quand ils entraient en quatrième année, ils apprenaient à écrire sur du papier, avec un porte-plume qu'il fallait tremper dans de l'encre tous les quatre ou cinq mots.

Les seuls livres étaient les manuels d'arithmétique et de lecture «Royal Readers.» Il y a des photos de ces livres de lecture sur cette page. Tous les manuels étaient en anglais et on n'enseignait pas le français.

Les présences

Il n'y avait pas de loi qui obligeait les enfants d'aller à l'école. On avait souvent besoin d'eux pour la pêche ou le travail et ils ne venaient pas en classe. Peu d'élèves allaient à l'école secondaire à cette époque-là.

#47

Sous la rubrique Ecole, inscris les cours que tes grands-parents suivaient à l'école. Est-ce que leur école était grande? Combien d'élèves de différentes années y avait-il dans la même classe? As-tu d'autres questions à leur poser au sujet de l'école?

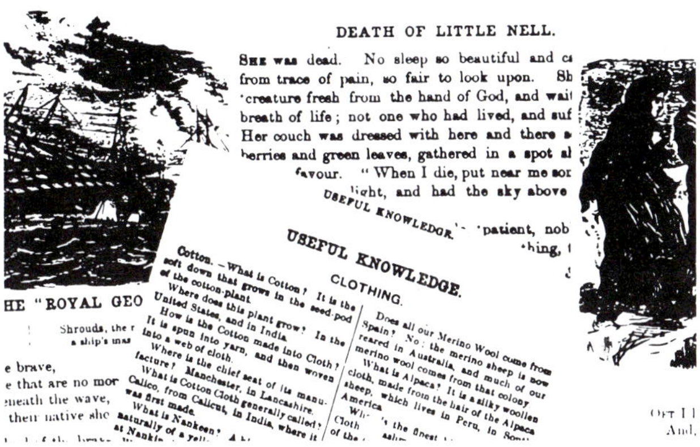

#48

Le texte que vous venez de lire est une source secondaire. Le texte qui suit est un document historique. Quels renseignements sont présentés qui ne se trouvent pas dans la source secondaire? Quel texte contient le plus de renseignements?

1933-35 Institutrice — Rita Harnett

14 octobre
Les garçons sont absents pour aider à la cueillette des pommes de terre.

20 octobre
Illustrations affichées sur le mur - les élèves étaient très enthousiastes et en ont apportées des jolies. Deux garçons ont réparé les dossiers des chaises et ont fait du feu le matin. Bateau côtier *Prospero.*

3 janvier
M.Alex Welles a remplacé le tuyau du poêle.

11 janvier
Les demoiselles de la classe de couture ont organisé un repas à l'école et ont fait une recette de $12.55.

22 janvier
Mmes Seviour et Lilley ont fait le ménage de l'école. Mme Gill a autorisé l'utilisation de l'eau du presbytère.

16 février
Les garçons ont promis d'apporter dix tournées de bois chacun et de le couper pour la semaine prochaine.

9 mars
Les garçons ont emporté une chaise chacun pour y mettre des dossiers. Nous avons maintenant douze chaises avec dossiers.

23 mars
M. Paul Lilley a apporté un chargement de bois sur son traineau.

27 avril
Nettoyage du terrain autour de l'école. Les garçons ont apporté des *râteaux* et des balais en branches de bouleaux. Les filles ont ramassé des cailloux et des branches.

4 mai
Nous avons organisé un repas à l'école et vendu deux gallons de crême glacée maison. Recette pour la caisse de l'école: $13.65.

L'importance de la religion

Depuis des milliers d'années, la religion joue un rôle important dans la vie des gens. A l'époque de tes grands-parents, l'église était au centre de beaucoup d'activités qui avaient lieu dans les communautés rurales de Terre-Neuve.

A ce moment-là, très peu de gens étaient instruits et le prêtre ou le pasteur était souvent une des seules personnes qui savaient lire ou écrire. Ils aidaient donc souvent les gens à correspondre avec les administrations ou les membres des familles qui vivaient au loin.

L'église était aussi un centre d'activités sociales. Presque tout le monde assistait aux fêtes et aux repas organisés par l'église. Certaines églises avaient des organisations pour les jeunes: telles que «Church Lads' Brigade,» «Methodist Guards» ou «Catholic Youth Corps,» qui offraient une activité para-militaire pour les jeunes gens.

L'église était responsable des écoles. Le pasteur était souvent le responsable du conseil scolaire. Il organisait aussi les tâches des parents qui s'occupaient du nettoyage, de l'entretien et du chauffage du bâtiment.

Tous les événements importants dans le village - baptêmes, mariages et funérailles - étaient des événements religieux qui rassemblaient beaucoup de gens dans la joie et dans la douleur.

Pour comprendre quelques-unes des conditions subies par les pasteurs lors de leurs voyages dans notre province, lis l'extrait suivant du «Methodist Monthly Greeting» de septembre 1889, écrit par le Reverend Jabez Moore, pasteur à ce moment-là:

Le soir du 26 juillet, j'ai atterri à la mission de Indian Harbour, qui se trouve à quarante-deux milles environ de Gaultois. J'avais à peine annoncé l'office que le frère Holmes est arrivé; il avait bonne mine, malgré les deux années passées dans les travaux difficiles. Après l'office nous sommes allés à bord du bateau de mission, où nous nous sommes installés pour nous reposer pendent quelques heures.

Nous levant de bonne heure, nous sommes allés à terre pour jouir de l'hospitalité cordiale de notre bon ami M. Pomeroy, après quoi nous avons mis le cap sur Lester's Point, mais le voyage a été ennuyeux. Apres avoir navigué 15 milles, nous avons ressenti les douleurs de la faim; nous avons essayé d'y répondre. Malheureusement, nous n'avions que peu de pain et du jus de limon; nous devions nous contenter de cela pendant les

#49

Après avoir lu le passage écrit par le révérend Jabez Moore, réponds aux questions suivantes:

Comment le révérend Moore voyageait-il d'un endroit à un autre? Quels problèmes devait-il envisager lors de ses déplacements?

Comment là-t-on accueilli dans cette communauté? Peux-tu t'imaginer comment les gens se sentaient à son arrivée?

les prochaines vingt-quatre heures. Le lendemain matin (dimanche) nous voyions Lesters Point à une distance de 12 milles. Ayant ramé pendant quatre heures, nous sommes arrivés à 10h30 à nos quartiers, où nous nous sommes mis à table pour satisfaire norte appétit aiguisé. Alors on nous a fait part que les fidèles attendaient l'office. Nous nous sommes rendus à l'église pour trouver un spectacle tel que j n'avais jamais vu auparavant. Des hommes et des femmes qui appartenaient à plusieurs pays et tribus attendaient avec impatience la bonne «vieille Histoire.»

Je suis sur le point de mettre le cap sur Indian Tickle, en contournant la baie Sandwhich, ce qui veut dire un trajet de 200 milles. Lors de ma rentrée, je me mets en route pour le Cap Harrison au nord.

✍ # 50

Qu'est-ce qui se passe dans chacune de ces photos? Qu'est-ce qu'elles nous apprennent sur la vie à l'époque de nos grand-parents?

CHAPITRE 7

Travail et loisirs à l'époque de nos grands- parents

Dans le dernier chapitre nous avons vu comment tes grands-parents passaient une partie de leur temps. Tu as appris des choses sur leurs maisons, leurs écoles et leurs églises. Dans ce chapitre nous allons parler de leur monde du travail et des loisirs.

Les activités à l'extérieur

A 10h30, le professeur sonnait la cloche et tous les élèves sortaient jouer dans le terrain à côté de l'école. Pendant la récréation, les enfants jouaient à différents jeux selon la saison.

Les jeux d'été

La *marelle*, les *billes*, le couteau et la corde à sauter étaient des jeux très répandus lorsqu'il faisait chaud. Un des plus célèbre était «la toupie,» connu sous différents noms comme «pipette» (ou «piddly» en anglais). On pouvait y jouer à deux, ou à plusieurs, jusqu'à deux équipes de 10. Les garçons et les filles pouvaient y jouer. Il fallait seulement deux pierres (pour les buts) et deux bâtons, un d'environ un mètre et un autre de la même longueur que son pied.

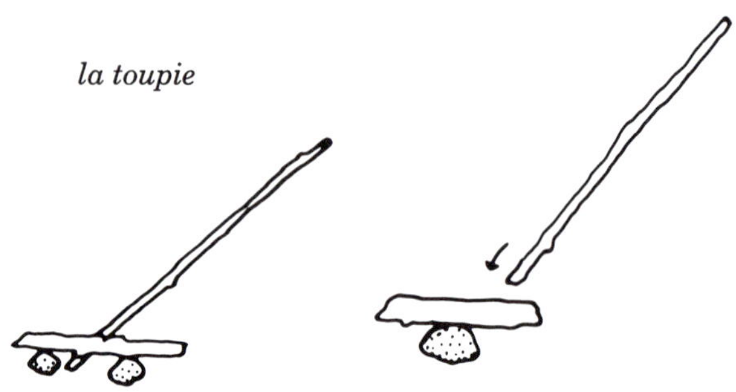

la toupie

Le jeu de «la toupie»

Accrocher: Le premier joueur plaçait le petit bâton sur les deux pierres et, à l'aide du long bâton, accrochait le petit bâton et l'envoyait aussi loin que possible. L'équipe opposée jouaient sur le terrain et recevait le bâton. Si un adversaire l'attrapait, le joueur était éliminé. Si le bâton tombait par terre, on le ramassait et le lançait vers les buts. Si le bâton arrivait dans les buts ou à moins d'un long bâton, le joueur était éliminé. Pour calculer le score, on mesurait le nombre de longueurs de grands bâtons du but au petit bâton.

Frapper: Si le joueur marquait pendant la première partie du jeu, on passait à la deuxième partie. Le même joueur tenait le petit bâton dans une main et le frappait aussi loin que possible avec le grand bâton. Un bon joueur envoyait le petit bâton en l'air et pouvait ensuite le frapper très fort en tenant le gros bâton avec ses deux mains. On calculait le score de la même façon et le joueur continuait.

«Faire la toupie»: Le joueur plaçait ensuite le petit bâton contre une pierre ou dessus de manière à l'équilibrer. Il le frappait ensuite à une extrémité du petit bâton avec le grand, pour que le petit bâton saute en l'air. A l'aide du grand bâton, il fallait frapper le petit bâton avant qu'il retombe sur le sol pour l'envoyer le plus loin possible. On avait perdu si on lançait et qu'on ratait, ou si un joueur de l'équipe adverse attrapait le bâton. Cette fois-ci on calculait le score d'une manière différente. Les joueurs qui recevaient le bâton n'avaient pas le droit de ramasser le petit bâton. Cette fois, on mesurait le nombre de longueurs de longs bâtons jusqu'au but.

Les feux de joie

Le 5 novembre de chaque année, les petits Anglais célèbraient la fête de «Guy Fawkes» en allumant des grands feux. Les petits Terre-Neuviens ont la même tradition.

A l'époque de tes grands-parents, les enfants préparaient ce feu pendant des semaines. Ils ramassaient les vieux morceaux de bois des barrières, des séchoirs à poisson, des vieux bateaux et des barriques cassées. Les barriques qui avaient servi à l'huile de foie de morue étaient particulièrement bonnes car elles brûlaient bien. A cette époque, chaque famille ou quartier avaient son propre feu, et il y avait une sorte de compétition, à qui ferait le plus grand feu.

On mangeait tôt ce jour-là car les enfants avaient hâte d'allumer le feu. Beaucoup de gens restaient en arrière pour le regarder brûler, mais certains enfants couraient dans la fumée. Quelquefois, les enfants faisaient cuire des pommes de terre dans la *braise*.

Quand le feu commençait à s'éteindre, les grands enfants cherchaient dans le voisinage s'il n'y avait pas autre chose à faire brûler. Ils voulaient que ce feu dure le plus longtemps possible. Les adultes devaient bien cacher toutes les choses importantes car les enfants prenaient tout ce qui traînait. Certains enfants en profitaient pour faire des blagues. Quelquefois les toilettes disparaissaient pendant la nuit.

Les activités d'hiver

Beaucoup de jeux d'hiver se jouaient à l'intérieur, mais les enfants jouaient aussi dehors. Il n'y avait pas de patinoire couverte mais les enfants patinaient sur les étangs gelés. Les patins de tes grands-parents étaient des lames qu'ils fixaient sous leurs bottes. Ceux qui n'avaient pas de patins, patinaient sur la semelle de leurs bottes. Ils jouaient parfois au hockey avec des bâtons faits mains. Quand la neige tombait et recouvrait la glace, adultes et enfants jouaient au hockey.

On faisait beaucoup de *luge*. Il n'y avait pas d'automobiles dans les petites communautés alors les enfants pouvaient glisser sur les routes. Ils utilisaient souvent des traîneaux tirés par les chiens, car on pouvait se mettre à plusieurs. La plus grande personne dirigeait la luge et les autres s'accrochaient à elle lorsque le traîneau dévalait la pente. Peu de gens avaient de vrais skis mais certains skiaient sur des planches de tonneaux.

✍ #51

Dans ton tableau, compare les activités d'extérieur que tes grands-parents pouvaient pratiquer à l'extérieur et celles que tu peux pratiquer.

Essaie certains jeux auxquels tes grands-parents jouaient.

✍ #52

Tu commences à comprendre combien la vie à l'époque de tes grands-parents étaient différente de la tienne. Pourquoi ne pas faire un musée miniature dans ta classe? Il faudra trouver des artefacts, les identifier avec des étiquettes et décrire la manière dont on les utilisait.

Les activités d'intérieur

Quand tes grands-parents étaient jeunes, la télévision n'existait pas encore. Il y avait des radios, mais elles étaient très chères. Il n'y avait souvent qu'une radio par communauté. Quelquefois on invitait les enfants à écouter un programme spécial de St. John's. Le soir, on pouvait écouter des stations de Boston ou de New York.

Les vieilles radios fonctionnaient sur piles. Les gens les commandaient par le catalogue Eaton et payaient des droits de **douane** car elles venaient du Canada.

Certaines personnes avaient des phonographes ou des tourne-disques. Les jeunes gens les remontaient chacun à leur tour pour écouter leur musique préférée. Ils écoutaient si souvent les disques qu'ils s'abîmaient. Il fallait attendre que le bateau à vapeur en amène d'autres.

En général, les gens qui vivaient dans la communauté de tes grands-parents s'amusaient entre eux. Ils organisaient des parties de cartes, des repas, des parades et des fêtes dans les jardins. C'était les gens qui organisaient les distractions pendant les fêtes. Il y en avait plusieurs qui jouaient des instruments de musique et chantaient des chansons que tout le monde connaissait et aimait. Il y avait souvent un raconteur dans chaque communauté. Il amusait les petits et les grands, leur racontait des histoires de bateaux hantés et des histoires avec des héros ou il faisait le clown.

✍# 53

Regarde la photo. Des milliers de personnes assistent à ce concert. Quelles sont les ressemblances entre ce concert et le cinéma à l'époque de tes grands-parents? Quelles sont les différences?

Le cinéma

Les gens s'amusaient beaucoup entre eux, pourtant il y avait beaucoup d'excitation quand le cinéma *ambulant* venait dans le village. Le projectionniste envoyait les affiches de ses films avant son arrivée. Le jour de son arrivée, la moitié des enfants du village attendaient le bruit de son bateau à moteur dans la baie.

Les garçons aidaient le projectionniste à porter l'équipement jusque dans la salle paroissiale, qu'il avait louée pour la soirée. Les filles aidaient à ranger les bancs pour le public. Le projectionniste devait apporter un générateur à essence pour faire fonctionner le projecteur.

La séance commençait quand il faisait noir. Les jeunes et les adultes s'entassaient dans la salle. Au début les films étaient muets, on entendait seulement de la musique. Les *répliques* des acteurs étaient écrites sur l'écran et il fallait

les lire. Ceux qui ne savait pas lire s'asseyaient à côté de ceux qui leur liraient les répliques.

En général, on projetait d'abord des nouvelles. Beaucoup de films projetés à l'époque de tes grands-parents faisaient partie d'une série. Dans une série, le film s'arrêtait à un moment très intéressant. C'était généralement quand l'héroïne avait de gros problèmes. Tout à coup l'écran devenait tout noir et on pouvait lire «A SUIVRE». Les enfants criaient sur les méchants, s'ils n'étaient pas contents. Il fallait qu'ils reviennent une autre fois pour savoir ce qui était arrivé.

Les gens ont peut-être vu «Le pirate noir» avec Douglas Fairbanks. Les gens des villages de pêche adoraient les films qui parlaient de la mer. C'était peut-être le premier film qu'ils ont vu en couleur!

Quelquefois ils ont vu une comédie avec Charlie Chaplin, un western avec Tom Mix, ou une histoire d'amour avec l'actrice canadienne Mary Pickford. Les gens encourageait les «bons» et lançaient parfois des choses dans l'écran pour ennuyer les «méchants». Les enfants rejouaient des scènes du film pendant plusieurs jours après son passage.

Quelques années plus tard, le projectionniste a apporté un nouvel appareil, un *haut-parleur*. Le cinéma parlant avait été inventé. Il n'y avait plus besoin de lire ce que disaient les acteurs, on pouvait les écouter parler.

Il y a moins de chance de voir un film aujourd'hui, dans les petites communautés, qu'il y en avait il y a cinquante ou soixante ans. Pourquoi?

#54

Compare ta vie à celle de tes grands-parents sous la rubrique «Détente à l'intérieur».

Noël

Il fallait commencer les préparatifs de Noël longtemps à l'avance. Il n'y avait pas de centres commerciaux où l'on pouvait acheter la nourriture ou les cadeaux de Noël. Toutes les activités de la période de Noël étaient centrées autour de l'église. Comme de nos jours, il y avait beaucoup d'*offices religieux* dans cette période, et la salle paroissiale était utilisée pour beaucoup de rencontres.

Les gâteaux

Quand les pêcheurs vendaient leur poisson et achetaient leurs provisions pour l'hiver, les femmes s'assuraient d'avoir tout ce qu'il leur fallait pour les pâtisseries de Noël. Beaucoup de femmes utilisaient les recettes de leurs mères pour confectionner leurs gâteaux de Noël.

C'était beaucoup plus de travail que maintenant. Les enfants passaient des heures à enlever les pépins des figues et les noyaux des dattes. Il fallait couper les gros morceaux de fruits confits en petites lamelles. Puis il fallait tout mélanger à la main avec de la mélasse, des oeufs, des épices et de la farine. Ensuite il fallait le faire cuire dans le fourneau.

Les fêtes

Tout comme maintenant, il y avait des distractions spéciales dans la période de Noël. Et il y en avait une dans la salle paroissiale. Les enfants et les adultes regardaient et participaient au spectacle. les enfants jouaient dans une petite pièce de théâtre, récitaient des poèmes de leurs livres de lecture et chantaient. Les adultes chantaient et on dansait au son de leur musique. Toutes les femmes apportaient de la nourriture pour un grand repas que tout le monde partageait.

Les cadeaux

Les oranges et les pommes étaient sans doute un des plus beaux cadeaux que tes grands-parents ont reçu dans leur enfance. C'était souvent le seul fruit frais de tout l'hiver.

La plupart des cadeaux des enfants étaient confectionnés par des membres de la famille. Ton arrière grand-mère avait peut-être confectionné une poupée pour ta grand-mère. Sa grande soeur

avait peut-être cousu les vêtements. En général, chaque enfant recevait des mitaines, des chaussettes, une *écharpe* et un bonnet tricotés à la main.

Les enfants recevaient quelquefois des cadeaux achetés, comme des patins à roulettes par exemple. Un enfant plus âgé pouvait recevoir un violon fabriqué par un *luthier* de la région.

Le jour de Noël

Les enfants mangeaient les oranges et les pommes pour leur petit déjeuner.

Après la messe, il y avait un grand repas. Au lieu de la dinde, c'était d'ordinaire un rôti de porc. A part les oiseaux de mer, c'était souvent la seule viande fraîche que l'on mangeait pendant l'hiver. On gardait le gâteau de Noël pour le repas du soir.

Dans beaucoup de familles, on passait l'après-midi de Noël à préparer les déguisements pour aller faire du «mummering» le soir.

Le «Mummering»

Dans beaucoup de communautés, les gens se déguisaient en «mummers» ou en «janneys» et allaient de maison en maison pendant les douze jours de la période de Noël. Il fallait se déguiser pour que personne ne te reconnaisse. Dans les petites communautés où tout le monde se connaissait, c'était difficile. Il fallait même se couvrir les mains. Les gens portaient de grands vêtements pour qu'on ne voie pas leurs bottes.

Au début de la soirée, les enfants partaient faire du «mummering.» Un garçon de ton âge portait peut-être le manteau de son père, et une fille une robe que sa mère avait porté dans sa jeunesse. Les petits pouvaient porter une chemise de nuit de leur grande soeur. Tout le monde portait un masque, souvent un sac à farine. Certains coupaient seulement des trous pour les yeux, d'autres les décoraient.

Peu de temps après le dîner, ils commençaient leur tour. Ils frappaient à chaque porte et disaient: «Est-ce que les mummers peuvent entrer?» Lorsqu'ils étaient à l'intérieur, ils changeaient leurs voix et marchaient bizarrement. Ils essayaient de tromper les gens qui essayaient de deviner qui ils étaient. Quelquefois, ils enlevaient leurs masques. On servait toujours un morceau de gâteau et un verre aux mummers. Plus tard, les adultes allaient aussi faire du mummering.

55

Sous le titre «Noël», fais la liste des cadeaux que tu as reçus à Noël dernier. Fais aussi la liste des cadeaux que tu espères recevoir cette année. Compare maintenant avec la liste des cadeaux que tes grands-parents ont peut-être reçus à ton âge.

Est-ce qu'on pratique toujours le «mummering» et les fêtes chez toi?

Les «mummers» avaient beaucoup d'idées pour leurs déguisements. Remarque le voile au lieu du masque dans cette gravure de David Blackwood.

Une visite à St. John's

Dans les années 1920, une merveilleuse surprise pour les enfants de ton âge qui vivaient dans les petits villages était d'aller en visite à St. John's. Ils n'avaient jamais vu autant d'activité et auraient trouvé difficile de croire que tant de gens pouvaient vivre dans un même endroit. N'oublie pas que la plupart des petites communautés étaient si petites que lorsque les enfants avaient ton âge, ils connaissaient le nom de tous les habitants.

Bien sûr, St. John's était plus petit que maintenant. Mais les gens qui arrivaient des petits villages en bateau à vapeur remarquaient des choses qu'ils n'avaient jamais vues. La rue Water était pavée, même si les autres rues étaient en terre battue. Ils étaient peut-être surpris de voir des chevaux et des *charrettes* partout, des laitiers qui livraient du lait en bouteilles dans toutes les maisons, des camions qui livraient du pain dans les petites épiceries. (Les supermarchés n'existaient pas à cette époque-là). Ils ont peut-être vu un camion de charbon devant une maison et les ouvriers qui en déversaient par une petite ouverture dans le mur de la cave à charbon.

Ils ont peut-être vu leur première voiture. La première est arrivée à St. John's vers 1900. Beaucoup de gens riches en possédaient. Il y avait des taxis dans les années 1920 à St. John's. On devait conduire à gauche, mais les gens l'oubliaient souvent et conduisaient sur le milieu de la *chaussée.* A cause de l'augmentation de la circulation, le conseil municipal avait décidé de mettre des *feux de signalisation* au carrefour de Rawlin's Cross. C'était un policier, installé dans une petite cabine, qui le faisait fonctionner manuellement.

Il n'y avait pas de bus, mais il y avait un tramway, une sorte de train électrique qui roulait sur des rails. Il roulait dans les rues Water, Duckworth au-delà du nouvel Hôtel Newfoundland, remontait la rue Military jusqu'au carrefour de Rawlin's Cross, descendait la rue Queen's jusqu'à la rue Adelaide et retournait à la rue Water. Quand le tramway arrivait à la fin du trajet, le conducteur allait de l'autre côté et on tournait les sièges et le *pylône.* L'arrière devenait l'avant et le tramway repartait dans le sens inverse.

Le port

La rue Water était la plus proche du port. Tous les marchands importants y avaient leurs magasins. La plupart des magasins avaient des quais sur le port. On voyait beaucoup de cargos débarquer leurs marchandises de Boston, de Montréal, des Antilles et d'Angleterre. On les voyait aussi remplir leur bateau de morue séchée. Il y avait des bateaux qui apportaient du charbon du Cap Breton et les schooners qui apportaient le poisson des petits villages et remportaient les marchandises pour les habitants des petits villages.

Les distractions

Il y avait beaucoup de courses de chevaux à St. John's. Avant la construction des *hippodromes*, les courses avaient lieu l'hiver sur la glace du lac Quidi Vidi.

On avait construit une piscine dans la rivière Rennie. Il y avait un moulin autrefois mais le barrage avait été reconstruit pour faire une piscine. Il y avait une autre piscine dans le parc Bowring. Les courses de régate du lac Quidi Vidi étaient le grand événement sportif de l'année.

✍#56

Sous la rubrique Voyages, fais la liste des endroits que tu as visités. Essaie de découvrir les endroits que tes grands-parents visitaient. Est-ce que tu es surpris?

Décris un endroit que tu as visité et que tu as aimé. Qu'est-ce que tu as vu qui était différent de ce qu'il y a chez toi? Est-ce que c'était aussi différent que St. John's et une petite communauté de pêche des années 1920?

Au fond de la photo ci- dessous on voit l'arche devant la cathédrale Saint-Jean-Baptiste. Nous voyons beaucoup d'endroits connus de St. John's. Vois-tu Signal Hill? La rive sud? L'entrée du port? Remarque l'architecture des maisons. Comprends-tu pourquoi le feu était un grand danger? *St. John's, c. 1890*

La pêche à l'époque de tes grands-parents

La pêche a beaucoup changé récemment. Dans les années 1920, les hommes pêchaient presque de la même façon que leurs grands-pères et arrière-grands-pères. Jusqu'à la fin de la Deuxième Guerre mondiale, les techniques de pêche étaient presque les mêmes depuis plusieurs centaines d'années.

La pêche côtière

En été, les pêcheurs se levaient à trois heures chaque matin pour voir le temps qu'il faisait. Il n'y avait pas de bulletin météorologique à la radio, comme il y en a aujourd'hui. S'il n'y avait pas trop de vent, les pères réveillaient leurs fils aînés. Ils prenaient un casse-croûte (du pain, de la mélasse et du thé), pour la pause plus tard dans la journée. Puis ils ramaient ou mettaient les voiles pour aller à leur lieu de pêche préféré. C'était parfois loin de chez eux. Là, ils installaient leurs **turluttes**. S'ils avaient de la chance, leur bateau était plein de poisson au milieu de la matinée. Mais la journée de travail n'était pas terminée. Il fallait trancher le poisson et le nettoyer sur le *débarcadère* puis l'emmener sur un autre quai pour le saler. Si c'était l'été et s'il faisait beau, les femmes avaient beaucoup de travail aussi. Très tôt le matin, les hommes lavaient du poisson déjà salé. Les femmes devaient l'étendre sur des séchoirs. En fin d'après-midi, elle ramassaient le poisson et si la pluie menaçait, il fallait faire vite. Les enfants aidaient et si leur père avaient pris beaucoup de poisson, ils aidaient à le trancher et le saler.

La pêche sur les bancs

Chaque matin, les hommes mettaient des **doris** à la mer et ramaient pour s'éloigner de la goélette. Ils installaient leur **chalut** pour attraper de la morue. Quand le doris était plein, ils le déchargeaient, tranchaient le poisson et le

mettaient à saler dans la cale. S'il y avait beaucoup de poisson ce jour-là, ils repartaient pêcher. Parfois ils ne dormaient que quelques heures.

Le capitaine restait sur la goélette et surveillait le temps. S'il voyait le brouillard arriver, il sonnait la *corne de brouillard* pour aider les hommes à retrouver leur chemin.

Les femmes ne voyaient pas leurs maris pendant plusieurs semaines s'ils pêchaient sur les Grands Bancs. Elles s'occupaient de la maison, des enfants et du jardin. Ils n'y avait pas de radio qui reliait le bateau à la terre. Alors elles avaient peur qu'ils se perdent en mer. Elles avaient aussi peur de voir le drapeau *en berne* quand la goélette rentrait dans le port. C'était le signe qu'un homme était mort. La nouvelle de la tragédie se répandait vite. Mais personne ne savait qui était mort avant que le bateau accoste.

La pêche au Labrador

Certains pêcheurs emmenaient toute leur famille pour pêcher sur la côte du Labrador pendant tout l'été. Ces familles partaient à bord d'un bateau à vapeur dès qu'il n'y avait plus de glace sur la côte. Le bateau les emmenait jusqu'à leur lieu de pêche pour l'été.

Ils vivaient dans des petites cabanes en bois d'une seule pièce. Les hommes partaient en bateau poser des filets à morue. Les Terre-Neuviens qui passaient l'été à pêcher au Labrador avec leurs familles étaient appelés des «stationers.» Ceux qui vivaient au Labrador toute l'année, étaient appelés des «liveyeres.» Les «floaters» vivaient sur leur goélette et pêchaient dans des petits bateaux. Leurs familles restaient à la maison.

✍# 57

Fais un tableau avec deux colonnes. Compare la vie des pêcheurs autrefois à la vie des pêcheurs aujourd'hui. Quelles sont les ressemblances? Les différences?

Le cycle de pêche

Autrefois la pêche était une activité saisonnière, comme beaucoup d'autres choses. Cela veut dire qu'on faisait certains travaux à certaines saisons. Les chansons traditionnelles ci-dessous parlent de la pêche au printemps, en été, et en automne.

For the Fish We Must Prepare

2. Oh traps and trawls and finger-stalls,
Rubber boots and killick claws,
Some lines and twines and rope and coils,
You get sore hands and full of boils.

3. Sleepy eyes and staggering legs,
Your bit of old clothes all torn in rags,
Yoke your goats and fix your fence,
A gallon of liver is twenty cents.

4. Go span your hens, the cock will crow,
More rain, it goes too slow,
You need not wait nor hesitate,
We'll have a freezer full of bait.

5. Oh tar-mops and bark-pots,
And fishin' caplin to the rocks,
It's garden time, now full speed,
Another load of government seed.

6. Hark at the whales, do you hear them blow?
One swallowed Jonah years ago,
He prayed and prayed, the wheel got jammed,
Then Jonah crawled out safe on land,
Now their throats are very small,
They swallow fish and that is all.

Hard Times

2. Go out in the morning, the wind it will sing,
It's over the side you will hear the line ring,
For out flow the jigger and freeze with the cold,
And as to for starting, all gone in the hole,
And it's hard, hard times.

3. Poor fishermen we been out all the day,
Come in in the evening full sail up the bay,
Find Kate in the corner with a wink and a nod
Saying, "Jimmy and Johnny, have you got any cod?"
And it's hard, hard times.

4. When you got some split and hung out for to dry
'Twill take all your time to brush off the flies,
To keep up with the maggots 'tis more than you'll do,
And out come the sun and it's all split in two,
And it's hard, hard times.

5. Oh now comes the merchant to see your supply:
"The fine side of fishing we'll have bye and bye,
Seven dollars for large and six-fifty for small."
Pick out your West Indie, you got nothing at all,
And it's hard, hard times.

6. The best thing to do is to work with a will,
For when it's all over you're hauled on the hill,
You're hauled on the hill and laid down in the cold,
And when it's all over you're still in the hole,
And it's hard, hard times.

Les chansons ont joué un rôle très important pour nous aider à nous souvenir du passé. Ces chansons racontent le mode de vie d'autrefois. Que faut-il faire pour se préparer à la pêche? Quels problèmes rendaient la vie dure aux pêcheurs? D'après la chanson, qu'est-ce qui arrivait lorsque c'était le jour de *régler les comptes*? Il faudra que tu demandes à une personne âgée de t'expliquer certaines expressions. Tu pourras aussi les chercher dans le *Dictionary of Newfoundland English*. Est-ce qu'il y a des chansons qui parlent de notre façon de vivre aujourd'hui?

Squarin'-Up Time

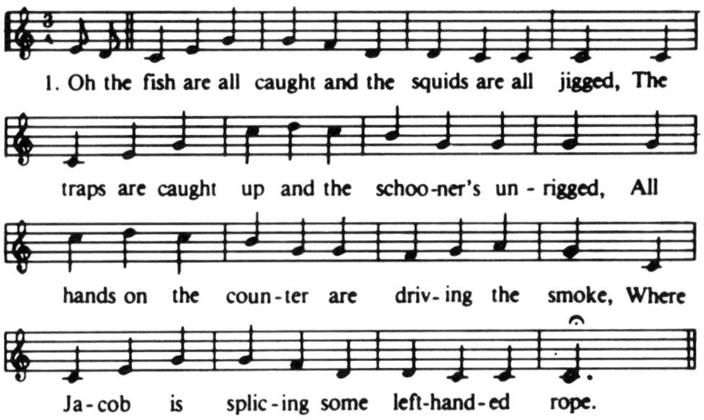

2. Squarin'-up time beside the big shop,
The clerks are kept busy and write on the top.
"Look sharp now then sonny, attend to my needs,
A pack of those raisins without any seeds."

3. Skipper John Wilson strolled into the line
If his credit was good for a few slips of twine,
He got such a fright when they gave him a ram,
That he bought a bologna for Aunt Mary Ann.

4. Uncle Nick Nicholas he squared up his bill,
He took up the ballast in Joe Rootan's pail,
Got a loan of a pipe from young Tommy Hayes,
He smoked till his whiskers went in a blue blaze.

5. When he found out his merchant had no Gillette Lye
Which his woman had to ask Grandpa Maurice to buy,
The way that old codger took on was a sin;
Just at that moment the parson walked in.

6. All hands they were laughing at grandfather's prank,
Were quiet as mice when they saw Parson Bank,
And Billy O'Toole he was frightened so bad
That he swallowed the last chew of 'baccy he had.

7. The parson said grandpa looked sheepish enough,
I guess I'll think you were cutting up rough;
And Billy O'Toole had the tooth-ache all day,
And Big Eye was trying to charm it away.

8. There's five dollars coming to you Mr. Knee,
I don't want it sit, that's no good to me,
Share it up between the parson and Dr. Carrew
Because I want to keep on the good side of them too.

Autre travail

Au printemps, en été et en automne, tout le monde était occupé à pêcher, à nettoyer le poisson, et à le faire sécher. Mais il y avait aussi d'autres travaux.

Le jardinage

Dans les années 1920, dans les petits villages, beaucoup de gens faisaient pousser leurs légumes. Il fallait s'occuper du jardin. Le **capelan** et les **algues** servaient d'*engrais*. Les femmes et les enfants arrachaient les mauvaises herbes. Au moment de la récolte, beaucoup de légumes étaient mis en conserve. Le reste était nettoyé, séché et gardé à la cave.

La chasse aux oiseaux

Les oiseaux de mer vivent en bande le long de nos côtes. Depuis que les humains y habitent aussi, les oiseaux sont une source importante de nourriture.

Quand tes grands-parents étaient jeunes, on chassait les oiseaux avec un fusil à poudre. A l'aide d'une tige, on enfonçait de la poudre dans le canon et on la maintenait en place avec de la *filasse*. Puis on ajoutait le plomb et on bouchait avec de la filasse.

Les pêcheurs construisaient parfois des cachettes près du rivage pour ne pas être vus des oiseaux. Les oiseaux volent souvent ensemble, alors un coup de fusil pouvait en tuer plusieurs à la fois. Il fallait recharger le fusil avant de tirer à nouveau.

Ce personnage récupère un oiseau avec une turlutte flottante qu'on appelle parfois un chien de bois? Pourquoi l'appelle-t-on ainsi?

Quand les oiseaux étaient tués, il fallait les retrouver, ce qui n'était pas toujours facile. Le rivage était escarpé et parfois il était recouvert de glace. Si l'oiseau était tombé en mer, le vent pouvait l'emmener dans la mauvaise direction. On utilisait une turlutte flottante, c'est-à-dire une ligne attachée à un morceau de bois couvert de crochets, pour sortir l'oiseau.

La construction de bateaux

Beaucoup de pêcheurs construisaient leurs bateaux. A l'automne, ils choisissaient soigneusement les arbres qu'ils utiliseraient. Quand la neige tombait, ils les coupaient et les amenait chez eux. On profitait de l'hiver, pour construire les bateaux et réparer le matériel de pêche. Il fallait que tout soit prêt avant le début de la saison de pêche.

Il fallait jusqu'à trois mois pour construire un bateau de six mètres de long. On posait d'abord la *quille* à laquelle on attachait l'arrière et l'avant. Quand la structure était terminée, on la recouvrait de planches pour former la *coque*. A l'aide d'un *ciseau de calfat*, on remplissait les espaces entre les planches pour que le bateau ne prenne pas l'eau.

Le bois de chauffage

Les familles devaient souvent faire dix kilomètres dans le bois pour trouver leur provision de bois pour l'année. Le trajet était trop long pour le parcourir chaque jour. Alors beaucoup d'entre elles vivaient dans de petites cabanes pendant qu'on coupait le bois. Généralement, les enfants y allaient aussi. Il n'allaient donc pas à l'école.

C'était assez difficile de construire une cabane. Il fallait d'abord construire une *tranchée* peu profonde. Puis les poteaux étaient enfoncés verticalement dans la tranchée pour former les murs. On laissait une ouverture pour une petite porte. Les enfants remplissaient les espaces avec de la mousse pour empêcher les courants d'air. Le toit était fait de petits poteaux que l'on recouvrait de mousse ou d'écorce d'arbre. On laissait un trou pour la fumée.

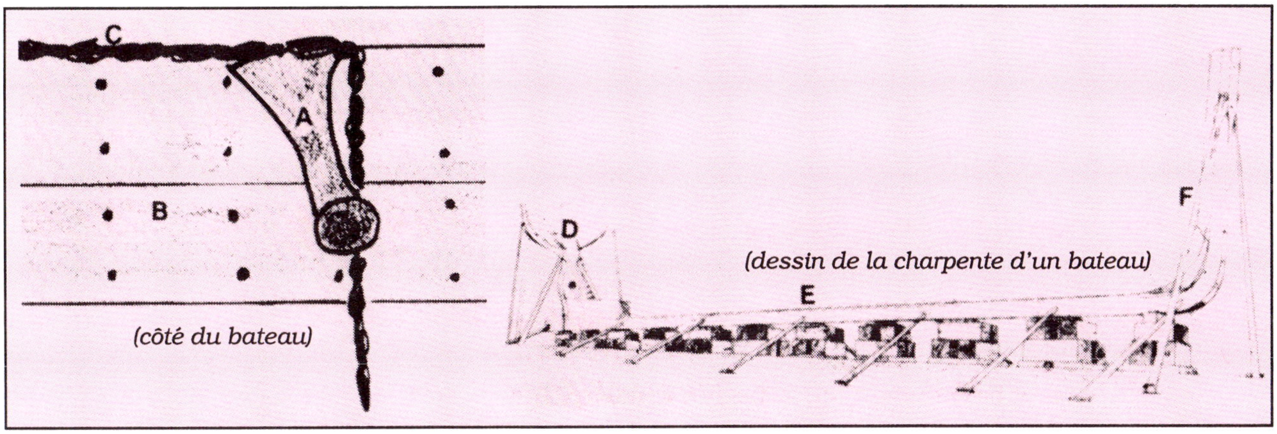

Les termes ci-dessous correspondent à des lettres dans le diagramme. Auxquelles?

la quille *l'arrière* *la proue* *la coque* *l'étoupe* *le calfatage*

Quand le bois était coupé, on l'emmenait à la maison sur un traîneau tiré par des chevaux. Les hommes le coupait en rondins, pour les faire brûler dans le poêle.

La glace

Dans les années 1920, il n'y avait pas de réfrigérateur dans les petits villages. Chaque été les marchands achetaient du saumon aux pêcheurs. Ils fallait faire refroidir le saumon pour qu'il se garde jusqu'au jour où il serait vendu. Pour le conserver, on utilisait ce qu'on avait - la glace. A la fin de l'hiver, quand il y avait environ cinquante centimètres de glace sur les lacs, les hommes en coupaient. Ils utilisaient de longues scies pour la couper en blocs de soixante centimètres carrés. Ils tiraient les blocs à l'aide de grosses pinces à glace. Ils l'emmenaient dans la chambre froide des marchands à l'aide de traîneaux, tirés par des chevaux.

La chambre froide était un grand bâtiment de douze mètres carrés. Il était partiellement enterré dans le sol et il n'y avait aucune fenêtre. Cela permettait de conserver la glace. Les blocs étaient empilés les uns sur les autres avec environ quinze centimètres de *sciure* entre chaque bloc et entre chaque couche. La sciure empêchait la glace de fondre.

Quand le marchand avait besoin de glace pour le saumon, il prenait un bloc, le nettoyait et l'écrasait dans un moulin.

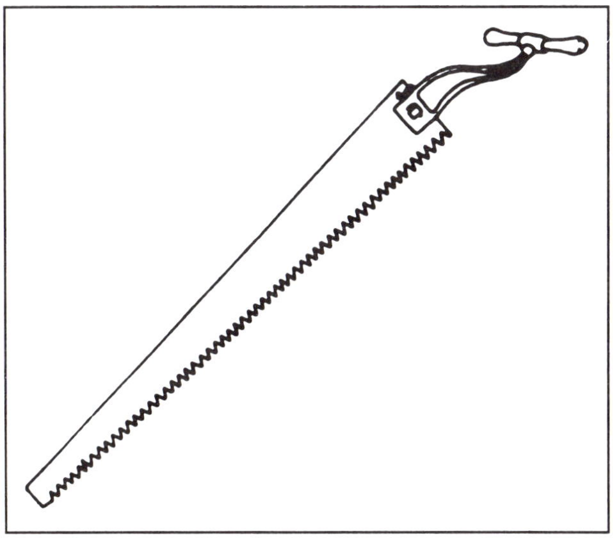

Un dessin d'une scie.

Ça va mal, ça va mieux

Quand l'économie va bien, les gens trouvent facilement du travail. Ils gagnent bien leur vie et aiment dépenser leur argent. Les magasins, les usines, les mines, les fermes et les entreprises de pêche du monde entier ont beaucoup de travail pour répondre à la demande. Ils emploient plus de personnel. C'est ce qu'on appelle une période de croissance.

Quand les choses vont mal, les gens ont moins d'argent. Les magasins, les usines, les mines, les fermes et les entreprises de pêche ont moins de travail, car il y a moins de demande. Ils ont trop de personnel et doivent donc en *licencier*. C'est ce qu'on appelle une période de **récession**.

Quand une récession est très sévère et dure longtemps, on l'appelle une **dépression**. Il y a eu beaucoup de dépressions économiques. La plus importante de notre siècle date des années 1930 quand beaucoup de nos grands-parents étaient jeunes. Elle était si sévère qu'on l'a appellée la «**Crise économique**».

Terre-Neuve et Labrador pendant la Crise économique

Au début de la Crise économique, les pêcheurs étaient parmi les premiers à subir les conséquences. Les gens dans les autres pays du monde ne pouvaient plus acheter de poisson. Souvent, les pêcheurs n'avaient pas assez d'argent pour nourrir leurs familles ou leur acheter des vêtements.

Des milliers de Terre-Neuviens ne trouvaient pas d'emplois. A l'époque, si on perdait son emploi, on ne recevait pas d'argent ou d'**assurance-chômage**. Beaucoup de familles sans emplois étaient obligées d'accepter l'aide du gouvernement de six cents par jour. Une famille de six recevait la somme de onze dollars par mois. C'était pratiquement impossible de nourrir et d'habiller une famille avec cette somme. Les maladies causées par la malnutrition, comme le *rachitisme*, par exemple, étaient courantes.

Les gens qui vivaient dans les petites communautés de Terre-Neuve, n'ont sans doute pas autant souffert que ceux de St. John's ou des grandes villes canadiennes. Dans les villes les gens devaient payer un loyer et acheter de la nourriture et de l'huile à chauffage. Dans les communautés, la plupart des gens étaient propriétaires de leur maison et pouvaient se procurer leur bois et leur nourriture. Ils pêchaient, chassaient, cueillaient des baies et faisaient du jardinage. Mais, même dans ces petites communautés, les gens ne pouvaient pas être totalement **auto-suffisants**. Ceux qui avaient un emploi, travaillaient de longues heures pour des salaires très bas. Cependant, beaucoup de gens étaient fiers de pouvoir faire vivre leurs familles. Ils préféraient travailler de longues heures plutôt que d'accepter une aide du gouvernement.

C'est à cette époque-là que beaucoup d'hommes sont partis sur le continent ou aux Etats-Unis. Ils sont allés chercher du travail dans les villes. Beaucoup ont seulement trouvé une autre sorte de misère. S'ils trouvaient du travail, ils envoyaient de l'argent chez eux.

La fin de la Crise économique

Le début de la Deuxième Guerre mondiale a mis fin à la dépression économique. Dans le monde entier, des usines ont commencé à fabriquer des avions, des fusils, des bombes et des uniformes militaires. On envoyait du poisson de Terre-Neuve pour nourrir les Européens. Le port de St. John's était rempli de bateaux qui transportaient des *vivres* en Angleterre. Il y avait aussi les bateaux militaires qui les protégeaient pendant la traversée. Des jeunes gens se sont engagés dans l'armée. Des jeunes gens des petites communautés sont allés travailler à St. John's. Ils avaient des emplois en rapport avec la guerre. D'autres ont trouvé des emplois dans les différentes bases américaines de la province. L'économie recommençait à bien marcher.

58

Fais une entrevue avec une personne âgée pour savoir comment était la vie durant la Crise économique.

IV
LES INSTITUTIONS

Les élèves de l'école élémentaire de L'Anse aux ours n'oublieront jamais le jour où un vaisseau spatial a atterri dans leur cour de récréation. Il n'est pas resté longtemps mais tout le monde l'a examiné. De plus, il a enlevé tous les professeurs! En tout cas, c'est ce que tout le monde croit car il n'y avait plus un seul adulte à l'école ce jour-là. Au début, personne ne s'en est aperçu. La cloche a sonné à 8h50 comme d'habitude et tout le monde est rentré en classe. Il n'y avait aucun professeur. Les élèves n'ont pas travaillé et ils sont allés jouer dehors. Les élèves de troisième année voulaient jouer au soccer dans leur partie du terrain. Mais les sixièmes années voulaient tout le terrain et ce jour-là, personne ne pouvait les empêcher de faire ce qu'ils voulaient. Puis Louise Cormier a saigné du nez et à l'heure du déjeuner...

Imagine que c'est arrivé dans ton école, pas seulement pendant une journée mais pendant toute une semaine. Aujourd'hui c'est le deuxième jour. Le professeur va diviser la classe en deux groupes. Ton groupe est responsable d'un de ces endroits:

Les salles de classe — **La cantine ou la cafétéria**
Le gymnase — **Les couloirs**
La cour de récréation — **Les toilettes**

Imagine cinq choses qui sont arrivées le premier jour dans l'endroit dont ton groupe est responsable. Par exemple, peut-être qu'un groupe d'élèves a sauté sur tous les sacs de croustilles dans la cantine. Qu'est-ce que vous allez faire pour empêcher qu'il arrive des choses comme ça? Voici quelques questions qui vont peut-être vous aider:

-Quelles est la fonction de l'endroit dont tu es responsable?
-Est-ce que tout le monde peut l'utiliser en même temps?
-Est-ce qu'il y a des heures spéciales quand cet endroit peut être utilisé?
-Quelles règles est-ce qu'il faut respecter dans cet endroit?
-Comment pouvez-vous être sûr(e) que les règles soient respectées?

N'oublie pas que c'est une expérience unique. C'est bien de s'amuser. Mais qu'est-ce qui arrive si les maternelles veulent faire des courses de hamsters dans les couloirs quand les quatrièmes années veulent faire du patin ou de la planche à roulettes dans le même endroit?

Nos institutions

Qu'est-ce qui arrive quand tu te perds dans les bois? Tu as sans doute très peur, et tu te demandes si quelqu'un te trouvera. Qu'est-ce qui se passe si personne ne te trouve? Qu'est-ce qu'il te faut pour survivre? Comment trouver toutes ces choses-là? Comment est-ce qu'on les trouve d'habitude? Qu'est-ce qui te manque?

Nous avons tous des besoins semblables. Nous avons des besoins physiques, comme le besoin de manger par exemple. Nous avons des besoins affectifs comme le besoin d'aimer et d'être aimé. Fais la liste de nos besoins physiques et de nos besoins *affectifs*. Comment est-ce que les gens s'aident à répondre à leurs besoins? Nous avons besoin des autres et ils ont besoin de nous.

Les gens vivent ensemble dans des communautés, des provinces, des pays parce qu'ils peuvent s'aider mutuellement et répondre à leurs besoins. Mais pour y arriver, ils doivent coopérer, c'est-à dire travailler ensemble. La meilleure façon de coopérer, c'est de former des groupes ou des organisations. Dans chaque communauté, il y a des groupes qui sont organisés pour faire des choses différentes. Certains de ces groupes s'appellent des institutions.

Quand les gens forment des groupes, ou des institutions, ils établissent des règles. Pourquoi est-ce qu'il faut des règles? Qu'est-ce qui arrive s'il n'y en a pas? Souviens-toi de l'expérience de l'école élémentaire de L'Anse aux ours.

Dans ce chapitre, nous allons étudier plusieurs institutions qui sont importantes aux habitants de Terre-Neuve et du Labrador.

La famille

La première institution que nous connaissons c'est la famille. Il y a beaucoup de sortes de familles. Il y a des familles avec deux parents, des grands-parents et des enfants. Dans d'autres familles il n'y a parfois qu'un parent et un enfant. Quelle sorte de famille vois-tu sur la photo? Quelles autres sortes de familles existe-t-il?

Qu'est-ce qui garantit une bonne vie de famille à tous ses membres? Pourquoi est-ce qu'il est important à tous les membres d'une famille, et surtout aux enfants, d'avoir une vie de famille heureuse et équilibrée? Quels besoins est-ce que la famille remplit pour ses membres?

Toutes les familles ont des règles. Avec d'autres élèves, discute de certaines règles de ta famille. Pourquoi est-ce qu'il faut des règles dans les familles? Est-ce que ta famille a des règles que tu trouves inutiles?

L'enseignement

L'enseignement fait partie de nos institutions les plus importantes. Pourquoi? Quel est son but? Comment est-ce que le système scolaire est organisé pour permettre à tout le monde d'apprendre?

L'église

Beaucoup de gens choisissent d'appartenir à une église ou un groupe religieux. D'après toi, c'est pour répondre à quel besoin?

Le gouvernement

Le ***conseil municipal*** *est une forme de gouvernement. Est-ce qu'il y en a un dans ta ville ou ta communauté? Est-ce que tu sais comment une personne devient membre du conseil municipal? Le conseil est une partie importante du gouvernement, pourquoi?*

 # 59

Le professeur va te donner une feuille divisée en quatre sections. Dans chacune des sections, écris le nom d'un membre de la famille (ex: maman) ou d'un groupe de membres (ex: frères, soeurs). Au dessous, tu écriras la manière dont chaque personne ou groupe t'aide.

CHAPITRE 8

Le gouvernement

Dans ce chapitre, nous allons voir ce qu'est le gouvernement et le rôle qu'il joue dans notre vie, surtout celle des enfants. Nous allons découvrir la façon dont le gouvernement de notre province s'est développé.

Notre gouvernement aujourd'hui

Pourquoi est-ce que nous avons besoin de gouvernements?

Comme nous l'avons déjà dit, la meilleure façon pour tout le monde de satisfaire ses besoins, c'est de vivre en communautés. Elles peuvent être petites ou grandes, ce n'est pas important. Il faut beaucoup de choses pour vivre. Les communautés existent pour permettre à tout le monde de partager ce travail. Tu as pris ton petit déjeuner ce matin. Pense aux membres de ta communauté qui ont travaillé pour produire la nourriture que tu as mangée.

Les trois niveaux de gouvernement

Au Canada. *Tous les Canadiens partagent un gouvernement fédéral qui siège à Ottawa.*

À Terre-Neuve et au Labrador. *La capitale de la province est St. John's. C'est là que le gouvernement provincial se réunit.*

À Gander. *Chaque ville a son propre gouvernement qui s'appelle un conseil municipal.*

Quel est le rôle des gouvernements?

Les gouvernements offrent des services et la protection aux enfants et aux adultes.

Les services

Voici quelques exemples de services que le gouvernement offre:

Le conseil municipal est responsable du ramassage des ordures ménagères.

Le gouvernement provincial est responsable de l'enseignement.

Le gouvernement fédéral offre une **allocation familiale** à nos parents.

Les gouvernements provincial et fédéral sont responsables des hôpitaux et du service de santé.

Fais la liste des autres services que le gouvernement fournit. Essaie de trouver quel niveau de gouvernement offre ce service.

Pourquoi est-ce que ces services nous sont importants? Qu'est-ce qui arriverait si on ne les avait pas?

La protection

Les enfants, comme les adultes, doivent être protégés contre ceux qui essaient de leur faire du mal. Les gouvernements établissent des règles et paient des gens, comme les policiers et les juges par exemple, pour protéger les citoyens.

De quelles façons est-ce que les gens peuvent faire mal aux enfants? Voici des exemples :

On leur vole quelque chose.

On abuse d'eux d'une façon ou d'une autre.

Nous avons des lois spéciales pour protéger les enfants. Quelquefois les enfants se font mal entre eux. Mais c'est souvent plus sérieux quand un adulte fait mal à un enfant. Pourquoi est-ce que les enfants ont spécialement besoin d'être protégés? Qu'est-ce qu'il faut faire si un adulte te fait mal ou si un adulte fait mal à un enfant que tu connais?

Les policiers passent beaucoup de temps à essayer de prévenir les crimes.

Le gouvernement et toi

«Nous avons besoin d'une nouvelle école mais le gouvernement ne va pas nous en faire construire une.»

«Nos routes ont besoin d'être goudronnées à nouveau mais le gouvernement ne veut pas payer.»

«La pêche ne marche pas bien du tout mais le gouvernement ne fait rien.»

Est-ce que tu as déjà entendu des commentaires comme ceux-là? Les gens parlent beaucoup du gouvernement. Les actions du gouvernement ont beaucoup d'importance dans notre vie quotidienne. Peux-tu en donner des exemples?

Dans notre province, c'est à l'Assemblée que le gouvernement prend les décisions: ce qu'il va faire, comment l'argent sera dépensé et quelles seront les nouvelles lois.

Dans la photo ci-dessous, nous voyons les gens qui forment l'Assemblée. Le président de l'Assemblée doit s'assurer que les choses se passent bien. Les commis et les pages aident les membres à faire leur travail.

Nos membres assistent aux réunions de l'Assemblée. Ils ou elles aident aussi au fonctionnement des différents secteurs du gouvernement. Ils ou elles rencontrent les gens de leur région pour savoir quels sont leurs besoins.

Les gens qui établissent les lois (règles) de Terre-Neuve et du Labrador siègent à l'Assemblée. Généralement, ils sont membres de partis politiques, comme le Parti libéral, le Parti conservateur et le Nouveau parti démocratique. Après une élection, le parti qui a le plus de membres élus forme le gouvernement et les autres partis forment l'opposition. Le chef du gouvernement s'appelle le premier ministre. Il choisit des ministres parmi les membres élus de son propre parti. Généralement, chaque ministre est responsable d'un secteur d'activités du gouvernement comme la pêche, l'éducation ou l'énergie.

Les enfants et le gouvernement

Au Canada, nous avons tous un rôle à jouer dans le gouvernement. En votant aux élections, nous faisons connaître nos désirs au gouvernement. Si assez de gens pensent que le gouvernement fait du bon travail, ils voteront pour ses membres et ce gouvernement gardera le pouvoir. Sinon, le gouvernement sera remplacé. Mais les gens doivent avoir au moins dix-huit ans pour voter. Est-ce que tu penses que les plus jeunes devraient aussi avoir le droit de voter? Discutez-en.

Les enfants de ton âge ne peuvent pas voter, mais ça ne veut pas dire que vous ne pouvez jouer un rôle dans les décisions du gouvernement. Vous avez une place importante dans la société et votre opinion est importante.

De quelle façon pouvez-vous faire savoir ce que vous pensez au gouvernement? S'il y a quelque chose qui vous préoccupe, vous pouvez écrire des lettres ou parler avec des membres du gouvernement. Cependant il faut faire attention de bien étudier le problème pour le connaître aussi bien que possible.

✍# 60

Pense à un sujet d'actualité. Ecris à ton représentant du gouvernement pour lui faire savoir ce que tu en penses. Cherche à qui tu dois l'envoyer, au conseil municipal, au représentant provincial ou fédéral? Cherche toutes les informations que tu peux trouver sur le sujet avant d'écrire cette lettre.

Plusieurs enfants ont découvert un endroit polluée près d'une plage. Supposons qu'ils en parlent en classe. Qu'est-ce que les élèves peuvent faire? Il y a plusieurs possibilités. Ils peuvent en parler au conseil municipal. Peut-être qu'il ne faut pas demander au conseil d'envoyer des ouvriers pour la nettoyer. Peut-être que les élèves devraient se porter volontaires pour le faire. On dit parfois qu'il ne faut pas toujours compter sur le gouvernement pour tout faire, que l'on devrait prendre des responsabilités nous-mêmes. Si les élèves nettoient cette plage eux-mêmes, qu'est-ce qu'ils peuvent faire pour s'assurer qu'elle reste propre?

Le gouvernement d'autrefois

Nous avons vu comment nos gouvernements actuels sont organisés. Pour mieux comprendre notre système gouvernemental, il faut d'abord remonter aux années 1600 et aux débuts de la pêche d'été.

Les amiraux de pêche

Tu te souviendras que les pêcheurs d'Europe qui venaient sur nos côtes ne restaient pas toute l'année. Ces pêcheurs ne construisaient pas d'installations permanentes, alors ils n'avaient pas besoin des services qu'un gouvernement offre généralement. Il fallait pourtant des règles et quelqu'un pour s'assurer que les pêcheurs obéissaient à ces règles comme c'est le cas dans toutes les communautés.

En Angleterre, le gouvernement a décidé que la façon la plus simple, c'était de nommer un amiral de pêche. Le capitaine du premier bateau qui arrivait dans le port au printemps devenait donc amiral de pêche. Cela voulait dire que pendant tout l'été, il pouvait organiser la pêche comme il le voulait et ainsi prendre les meilleurs endroits pour lui-même. Il était juge en cas de querelle. Si l'amiral était cruel ou stupide, il pouvait prendre des décisions très injustes. Généralement tous les amiraux essayaient d'être justes et il y avait très peu de plaintes.

Quand les colons ont commencé à passer l'hiver à Terre-Neuve, il y a eu de nouveaux problèmes. Qui était responsable quand l'amiral retournait en Angleterre? Quels droits les colons avaient-ils l'été suivant? Le nouvel amiral pouvait décider de prendre ce qui leur appartenait ou de s'installer là où ils étaient. Les gens ne pouvaient se plaindre à personne parce que l'amiral de pêche avait tous les pouvoirs.

Les gouverneurs navals

En Angleterre, le gouvernement s'est rendu compte qu'il y avait des problèmes. En même temps, il ne voulait pas offenser les capitaines des bateaux de pêche. Des bateaux de la marine anglaise surveillaient les eaux terre-neuviennes pendant la période de pêche d'été. En 1729, l'officier en chef de la marine a été nommé gouverneur. Les amiraux de pêche prenaient toujours les décisions dans les ports, mais maintenant, ceux qui se sentaient maltraités pouvaient aller voir le gouverneur.

Le gouverneur rentrait en Angleterre à l'automne, comme les amiraux de pêche. Pour aider les premiers colons qui se sont établis de façon permanente, le premier gouverneur, le Capitaine Henry Osborn, a nommé des gendarmes pour faire respecter l'ordre. Il a aussi nommé des magistrats qui avaient un rôle de juge. Il a fait construire des tribunaux et des prisons. Mais il restait encore des problèmes. Les magistrats étaient souvent les marchands qui vendaient le matériel et les provisions aux pêcheurs et qui achetaient leur poisson. Les pêcheurs leur devaient souvent de l'argent.

Le capitaine Osborn a fait construire des piloris dans les endroits publics. Les magistrats envoyaient souvent les criminels au pilori. Tout le monde pouvait voir celui qui était puni et pouvait même participer à la punition en criant ou en jetant des choses au prisonnier.

Certains de ces marchands n'étaient pas justes, comme certains amiraux de pêche.

Les gouverneurs qui sont venus après le capitaine Osborn se sont rendus compte que certains marchands, qui faisaient office de juges, n'étaient pas très justes. Ils ont demandé aux officiers des bateaux de la marine britannique de les représenter, de servir comme juges.

Les substituts essayaient d'être justes, mais ils ne connaissaient pas très bien la loi. Très souvent, ils donnaient des punitions très sévères. Eux aussi repartaient en Angleterre à l'automne.

Avec l'arrivée du gouverneur, des magistrats et des personnes qui faisaient office de juges, les amiraux de pêche ont commencé à perdre leur pouvoir. Mais les problèmes n'étaient pas terminés. En 1800, de plus en plus de colons vivaient à Terre-Neuve et au Labrador. Il y avait des écoles, des églises, des magasins, des postes, des théâtres et des journaux. Les colons étaient pêcheurs, docteurs, agriculteurs, professeurs ou marchands, comme dans les autres colonies britanniques. Ils voulaient un véritable gouvernement, sur lequel ils pourraient compter toute l'année. Ils voulaient un vrai système juridique au lieu de tous ces magistrats et juges substituts qui ne connaissaient pas la loi.

Une punition habituelle dans la marine était le fouet..... Quand les officiers de la marine étaient des juges substituts, ils punissaient souvent de cette façon les colons coupables. Le fouet était une punition très sévère et les colons n'en voulaient plus.

La maison du gouverneur de Fort Townsend était située près du site actuel de la caserne centrale des pompiers de St. John's.

Le gouverneur Pickmore et Fort Townsend

En 1817, le gouvernement britannique a décidé que le gouverneur devrait rester à Terre-Neuve pendant l'hiver. Le gouverneur Pickmore n'était pas content quand il a reçu cet ordre. Il a écrit au gouvernement britannique pour demander une nouvelle maison. Il pensait que la résidence du gouverneur de Fort Townsend «n'était pas équipée pour passer l'hiver dans ce climat.» Le gouverneur Pickmore avait raison. Même pendant une petite tempête de neige en novembre, la neige avait passé par les fenêtres et les murs. Cet hiver-là était très sévère et le gouverneur Pickmore est mort en février. Des centaines d'ouvriers ont lutté pendant trois semaines pour faire un passage dans la glace du port. C'était pour permettre à un bateau de rapporter le corps en Angleterre.

✍# 61

Dans les prochaines pages, tu verras des dates qui marquent des événements importants dans l'histoire du gouvernement de cette province. Fais une ligne de temps dans ton cahier ou comme projet de classe. Inscris les dates et les événements au fur et à mesure que tu les vois. Commence avec celui de la page précédente, en 1729, et continue ainsi.

Nous voulons notre propre gouvernement

Les gens de Terre-Neuve voulaient trouver une solution à leurs problèmes. Pendant longtemps, le gouvernement anglais a refusé de les aider. Mais un nouveau groupe d'hommes commençait à mener la lutte.

William Carson et Patrick Morris faisaient partie de ce groupe. Ils ont écrit des articles pour montrer aux gens pourquoi les Terre-Neuviens avaient besoin d'un nouveau système de gouvernement. Ils ne voulaient plus de juges substituts ni de punitions cruelles. Ils voulaient qu'un groupe de gens élus par les Terre-Neuviens communique les besoins du peuple au gouverneur. Ce groupe serait appelé une assemblée élue.

Certaines personnes n'aimaient pas du tout ces idées. Les riches marchands, les docteurs et les avocats vivaient bien sous le règne du gouverneur. Beaucoup d'entre eux pensaient que «les gens du peuple» sans éducation ne connaissaient rien au gouvernement. Il ne fallait donc pas que ces gens-là disent comment on devait gérer la colonie.

Carson et Morris ont écrit des **pétitions** au gouvernement britannique au sujet des problèmes de Terre-Neuve. Beaucoup de gens ont

William Carson était un médecin écossais. Il a été choqué par ce qu'il a vu à Terre-Neuve et il a écrit des articles à ce sujet. Les pauvres gens vivaient dans la misère. Il a dit que les choses iraient mieux si les gens pouvaient faire partie du gouvernement.

Patrick Morris a quitté l'Irlande à l'âge de onze ans et il est venu à Terre-Neuve. Son père était commerçant et Patrick a pris la relève. Il aimait les idées de William Carson. Ensemble, ils luttaient pour avoir un vrai gouvernement et un système judiciaire pour Terre-Neuve.

Le bâtiment colonial à St. John's

signé ces pétitions et finalement il y a eu des changements.

Vers un gouvernement responsable

La première élection à Terre-Neuve a eu lieu en 1832. C'était pour choisir les membres de l'Assemblée. L'Assemblée devait représenter tous les habitants de Terre-Neuve. Elle devait dire au gouverneur et à son conseil quels étaient les besoins des Terre-Neuviens. Mais le gouverneur et son conseil n'étaient pas obligés d'accepter cet avis. Les membres de l'Assemblée élue votaient pour décider les lois qu'ils voulaient mettre en place. Même si tous les membres de l'Assemblée avaient voté en faveur d'une loi, le gouverneur pouvait la refuser.

Alors la lutte a continué. Les Terre-Neuviens ont envoyé beaucoup de pétitions au gouvernement britannique. Parfois, il y avait des bagarres dans la rue. Finalement, en 1855, Terre-Neuve a obtenu un gouvernement responsable. Maintenant l'Assemblée avait vraiment le pouvoir. Ses membres étaient élus par le peuple.

✍# 62

1 Imagine que tu es d'accord avec William Carson ou Patrick Morris. Ecris une pétition pour l'envoyer au gouvernement britannique. Demande le droit d'avoir une élection et explique pourquoi les Terre-Neuviens devraient avoir ce droit.

2. Aujourd'hui, beaucoup de gens envoient des pétitions au gouvernement. Renseigne-toi pour savoir si les gens de ta communauté en ont envoyé une récemment. Si oui, essaie d'avoir des détails et recopie-les dans ton cahier. Qu'est-ce que les gens voulaient? Est-ce qu'ils l'ont obtenu?

   Si les gens de ta communauté n'ont pas envoyé de pétition récemment, pense à un problème et écris une pétition à ce sujet.

Une période de changements

Après 1855, les Terre-Neuviens ont dirigé leur propre gouvernement. Petit à petit, les services ont été offerts. On a construit des routes pour relier les grandes villes. On a bâti des écoles et des phares pour rendre les côtes plus sûres. La police maintenait la paix et l'ordre.

La grande crise économique

Les années 1930 ont été très difficiles pour les gens et le gouvernement de Terre-Neuve. Le système d'échange mondial s'est écroulé et il y a eu une grande crise économique. Les Terre-Neuviens ne pouvaient pas vendre le poisson et les autres choses qu'ils produisaient. Ils ne pouvaient pas payer les **impôts**, alors le gouvernement n'avait pas beaucoup d'argent pour fournir les services dont ils avaient besoin.

Pour essayer d'obtenir l'argent dont elle avait besoin, Terre-Neuve a offert au Canada de lui vendre le Labrador pour 10 000 000 de dollars. Mais le gouvernement canadien avait aussi des difficultés et trouvait que c'était trop cher.

Finalement, Terre-Neuve a demandé de l'aide à la Grande Bretagne. Celle-ci a été d'accord pour payer les dettes du gouvernement terre-neuvien. Mais il y avait une condition importante. Terre-Neuve ne pouvait plus élire son gouvernement jusqu'à la fin de la crise. L'Assemblée a donné son accord. A partir de 1933, Terre-Neuve a été gouvernée par une commission de six personnes, trois Terre-Neuviens et trois Anglais. Ces gens n'étaient pas élus.

La commission gouverne

La commission a fait beaucoup de bonnes choses. Elle a réorganisé le travail de beaucoup d'employés du gouvernement. Elle a fait construire de nouvelles écoles et a décidé que tous les enfants devaient aller à l'école. Elle a fait construire de petits hôpitaux pour offrir des services médicaux au plus grand nombre possible de personnes .

Pendant la Deuxième Guerre mondiale, Terre-Neuve et le Labrador sont redevenus prospères. Le prix du poisson a augmenté. Il fallait beaucoup d'ouvriers pour fabriquer ce qu'il fallait pour la guerre. Les gens avaient plus d'argent et le gouvernement recevait plus d'argent des impôts.

La convention nationale

L'Angleterre était contente de voir que ça allait bien à Terre-Neuve et au Labrador. Elle voulait que les gens recommencent à élire leur gouvernement au lieu d'avoir une commission. Cette commission pensait que Terre-Neuve et le Labrador devraient se joindre au reste du Canada. On y avait déjà pensé plusieurs fois, mais à chaque fois Terre-Neuve avait décidé de rester un pays indépendant.

Il fallait maintenant que les Terre-Neuviens et les Labradoriens décident quelle sorte de gouvernement ils voulaient. Il fallait d'abord élire une convention nationale. C'était un groupe de gens qui se rencontraient pour décider quels choix

✍# 63

Imagine que tous les élèves de ta classe soient membres de la convention nationale. Pendant une séance, certains défendent l'idée de la Confédération avec le Canada, d'autres veulent que le gouvernement responsable reprenne le pourvoir. Choisissez des élèves pour défendre les deux opinions.

Demande à tes grands-parents et des à personnes âgées de ta communauté de t'aider à préparer le débat. De cette façon, vous aurez les mêmes arguments qu' à l'époque.

Essaie de retrouver ce que les deux camps ont utilisé pendant la campagne électorale (affiches, etc...). Si cela n'est pas possible, interviewe quelqu'un qui se souvient de la campagne et écris ce qu'elle te raconte.

Une session de la convention nationale où les gens qui ont l'âge de voter peuvent exprimer leur choix.

on devait proposer aux gens. On ferait un référendum, c'est-à dire une sorte d'élection dans laquelle les gens font connaître leur choix.

La convention nationale s'est réunie en septembre 1946. D'après ses discussions il y avait trois choix: conserver la commission, retrouver un gouvernement responsable comme avant 1933 ou se joindre au Canada.

Les habitants de Terre-Neuve et du Labrador se sont de plus en plus intéressés au travail de la convention. Chaque soir, les discussions étaient diffusées à la radio. Bientôt tout le monde écoutait la radio régulièrement. Les gens avaient des opinions très arrêtées et l'émotion était forte. La plupart des membres de la convention étaient contre la Confédération avec le Canada.

Finalement, la convention nationale a décidé de présenter deux choix sur les bulletins de vote du référendum.

1. La commission continue à gouverner
2. Le gouvernement responsable revient

Il semblait que ceux qui étaient pour la Confédération avec le Canada avaient perdu.

Signature de l'Accord «termes de l'union».

Les gens décident

Le Canada n'est pas complet sans Terre-Neuve. Elle a la clé de notre porte d'entrée. C'est le portail de notre champ.

John A. Macdonald,
Premier premier ministre du Canada.

La convention nationale avait décidé que les Terre-Neuviens devaient avoir seulement deux choix pour le référendum. Ils devaient choisir entre la commission et le gouvernement responsable. Ils ne pourraient pas voter pour ou contre la Confédération avec le Canada.

Beaucoup de gens voulaient que Terre-Neuve se joigne au Canada. Joseph Smallwood était l'un deux. A la radio, il a poussé les gens à envoyer des télégrammes au gouvernement britannique. Il y a eu beaucoup de télégrammes. Les Britanniques ont donc décidé de donner trois choix lors du référendum. Mais ils exigeaient que plus de la moitié de la population approuve une des solutions pour qu'elle soit adoptée.

Aucun membre de la convention nationale ne voulait que la commission reste au pouvoir. Le vrai choix semblait donc entre le rattachement au Canada et l'indépendance. Les partisans de chaque idée ont alors commencé à travailler. Ils ont visité toutes les régions en bateau, en train ou en avion. Ils expliquaient pourquoi leur choix était le meilleur pour l'avenir des Terre-Neuviens et les Labradoriens.

Le référendum a eu lieu le 3 juin 1948. Voici les résultats:

La commission	**22 000**
La Confédération canadienne	**64 000**
Le gouvernement responsable	**69 000**

La majorité des gens avaient voté pour le gouvernement responsable. Mais moins de la moitié des électeurs avaient fait ce choix. Un second référendum a eu lieu le 23 juillet. Cette fois il n'y avait que deux choix: la Confédération ou le gouvernement responsable.

Voici les résultats de cette deuxième élection:

La Confédération canadienne	**78 000**
Le gouvernement responsable	**71 000**

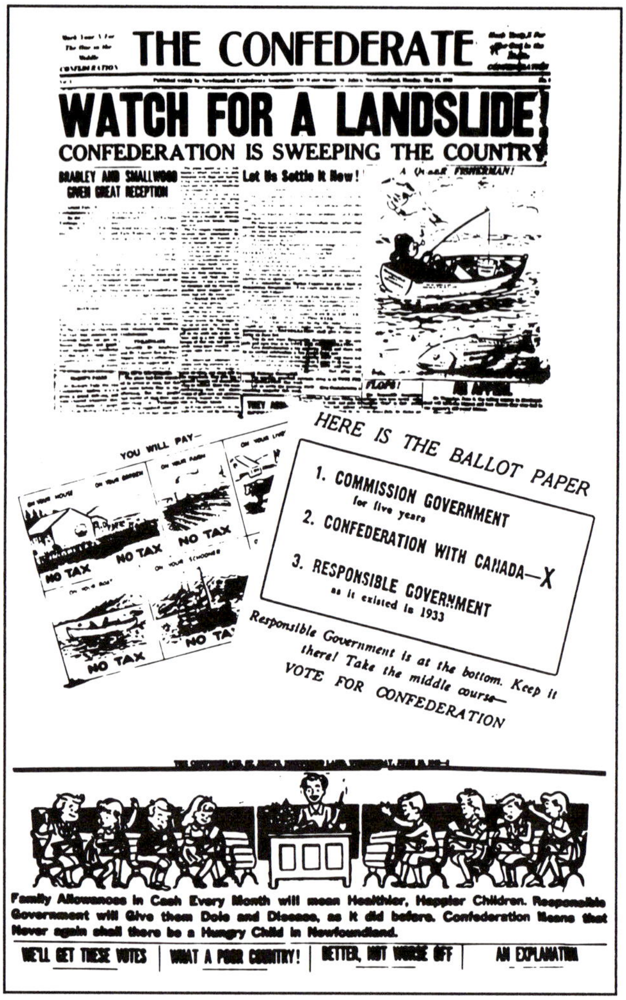

Smallwood, Bradley et les autres en faveur de la Confédération pensaient que Terre-Neuve était trop petite et trop pauvre pour former un pays indépendant. En joignant le Canada, elle ferait partie d'un territoire plus vaste et plus riche. Terre-Neuve serait protégée en cas de crise économique. Ils parlaient avec enthousiasme de l'argent que les Terre-Neuviens et les Labradoriens allaient avoir. Comme les autres Canadiens, ils recevraient l'assurance-chômage, la pension de retraite et les allocations familiales.

La Confédération

Le 31 mars 1949, Terre-Neuve et le Labrador est devenue la dixième province canadienne. Ces «nouveaux Canadiens» avaient des sentiments *mitigés*. Ils étaient fiers de leur passé indépendant et en même temps ils avaient espoir dans leur futur dans un très grand pays.

Gordon Bradley était le premier représentant de la province de Terre-Neuve et du Labrador au gouvernement du Canada. On a demandé à Joseph Smallwood, un libéral, d'être le premier ministre de la nouvelle province en attendant les élections. Le parti libéral, mené par Smallwood, a gagné cette élection. Peter Cashin a été élu comme membre du parti conservateur, alors il siégeait avec les membres de l'opposition.

«Nous sommes tous Canadiens maintenant»
Gordon Bradley

Peter Cashin et les autres partisans du gouvernement responsable ont rappelé aux électeurs et électrices que Terre-Neuve et le Labrador, historiquement, formait un peuple indépendant. En entrant dans la Confédération, ce peuple perdrait son identité et serait submergé dans la masse canadienne. Terre-Neuve et le Labrador était redevenue prospère et pouvait réussir seule. La Confédération voudrait dire plus d'impôts et les gens seraient plus pauvres qu'avant. Les gens d'affaire auraient plus de problèmes à concurrencer les grosses corporations canadiennes.

64

Utilise les tableaux de ces deux pages pour comparer les résultats des deux référendums. Combien de personnes de plus ou de moins ont voté pour la Confédération la deuxième fois? Pour le gouvernement responsable? Etudie bien ces chiffres. Certains ont voté pour la commission du gouvernement la première fois. D'après toi pour qui ont-ils voté la deuxième fois?

Quelques pionniers en politique

Sir Robert Bond

Robert Bond est né à St. John's en 1859. Il a fait ses études à Terre-Neuve, en Angleterre et en Ecosse. Il a suivi des études de **droit** car il voulait devenir avocat, mais il a fait de la politique. Il a été élu à l'Assemblée à l'âge de vingt-cinq ans et il a travaillé au gouvernement provincial pendant plus de trente ans.

Bond a beaucoup fait pour protéger les droits de pêche de Terre-Neuve le long de nos côtes. Il a négocié avec les gouvernements britannique, canadien et américain. Il voulait être sûr qu'on respecte les droits de pêche des Terre-Neuviens et des Labradoriens.

Les années 1890 ont été difficiles pour Terre-Neuve et le Labrador. Beaucoup de commerces ont fait faillite, les marchands ne pouvaient pas ou ne voulaient pas aider les pêcheurs à se préparer à la saison de pêche. Le gouvernement n'avait pas d'argent pour procurer les services aux gens et il ne pouvait pas emprunter d'argent. Bond est allé à Montréal et à Londres. A l'aide de son argent personnel, il a réussi à emprunter de l'argent pour que le gouvernement continue à fonctionner.

En 1909, son gouvernement a perdu le pouvoir. Cinq ans plus tard, Bond a quitté la politique. Il s'est installé dans sa maison de Whitbourne où il est mort en 1927.

Julia Salter Earle

Julia Salter Earle est née à St. John's le 20 septembre 1877. Elle a étudié au collège méthodiste et en 1903, elle a épousé A.E. Earle, un bijoutier de Water Street. Elle a élevé six enfants et elle a aussi travaillé à l'Assemblée pendant trente-cinq ans. Elle écrivait, à la main, les lois qui devaient être votées. A force de lire tous ces papiers, elle connaissait très bien les lois.

Julia Earle s'intéressait à la façon dont on traitait les pauvres. Elle était bien connue pour ses efforts à protéger ceux qui n'étaient pas traîtés justement. Une fois une fille de famille pauvre s'est blessée au travail. A l'hôpital, on l'a mise dans une salle pour les pauvres avec un panneau indiquant «pauvre» au-dessus de sa tête. Sa mère a demandé de l'aide à Julia Earle. Julia a parlé au directeur de la compagnie où travaillait la jeune fille. Elle lui a dit qu'il devait payer la facture de l'hôpital. Elle a ajouté: «Il faut payer les frais, c'est un minimum, mais ce serait bien de lui envoyer des fleurs et des chocolats, vous ne croyez pas?»

Quand il n'y avait pas beaucoup de travail pendant la Crise économique, Julia a été à la tête d'une *manifestation* de cinq cents hommes sans emploi. Ils sont allés au bâtiment colonial, le siège du gouvernement. Grâce à cette manifestation, les hommes ont eu des emplois; ils ont construit des routes.

Julia a aussi lutté pour que les femmes votent et se présentent aux élections gouvernementales si elles veulent. En 1925, elle s'est présentée aux élections municipales de St. John's avec deux autres femmes. Elle a perdu mais il ne lui manquait que onze voix.

Même si elle a perdu l'élection, elle a préparé le chemin pour d'autres femmes. En 1928, Lady Helena Squires a été la première femme élue à l'Assemblée. Julia Earle est morte en 1945. Elle a eu une vie pleine de succès.

Joseph Smallwood

Joseph Robert Smallwood («Joey») est né la veille de Noël 1900, à Gambo. Il était *l'aîné* d'une famille de treize enfants. En 1901, sa famille s'est installée à St. John's.

Les enfants adoraient le port où ils voyaient des bateaux de tous les coins du monde. Joey le décrivait ainsi: «Il y avait des perroquets et de la canne à sucre, des coquilles de conque que les bateaux à vapeur apportaient des Antilles et de grandes barriques de mélasse de la Barbade et de la Jamaïque sur les quais.»

Smallwood avait demandé aux Terre-Neuviens d'envoyer des télégrammes au gouvernement britannique pour que la Confédération soit un des choix lors du vote de juin 1948. Sur cette photo, on voit Smallwood et ses collaborateurs en train de compter les télégrammes reçus.

A quinze ans, Joey a quitté l'école pour aller travailler pour un *hebdomadaire*. Au début il aidait l'imprimeur. Il est très vite devenu journaliste, et a couvert plusieurs événements, par exemple la première tentative de vol au-dessus de l'Atlantique.

A vingt ans, il est allé passer cinq ans à New York, il a travaillé dans la politique et il était aussi écrivain. En 1925, il est revenu chez lui pour être **organisateur syndical**. Dans ce rôle il a aidé les ouvriers des usines de papier de Grand Falls et de Corner Brook.

Joey a combiné ses intérêts pour la politique et sa facilité à écrire. Il a édité «Le journal des libéraux». En 1928, il a mené la campagne dans la **circonscription** de Humber pour faire réélire Sir Richard Squires, le premier ministre libéral.

Quand la commission a remplacé le gouvernement responsable en 1933, la vie politique s'est calmée et Joey a fait d'autres choses. Il a édité une étude en deux volumes sur Terre-Neuve. Cette étude est devenue un ouvrage de référence important. Il a aussi lancé un programme radiophonique quotidien le «Barrelman». Il y avait beaucoup de faits divers et de renseignements sur Terre-Neuve. Il a aussi élevé des poulets et des porcs à St. John's et plus tard à Gander.

En 1945, Smallwood a été élu à la convention nationale. Très vite, il est devenu le responsable de ceux qui voulaient se joindre au Canada. Quand Terre-Neuve et le Labrador sont devenus une province du Canada en 1949, il est devenu premier ministre. Il est resté au pouvoir pendant 23 ans.

✍# 65

1. Ecris une petite biographie de quelqu'un qui est ou qui a été responsable du conseil municipal de ta communauté.
2. Ton professeur va te donner les noms des premiers ministres et des responsables de l'opposition depuis que Joey Smallwood a été premier ministre. Ecris une courte biographie de l'un d'eux.

CHAPITRE 9

Les églises

Le gouvernement est une institution importante. Il aide à répondre à certains de nos besoins. Mais il y a aussi d'autres institutions qui affectent notre vie. Les églises nous aident à comprendre le monde et la place que nous y occupons. La religion nous apporte un soutien spirituel et moral.

Les églises - hier et aujourd'hui

Une église à Harbour Grace.

Est-ce que tu es membre d'une église? Dans ta communauté, est-ce qu'il y a des gens qui se réunissent dans d'autres églises? Dans certaines communautés, les gens fréquentent des églises différentes. Dans d'autres communautés presque tout le monde fréquente la même église. Sais-tu pourquoi?

Tout au long de notre vie, nous rencontrons des gens de religions différentes. Dans notre pays, nous croyons que les gens ont le droit de choisir la religion qu'ils veulent pratiquer. Est-ce que c'est la même chose dans tous les pays? Est-ce que tu penses que c'est juste?

Notre héritage religieux

Les premiers colons européens qui se sont installés à Terre-Neuve de façon permanente venaient de l'ouest de l'Angleterre. L'Eglise anglicane, comme on l'appelle maintenant, était l'église officielle. Peut-être que les pasteurs anglicans venaient et repartaient avec les pêcheurs saisonniers. Mais jusqu'à 1700, il n'y avait pas de pasteurs qui vivaient avec les colons pendant toute l'année.

Au début de la colonisation, la religion catholique n'était pas autorisée en Angleterre. Elle ne l'était pas non plus dans les colonies comme Terre-Neuve et l'Irlande par exemple. Les premiers prêtres catholiques qui sont venus au service des colons irlandais sont sans doute arrivés déguisés en pêcheurs. Mais vers 1770, ils n'ont plus eu besoin de se cacher.

Les premiers pasteurs méthodistes sont arrivés à Terre-Neuve vers les années 1700. (Maintenant, les méthodistes font partie de l'Eglise unie.) Depuis, beaucoup d'autres groupes religieux font partie de notre héritage religieux. Il s'agit de l'armée du Salut, des Assemblées pentecôtistes, des adventistes du septième jour, des presbytériens, des mormons et d'autres encore. De plus, des gens de religions non-chrétiennes sont venus s'installer à Terre-Neuve. Il y a des juifs, des bouddhistes, des musulmans et des hindous par exemple.

Les groupes religieux essaient d'aider les gens qui ont des problèmes. Par exemple, l'armée du Salut est responsable d'Harbour Light, une organisation qui aide les gens qui ont des problèmes d'alcool.

Le christianisme et les autochtones

Les premiers européens qui sont entrés en contact avec les Micmacs, les Montagnais et les Naskapi, étaient des colons et des missionnaires français. C'est pour cette raison que beaucoup d'autochtones sont toujours catholiques.

Dans le nord du Labrador, un groupe religieux appelé les Moraves a introduit le protestantisme chez les Inuits, au début des années 1770. Les Moraves ont construit des missions au Labrador, et beaucoup d'Inuits ont adhéré à leur église.

De nos jours, beaucoup de nos autochtones s'intéressent aux croyances traditionnelles de leurs peuples.

Ci-dessus les bâtiments de la mission morave à Nain. Le gouvernement provincial les a déclarés site historique.

Les premiers pasteurs avaient des difficultés à entrer en contact avec leurs paroissiens. L'archidiacre Wix (anglican) décrit un voyage qu'il a fait pour aller voir les siens.

Vendredi 13. Une matinée extrêmement froide. Je suis parti en *skiff*, à deux heures de bateau de Clatter's Harbour. Les blocs de glace se rapprochaient et bientôt ils ont formé une **banquise**. Alors, il a été impossible de remonter le bras. Nous avons donc continué à pied jusqu'à l'extrémité du passage et avons traversé l'**isthme** jusqu'à Chandler's Harbour à Paradise Sound. Nous avons longé les collines près de la mer vers l'anse en direction du nord. J'espérais y arriver avant le soir. Cependant la lune a disparu et nous avons fait un feu car il est tombé une neige humide accompagnée d'*embruns*.

Samedi 14. Nous sommes partis sous la neige fondue et la pluie. J'étais tout trempé après avoir dormi dans la *tanière* que je m'étais faite. Dans l'anse du Sud-Est, j'ai été très bien accueilli par un planteur catholique. Je me suis séché et réchauffé chez lui. Après le petit déjeuner, on nous a emmmené de l'autre côté de la baie dans un bateau à fond plat. Le vent soufflait très fort. Puis nous avons continué à pied jusqu'à la maison de M. Cook à Red Cove.

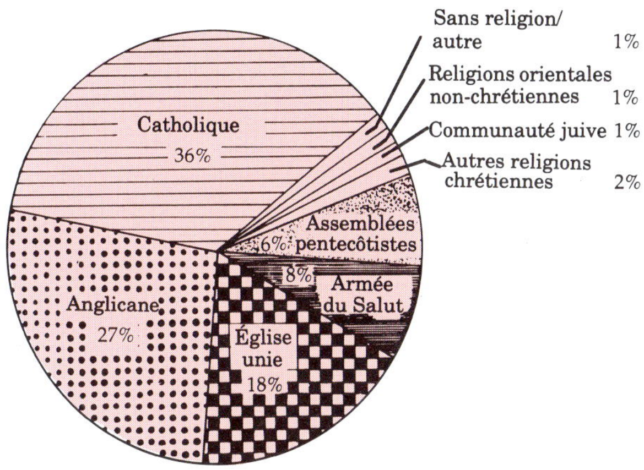

Ce graphique indique le nombre de gens qui appartiennent aux différentes religions dans notre province, aujourd'hui. (Recensement de 1986)

Aider les autres pour l'amour de Dieu

Les églises offrent des services religieux, et elles font aussi beaucoup d'autres choses. Beaucoup de gens aident ceux qui sont dans le besoin, dans leur communauté ou ailleurs dans le monde.

Es-tu membre d'une association religieuse qui aide les autres? Si oui, tu connais le plaisir qu'on éprouve à faire le bien.

Voici quelques exemples d'associations religieuses qui sont actives dans leurs communautés.

Les résidents de la maison de retraite Agnes Pratt attendent avec impatience la visite des membres des différentes églises locales. Ces visiteurs aident à faire différentes choses, lors des sorties par exemple, comme celle-ci au parc provincial de la Manche.

Fais-tu partie des jeannettes ou des louveteaux? Où est-ce que les réunions ont lieu? Des adultes sont responsables de votre groupe. Si vous vous rencontrez dans une église ou une école, ces adultes sont certainement membres de cette église ou de l'église qui est responsable de l'école. Mais, il n'est pas obligatoire d'être membre de cette église pour devenir louveteau ou jeannette. Les enfants de toute conviction religieuse sont invités à devenir membre des Scouts et des Guides. Ce sont des organisations qui incitent les garçons et les filles à devenir de bons citoyens.

Sur cette photo, les membres des jeannettes rendent visite aux résidents d'une maison de retraite. Elles font ce qu'elles peuvent pour aider et sont les bienvenues.

Dans notre province, un certain nombre de gens ont besoin d'aide pour nourrir leur famille. Ce n'est pas de leur faute s'ils ne peuvent pas gagner l'argent qu'il leur faut pour acheter de la nourriture. Les organisations religieuses ont instauré des banques alimentaires. Les membres de l'église, les gens et les entreprises leur font des dons. Ces dons leur permettent de fournir la nourriture de base à ceux qui en ont besoin.

Les hôpitaux, comme l'hôpital général Grace (dans la photo ci-dessus) sont gérés par des groupes religieux. C'est l'armée du Salut qui s'occupe du Grace, mais tout le monde peut bénéficier des services de cet hôpital, indépendamment de sa religion. Dans la province, il y a également beaucoup d'autres groupes religieux qui sont responsables d'hôpitaux. Sais-tu s'il y a une église qui est responsable d'un hôpital dans ta région?

As-tu entendu parler d'une famille de **réfugiés** *qui est venue habiter dans ta communauté? Beaucoup de réfugiés ne parlent ni anglais ni français quand ils arrivent ici. Ils ont besoin d'aide pour s'adapter à leur nouvelle vie en liberté. De plus, quand elles quittent leur pays, beaucoup de familles ne peuvent pas emporter tout ce qui leur appartient. Généralement elles apportent une seule valise. Leurs familles leur manquent mais les églises et les congrégations religieuses les aident à se faire de nouveaux amis et à recommencer une nouvelle vie. Sur cette photo, des réfugiés bulgares font baptiser leurs enfants dans une église locale.*

 # 66

Trouve tous les renseignements possibles au sujet de quelqu'un ou d'un groupe qui a aidé l'église de ta communauté à ses débuts. Essaie de trouver des photos ou de trouver d'autres choses qui appartiennent à cette personne (ou à ces personnes). Apporte-les à l'école si c'est possible. Tu peux aussi faire un dessin de cette personne en train de travailler.

CHAPITRE 10

Les écoles

Dans ce chapitre nous allons étudier les institutions scolaires. Nous verrons les écoles comme la tienne, autrefois et maintenant. Nous verrons également d'autres formes d'institutions éducatives.

Les écoles d'autrefois

Est-ce que tu souhaites parfois ne pas aller à l'école? Beaucoup d'entre nous le souhaite un jour ou l'autre, mais pourtant on pense que nos écoles sont importantes et on ne voudrait pas les supprimer. Il y a longtemps, les enfants qui habitaient ici n'avaient pas d'école.

C'est grâce aux églises que les premières écoles ont été créées. En 1726, Henry Jones, pasteur anglican, a ouvert une école à Bonavista. Pendant les cent années qui ont suivi, on a ouvert des écoles dans de nombreuses parties de la province. La plupart d'entre elles étaient *gérées* par des «associations» qui dépendaient des églises.

Les écoles qui dépendaient de ces associations étaient généralement dans des petits bâtiments; il n'y avait qu'un seul local. Il y avait seulement quelques livres et pratiquement pas d'autre matériel. Les enseignants venaient souvent d'Angleterre ou d'Irlande et ne comprenaient pas vraiment la façon de vivre des gens dans ces communautés. Dans certaines communautés, il y avait plusieurs écoles, dirigées par différents groupes. Dans d'autres communautés, il n'y en avait pas du tout.

Les écoles du dimanche

Dans certaines écoles, il y avait classe seulement le dimanche. Comme aujourd'hui, on leur enseignait les croyances et les pratiques religieuses. Mais on leur enseignait aussi la lecture, l'écriture et l'arithmétique.

A St. John's, les jeunes enfants aidaient leurs parents à gagner de l'argent pour subvenir aux besoins de la famille. Ils travaillaient six jours par semaine dans des usines ou des magasins. Ils travaillaient pendant de longues heures. L'école du dimanche était leur seule occasion de s'instruire.

✍# 67

Aujourd'hui, pour vivre notre vie de tous les jours, il nous faut un enseignement scolaire. Est-ce que c'était la même chose dans les années 1700? Explique comment, à cette époque-là, les gens apprenaient à faire le ménage et à pêcher par exemple.

Les écoles privées

Bien sûr, certains adultes savaient lire et écrire. Ils enseignaient souvent aux enfants de la communauté. Certains le faisaient gratuitement. D'autres demandaient une petite somme d'argent à leurs élèves.

La plupart des associations avaient envie d'enseigner aux pauvres. Par exemple, «The Benevolent Irish Society» (l'association des bénévoles irlandais) a commencé à aider les familles irlandaises des quartiers pauvres de St. John's. Généralement les familles riches n'envoyaient pas leurs enfants dans ces écoles de charité.

Quelques familles très riches employaient des gouvernantes ou des *tuteurs* qui éduquaient leurs enfants à la maison. D'autres envoyaient leurs enfants dans des écoles privées, et ils devaient payer tous les frais.

L'organisation d'un système scolaire

En 1832, quand la première Assemblée terre-neuvienne s'est réunie, le gouvernement a pensé que c'était son devoir de permettre à tous les enfants de s'instruire. Mais tout le monde n'était pas d'accord sur la façon de le faire. Est-ce que le gouvernement devait être responsable de l'éducation ou devait-il donner de l'argent aux sociétés et aux églises pour les aider?

Finalement, le gouvernement a décidé de s'associer aux églises. Pendant longtemps, chaque église avait sa propre école, mais récemment, certaines églises protestantes ont décidé de partager le même système scolaire. Ces écoles dépendent du conseil scolaire intégré. De plus en plus, les conseils scolaires intégrées, catholiques et autres coopèrent pour offrir une meilleure éducation.

Est-ce qu'il y a des bureaux comme ceux-là dans ton école? Sans doute que non. Ce genre de bureau était utilisé quand tes grands-parents et tes arrière-grands-parents allaient à l'école. Les élèves devaient apporter leurs livres et leurs fournitures scolaires, mais ils devaient aussi apporter une bûche pour chauffer la classe.

Les écoles d'aujourd'hui

Nos institutions les plus communes sont les écoles où les élèves ont cours pendant la journée. Il y en a environ 600 à Terre-Neuve et au Labrador. Aujourd'hui, nos écoles dépendent du gouvernement provincial, qui est aidé par les différentes églises. Presque tous les enfants de la province vont à l'école. Nous avons même des écoles dans certains de nos hôpitaux. La plupart du temps, l'instruction est gratuite. Le gouvernement provincial dépense une grande partie de son budget pour l'éducation. Nous croyons que chaque jeune doit aller à l'école pendant au moins 13 ans. C'est beaucoup. Pourquoi avons-nous tant de choses à apprendre?

Tes grands-parents ont eu une expérience scolaire très différente de la tienne. Regarde les photos de ce chapitre, quelles sont les différences entre leurs écoles et la tienne? La plupart des écoles modernes sont plus grandes et mieux équipées. Les professeurs sont mieux préparés et il y a beaucoup plus de choses à faire dans nos écoles. Est-ce que tes besoins scolaires sont différents de ceux de tes grands-parents? Pourquoi? Est-ce à cause de la technologie?

Certains enfants qui ont des problèmes auditifs vont à l'école des mal-entendants à St. John's. Ils viennent de toute la province. En plus des cours réguliers, ils suivent quelques cours spécialisés.

Certains enfants ont des besoins scolaires spéciaux. Quand c'est possible, on y répond dans le système scolaire. Mais parfois ce n'est pas possible, alors on s'arrange pour que ces élèves travaillent dans des classes plus petites. Cela permet au professeur de prêter plus d'attention à chaque élève.

Les photos de cette page montrent certains équipements que l'on utilise dans les écoles à notre époque.

 # 68

Fais la liste des choses que l'on peut faire dans une école moderne et que l'on ne pouvait pas faire à l'époque de tes grands-parents.

Après l'école secondaire

Autrefois pour la pêche traditionnelle, on n'avait pas besoin d'une formation très longue. Maintenant, les étudiants qui veulent devenir pêcheurs savent qu'ils devront avoir une formation poussée pour faire du bon travail.

Tu es à l'école depuis environ six ans et demi. Est-ce que tu sais que tu en es à la moitié? La plupart des élèves de ta classe obtiendront leur diplôme de l'école secondaire dans six ans et demi. Dans le passé, beaucoup d'étudiants quittaient l'école avant la fin de leurs études secondaires. Et beaucoup de ceux qui les terminaient s'arrêtaient là.

C'est très différent aujourd'hui. Beaucoup de gens pensent qu'un diplôme de l'école secondaire n'est pas suffisant. C'est plutôt une sorte de *tremplin* vers des études à l'université, dans des collèges ou d'autres institutions scolaires. En fait, certaines personnes pensent que ce serait une bonne idée de suivre des cours de temps en temps tout au long de notre carrière professionnelle.

Qu'est-ce qui a changé? Après tout, beaucoup de gens parmi nos parents et nos grands-parents gagnaient bien leur vie, et ils n'étaient pas allés à l'école très longtemps. Pourquoi est-ce qu'il faut faire plus d'études qu'eux? Beaucoup de gens disent que les emplois sont plus compliqués qu'autrefois et que maintenant les employés doivent avoir plus d'instruction. Quelquefois, les gens changent d'emploi et ils doivent suivre une nouvelle formation. De nos jours la technologie change de plus en plus vite. Les employés doivent souvent suivre des stages pour se *recycler*.

A la fin de l'école secondaire, les élèves de notre province ont plusieurs choix s'ils veulent continuer à étudier. Ils peuvent aller à l'université Memorial. Là, ils peuvent étudier la médecine, la *pédagogie*, les beaux-arts (arts plastiques ou art dramatique par exemple) et bien d'autres choses. Ils peuvent aller dans un collège technique, comme le «College of Trades and Technology» (le Collège des métiers et des technologies) ou le «Institute of Fisheries and Marine Technology» (l'Institut des pêches et des technologies marines) à St. John's. Là, les étudiants reçoivent des formations pour trouver des emplois en rapport avec la mer, les pêches ou le pétrole au large par exemple.

Après avoir reçu ton diplôme de l'école secondaire, tu voudras sans doute acquérir une aptitude particulière pour te permettre de commencer une carrière. Dans la photo ci-dessus, un élève et un professeur revoient une leçon de dessin industriel, un des cours offert dans un collège communautaire.

Beaucoup d'emplois exigent des connaissances en informatique. Sur cette photo, de jeunes adultes, qui ont déjà fini l'école secondaire, suivent des cours pour apprendre les notions d'informatique dont ils auront besoin dans leur emploi.

Toutes les études ne préparent pas à un emploi. Les étudiants de ce cours de peinture ont tous des emplois à plein-temps mais ils suivent ce cours pour leur plaisir personnel.

Certains étudiants suivent des formations professionnelles dans des collèges communautaires ou des collèges privés. Dans ces institutions scolaires, ils peuvent suivre des études pour trouver des emplois dans la *coiffure* et la *cosmétologie*, l'*informatique* ou l'utilisation des ordinateurs, la *puériculture* et bien d'autres branches.

Notre système scolaire répond à un autre besoin. C'est le besoin d'apprendre quelque chose qui nous procure du plaisir et de la satisfaction. Beaucoup de nos institutions éducatives offrent des cours aux enfants et aux adultes qui veulent découvrir ou s'améliorer dans un certain domaine, et seulement pour le plaisir. Les gens de la communauté qui ont des dons ou des connaissances dans un domaine particulier peuvent les partager avec les autres. Ils peuvent leur apprendre la musique, la danse, la photographie, l'histoire locale ou la couture par exemple.

Voici une vue aérienne de l'université Memorial de Terre-Neuve.On y voit la plupart des bâtiments du campus. Les étudiants viennent de toute la province de Terre-Neuve et du Labrador pour étudier à Memorial et obtenir des diplômes dans beaucoup de domaines différents. Certains étudiants de première année ont la possibilité de suivre des cours dans des centres situés dans différentes parties de la province. Cela leur évite de se déplacer à St. John's.

V

LES RESSOURCES GAGNER SA VIE

1

2

3

4

5

6

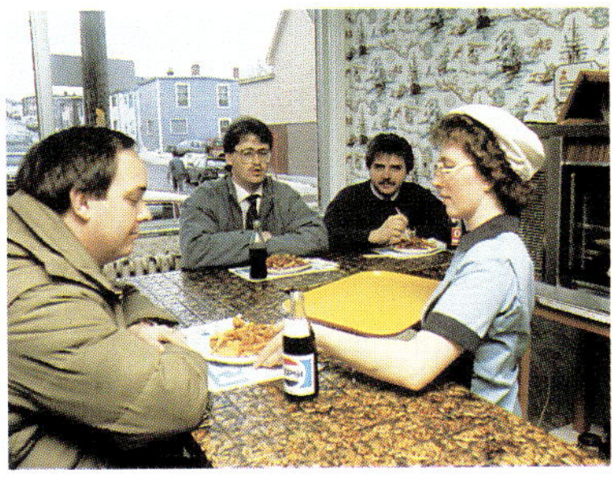

7

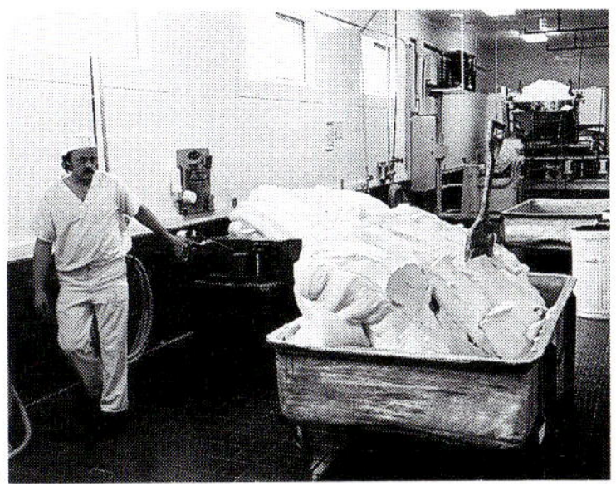

8

Etudie les photos de cette page. Qu'est-ce que ces personnes font? En quoi leurs emplois sont-ils similaires, en quoi sont-ils différents? En quoi le travail dépeint dans les photos 2 et 7 est-il différent des autres? Et l'emploi dépeint dans les photos 4, 5 et 8? Quelles sont les ressemblances entre les emplois des photos 1, 3 et 6? Est-ce que tu peux donner un titre pour chaque groupe? Est-ce que tu peux ajouter d'autres emplois dans chaque groupe?
A la fin du chapitre, tu pourras répondre de nouveau aux deux dernières questions.

CHAPITRE 11

Les ressources de la mer

Les temps changent! Si tes arrière-grands-parents étaient en vie, ils ne comprendraient peut-être pas pourquoi on ne chasse presque plus le phoque et qu'on cherche du pétrole dans les Grands Bancs.

La façon dont nous utilisons nos ressources naturelles, ce que la nature nous fournit, a changé (au fil des ans). Dans ce chapitre, nous allons étudier la mer et ses ressources.

Une journée à la pêche

John Bartlett et son fils, Kevin, vivent dans une communauté de pêcheurs sur la côte est de Terre-Neuve. John est propriétaire d'un **palangrier**.

La glace a disparu tôt cette année, et John, Kevin et les trois autres membres de l'équipage pêchent au filet maillant depuis un mois. Ils quittent le port à 3 heures chaque matin. Ils mettent deux ou trois heures à atteindre les filets qui sont installés à trente kilomètres des côtes. L'équipage dort pendant que John navigue dans la brume matinale. Quand les *jalons* des filets apparaissent au radar, John appelle Kevin pour qu'il prépare un déjeuner copieux.

Un *treuil* actionné par un des pêcheurs remonte les filets. Pendant ce temps-là deux autres pêcheurs enlèvent les poissons des filets et les posent sur le pont. Kevin vide la morue, coupe la queue des poissons plats et les met dans des caisses. On recouvre le poisson de glace pour conserver sa fraîcheur.

La prise d'aujourd'hui n'est pas bonne. Les filets sont pleins de crabes des neiges qu'il faut rejeter. Pour pêcher le crabe, John devrait avoir une licence et des casiers spéciaux.

Quand le jeu de filets est tiré, John dit à l'équipage de le garder sur le pont. Puis il passe au suivant. John espère que la prise sera meilleure et qu'il pourra poser le premier tout près pendant la nuit prochaine. Cependant, la prise du deuxième jeu est mauvaise également. John utilise la **sonde** pour examiner et choisir un endroit où il pense pêcher plus de poisson.

Après avoir installé leurs jeux de filets, ils rentrent. Le capitaine Bartlett est un des seuls pêcheurs qui utilise un palangrier, à avoir une licence pour pêcher le saumon. Il a plusieurs filets à saumon près de la côte. Hier il y avait trente

Un palangrier pêchant le long des côtes de Terre-Neuve, comme celui de John Bartlett. Quelles différences y aurait-il peut-être eu dans sa prise, s'il avait pêché dans d'autres eaux près de notre province ou s'il avait pêché à une autre période de l'année?

Un pêcheur vidant un filet maillant

Un pêcheur remontant des casiers à crabe

saumons dans les filets et il espère qu'il en aura autant aujourd'hui. Le saumon rapporte bien.

Aujourd'hui la chose la plus importante pour John est le prix du poisson. Les pêcheurs ne sont pas contents du prix qu'on leur offre pour le poisson. John a entendu à sa radio de bord que lors d'une réunion ce soir on discutera du prix du poisson.

Pendant le retour, John a le temps de penser, d'écouter la radio et de manger un repas préparé par un des membres de l'équipage. Il a une licence pour pêcher le capelan et sa **senne** est prête à être utilisée. Il apprend à la radio qu'un pêcheur du coin a pris du capelan pour la première fois de la saison. La saison du capelan est courte, et pourtant, si on en trouve, on peut gagner beaucoup d'argent. John ne veut pas manquer cette chance, alors demain il remontera ses filets maillants et emmènera sa senne avec lui pour chercher du capelan.

John a dépensé beaucoup d'argent pour son bateau et son matériel de pêche coûte cher. Il aime son métier et espère que ses fils continueront la tradition familiale. Kevin veut être un pêcheur qualifié. A l'automne il ira à l'Institute of Fisheries and Marine Technolgy pour suivre des cours de réparation de moteur et de navigation. Marie, la jeune soeur de Kevin, va toujours à l'école et est une très bonne élève. Elle va bientôt devoir penser à son avenir. John pense qu'il y a une place dans la pêche pour les jeunes gens intelligents qui sont prêts à travailler. John va *embaucher* Marie pour l'été, ainsi elle aura de l'expérience. Cette expérience l'aidera à décider ce qu'elle veut faire.

✍# 69

Ton professeur va te donner un exemplaire de la chanson «Let Me Fish Off Cape St. Mary's». En la lisant, imagine ce que le pêcheur pense de son métier. Quelles ressemblances et quelles différences y a-t-il entre ce pêcheur et John Bartlett?

✍# 70

Les pêcheurs doivent prendre beaucoup de décisions importantes. Dans cette histoire, quelles décisions John Bartlett a-t-il dû prendre?

Les palangriers coûtent plus d'un demi-million de dollars. Pourquoi est-ce que les pêcheurs ont besoin d'un radar, de sondes, de radio-transmetteurs, de filets maillants, de sennes et de licence? Par petits groupes, discutez des avantages et des inconvénients du métier de pêcheur. Est-ce que cette profession t'attire? Pourquoi?

Les bancs de pêche de Terre-Neuve et du Labrador

Afin de comprendre l'histoire de notre pêche, nous devons commencer par regarder les fonds marins. Comme sur terre, il y a des plaines, des montagnes et des vallées dans les fonds marins. Autour des continents, les fonds marins arrivent presqu'au niveau de la surface, formant une sorte de plateau qu'on appelle la **plate-forme continentale**. Dans plusieurs endroits autour de Terre-Neuve et du Labrador, l'eau est très peu profonde, quelquefois il n'y a que soixante-dix mètres de profondeur et c'est dans ces régions que l'on trouve les meilleurs bancs de pêche.

Dans tous les océans du monde, l'eau bouge constamment suivant un phénomène qu'on appelle les courants océaniques. Le Gulf Stream est un de ces courants les plus grands et les plus puissants. Il part du Golfe du Mexique à plus de trois mille kilomètres de Terre-Neuve et du Labrador et se dirige vers le nord le long des côtes nord-américaines comme un immense **fleuve** d'eau chaude. A mille kilomètres au nord de Terre-Neuve dans les eaux glaciales qui entourent le Groënland, un autre courant océanique, le courant du Labrador, prend naissance. Ce courant froid coule vers le sud, le long de la côte du Labrador, et rencontre le Gulf Stream le long des côtes de Terre-Neuve.

Lorsque les courants se rencontrent et passent au-dessus des Grands Bancs, le flot calme de l'eau est *perturbé*. Alors l'eau du fond

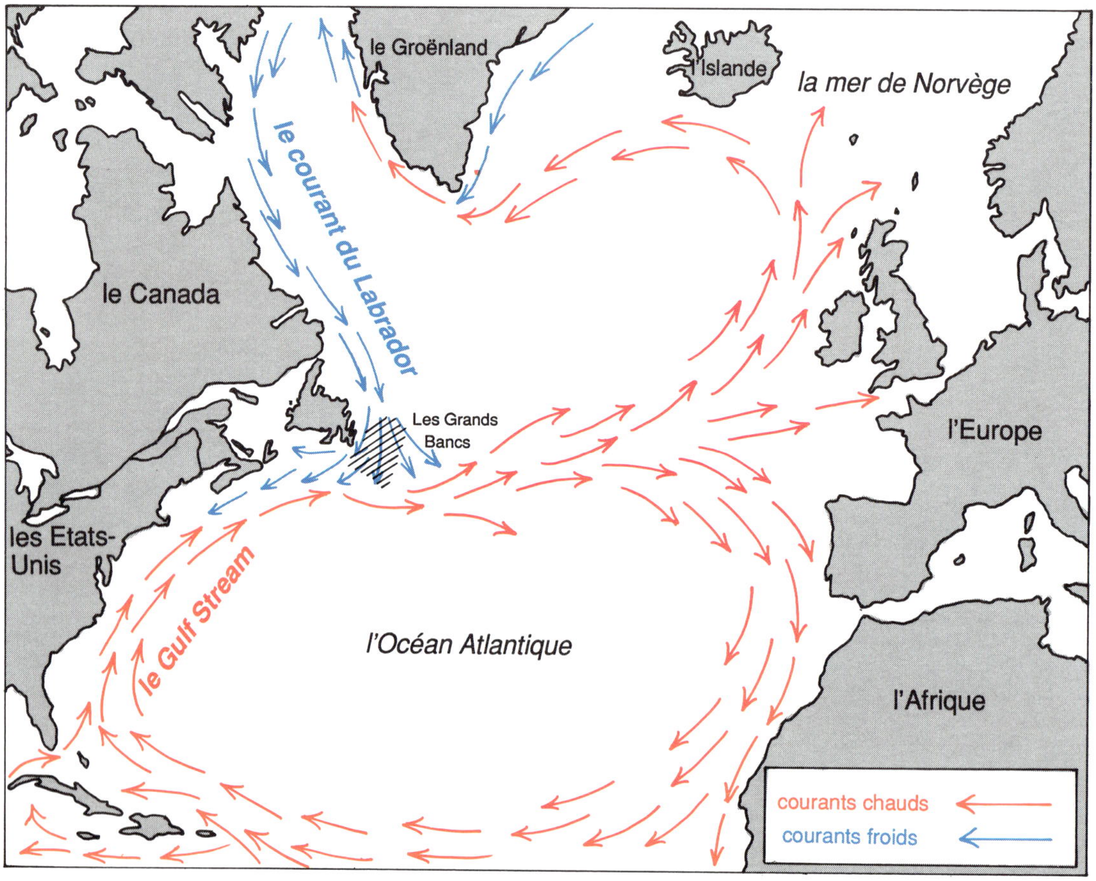

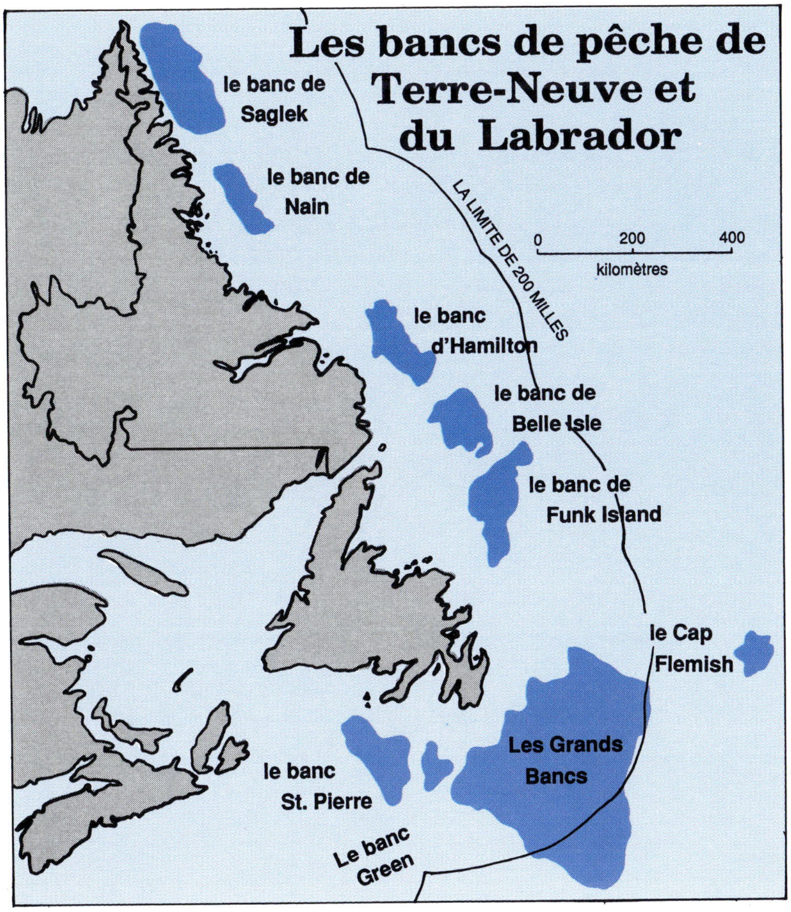

marin remonte à la surface et redescend à nouveau. A cause de cette turbulence, une grande quantité d'eau entre en contact avec les rayons du soleil, ce qui permet à toutes les petites plantes, appelées planctons, de pousser. Le plancton est une riche source de nourriture pour beaucoup de petits poissons, comme le capelan par exemple. Les petits poissons servent de nourriture aux plus gros poissons.

Le courant glacial du Labrador abaisse la température des eaux sur les Bancs. Beaucoup de poissons préfèrent les eaux fraîches. C'est une des raisons pour lesquelles les Bancs de Terre-Neuve sont si bons pour la pêche.

71

Utilise la carte ci-dessus pour répondre aux questions suivantes. Si tu pêchais à partir de St.Anthony, lequel des bancs serait le plus proche? Et si tu pêchais au départ de Fortune? Compare la superficie des Grands Bancs à celle de Terre-Neuve. Suis le cours du Gulf Stream après son passage à travers les Grands Bancs. Où va-t-il? Quel est son itinéraire? Quelles conclusions en tires-tu?

La vie sous-marine

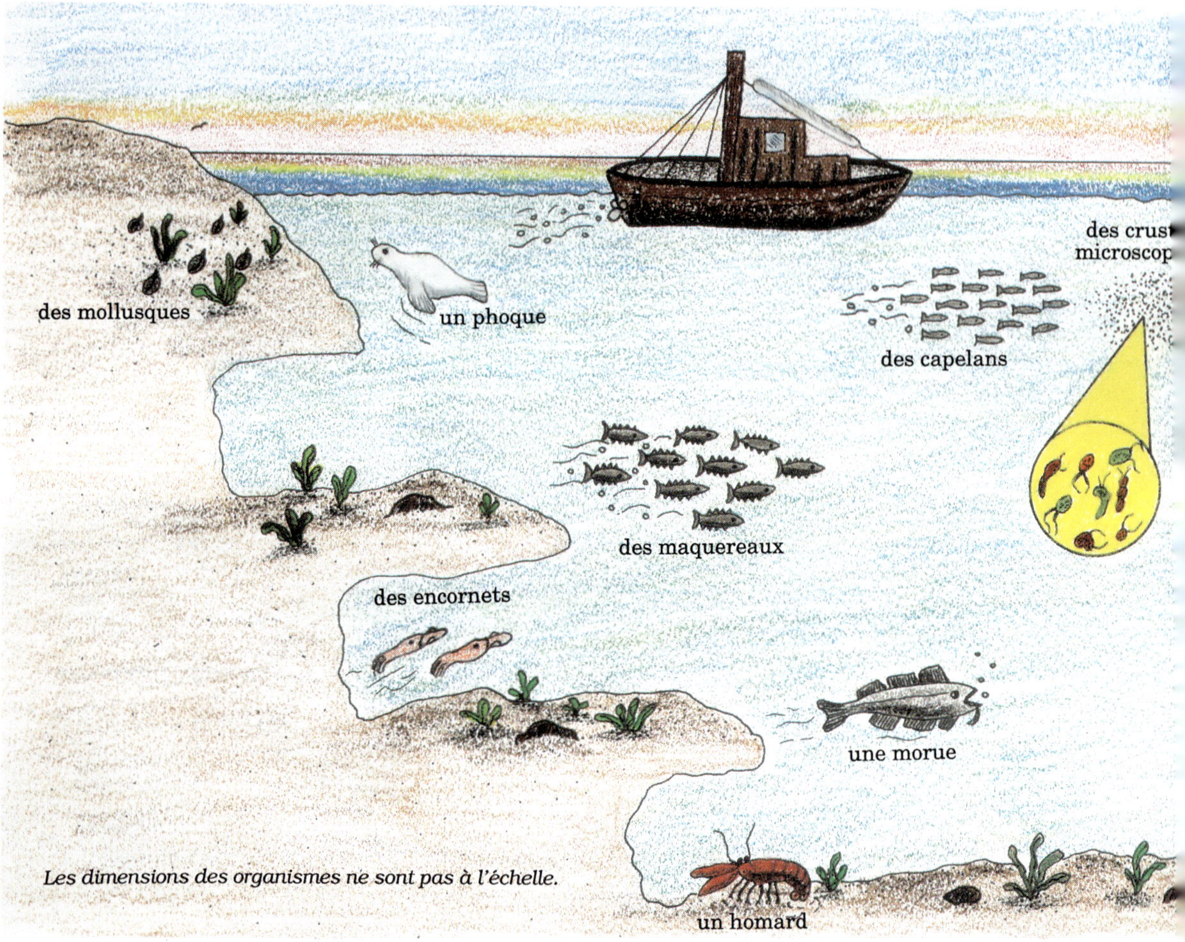

Les dimensions des organismes ne sont pas à l'échelle.

Si on te demandait de trouver un orignal, un castor ou un ours polaire, où irais-tu les chercher? Chercherais-tu les trois dans le même endroit? Que faudrait-il savoir au sujet de ces animaux pour les trouver? Si tu dis qu'il faut connaître le genre de nourriture, le climat et les conditions de vie qu'ils préfèrent, tu as raison. Tu ne chercherais pas des ours polaires en Floride, ni des castors dans le désert.

Si on te demandait de trouver une espèce sous-marine, où chercherais-tu? La faune sous-marine est très riche. Par beaucoup de côtés elle ressemble à celle qu'on trouve sur terre. Les différentes espèces vivent là où les conditions leur sont favorables et où elles peuvent manger ce qu'elles aiment. L'océan est si vaste et les conditions si différentes qu'on y trouve une grande quantité d'espèces, du plancton microscopique aux baleines géantes.

Les *crustacés*, comme le homard et le crabe par exemple, vivent dans le fond marin. Les poissons comme le *flétan* et la *plie* se nourrissent dans ou près des fonds marins. On les appelle poissons de fond. La morue est un poisson de fond; cependant, elle peut chercher sa nourriture dans les différents niveaux de l'océan.

Les espèces telles que le *hareng* et le *capelan* se nourrissent de planctons microscopiques; ce sont de petits poissons mais ils sont extrêmement nombreux. Beaucoup d'espèces les chassent. Alors pour se protéger, ils nagent ensemble dans des bancs.

Le capelan et le hareng sont chassés et mangés par des poissons de taille moyenne et par

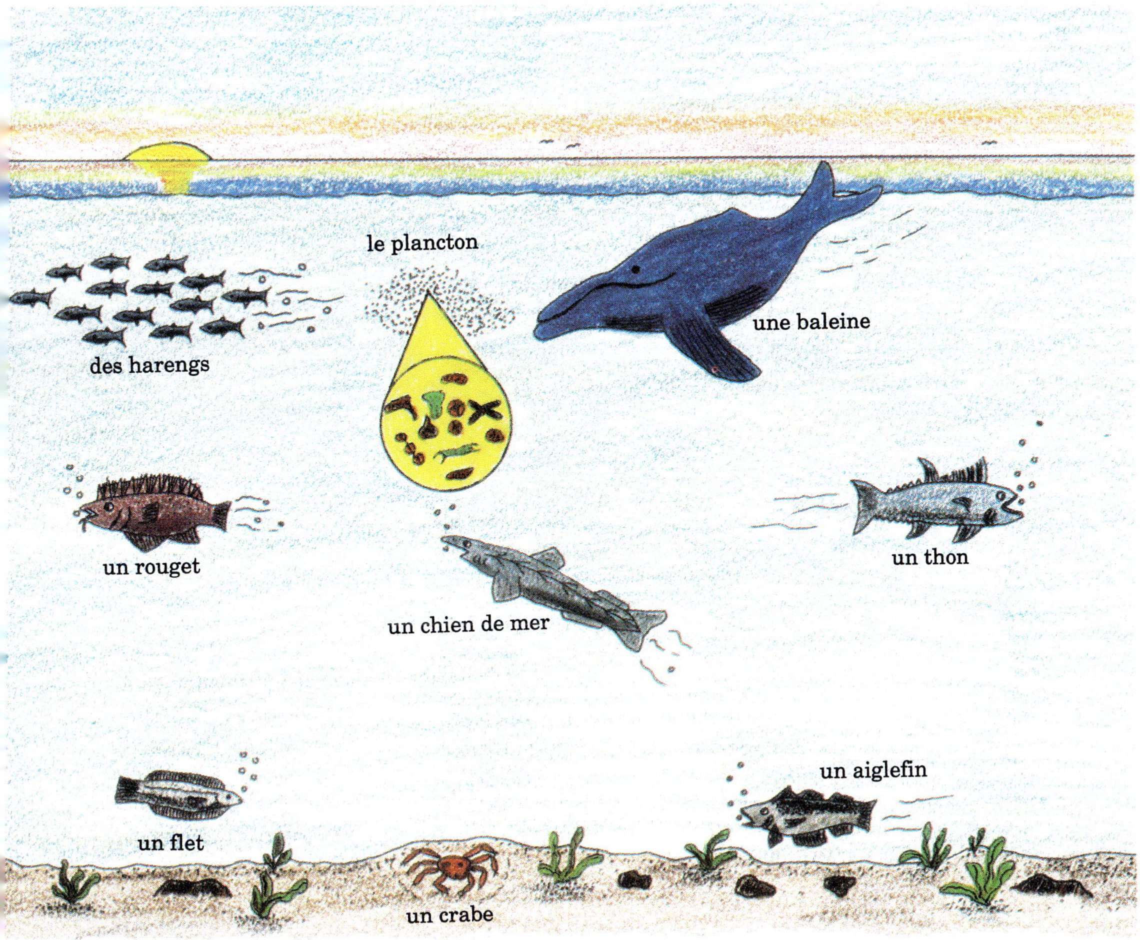

le saumon. Ces chasseurs sont appelés des prédateurs. On trouve les gros poissons, comme le *thon* et le *requin*, surtout à la surface ou près de la surface des mers au large.Ils peuvent voyager de grandes distances pour trouver de la nourriture. On les appelle des chasseurs pélagiques.

Pour d'autres espèces, les oeufs éclosent dans les fleuves, passent plusieurs années en mer puis retournent vers les rivières pour pondre. On les appelle des poissons migrateurs, comme le saumon par exemple.

Ce ne sont que quelques exemples des **espèces** que l'on trouve dans nos vastes océans. Chacune d'elles a développé sa propre façon de trouver de la nourriture, de se protéger et de se reproduire. Les espèces sous-marines vont partout dans les océans où elles peuvent trouver de la nourriture.

 # 72

Etudie le graphique ci-dessus. Quelles distance y a-t-il entre la côte et le Banc d'Hamilton? Quelle est la largeur du banc? Quelle est la profondeur de l'eau dans le banc? Quelle est la profondeur de chaque côté du banc?

Une ressource de l'océan: le poisson

Tu ne le pensais peut-être pas mais les êtres sous-marins dont nous avons parlé auparavant représentent une ressource. Ils sont une ressource très importante. Comme toutes les ressources dont l'homme a besoin, la première chose à faire est de la trouver. Les êtres sous-marins ont des habitudes différentes, alors ils vivent dans des parties différentes de l'océan.

Il y a plus de poissons dans les eaux peu profondes que dans les eaux profondes de l'océan. Dans le monde entier, les pêcheurs côtiers pêchent dans les eaux peu profondes le long de leurs côtes. Les parties peu profondes autour des côtes de Terre-Neuve sont très étendues, c'est pour cette raison que la pêche côtière est particulièrement bonne.

Comme tu le sais déjà, il y a des endroits plus éloignés des côtes où le fond marin est proche de la surface. Ce sont les Bancs de Terre-Neuve. Depuis des centaines d'années, les bateaux de différents pays viennent pêcher dans ces eaux. C'est ce qu'on appelle la pêche en haute mer.

Quand on a découvert une ressource dont on a besoin, il faut la récolter ou l'exploiter. Les habitats et habitudes des différentes espèces de poissons qui vivent dans nos eaux sont très variés. Alors, les pêcheurs doivent utiliser différentes sortes de matériel pour attraper les différentes espèces de poissons. Les dessins de la page opposée montrent du matériel souvent utilisé pour la pêche.

Les bateaux font également partie du matériel du pêcheur. Ce dessin montre plusieurs sortes de bateaux. Des petits bateaux comme les «trap skiffs» et les doris, souvent équipés de moteur, que l'on utilise pour pêcher près des côtes. Les palangriers et les **chalutiers** pêchent plus loin des côtes et transportent des équipements spéciaux.

La ligne de fond

Une ligne de fond peut faire jusqu'à 400 mètres de long, avec un hameçon boëtté ou amorcée tous les deux mètres. Elle repose dans le fond océanique.

✍# 73

Pour prendre des poissons, il faut connaître leurs habitudes afin de fabriquer du matériel pour les attraper. Etudie les photos et les dessins de la page 171. Quelles espèces de poissons est-ce qu'on peut attraper avec un chalut de fond, une ligne de fond, un filet maillant et une senne? Qu'est-ce qu'il faut pour pêcher le homard et le crabe?

La senne

Une senne peut mesurer jusqu'à 200 mètres de circonférence. On l'utilise pour entourer les bancs.

Le filet maillant

Ce filet peut faire plusieurs centaines de mètres de long. Il reste à la verticale et est presque invisible près du fond de l'océan. Il attrape les poissons par les ouïes lorsqu'ils passent.

Le chalut de fond

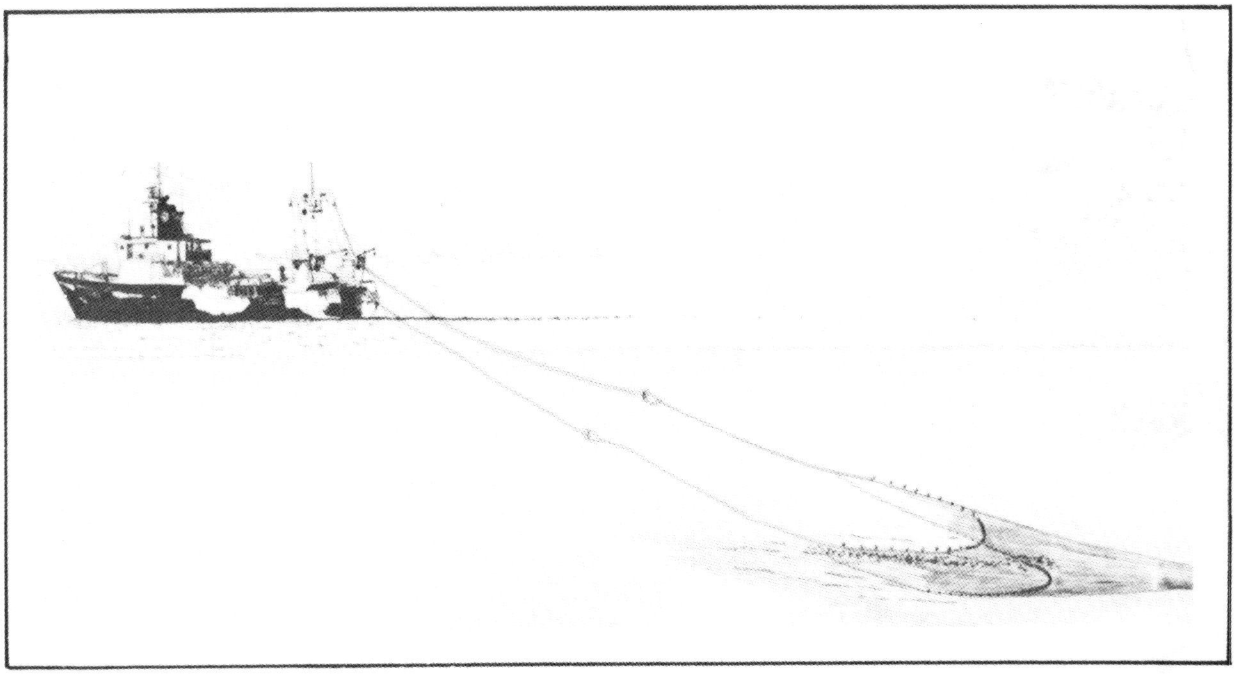

Cet engin de pêche ressemble à un sac tiré dans le fond marin. Il attrape tout ce qu'il y a devant lui.

Manipulation, traitement et commercialisation du poisson.

Le poisson de cette province se vend partout au monde, mais nos marchés principaux sont aux États-Unis et en Asie, surtout au Japon. Il est traité de différentes façons afin de répondre au besoin des différents marchés. Un menuisier de Plaisance achète le maquereau dès que son voisin le sort du bateau. Il doit le nettoyer avant de le faire cuire. Un professeur de St. John's va au supermarché et achète des *darnes* de flétan prêtes à cuire. En Allemagne, une personne qui travaille dans une usine automobile achète du poisson congelé en rentrant du travail. Un journaliste américain achète du crabe en boite pour une occasion spéciale. Une personne qui travaille dans une plantation au Nigéria achète de la morue séchée car elle n'aura pas besoin de la réfrigérer. Un représentant de commerce japonais choisit un paquet de capelan femelle car les oeufs sont très appréciés.

Il est important de préserver la qualité de nos produits car sinon les acheteurs s'approvisionneront ailleurs. Autrefois, on prenait le poisson des filets et on le déversait dans la cale des bateaux. Il était nettoyé à l'arrivée à l'usine. Maintenant la plupart du poisson est vidée et nettoyée dès qu'on le sort des filets. On le conserve souvent avec de la glace jusqu'à ce qu'il arrive à l'usine de transformation. Si le poisson est vidé et nettoyé tout de suite puis conservé au froid, la qualité est meilleure.

Dès que le poisson arrive à l'usine, des employés très expérimentés utilisent des couteaux très pointus pour découper les filets (la partie sans arête, qui est la plus délicate). Un tapis transporte les filets vers une autre partie de l'usine où une machine enlève la peau. Les autres employés **calibrent** les filets selon la qualité et la taille. Les filets sont empaquetés et surgelés dans de grands congélateurs. On conserve les paquets dans une chambre froide jusqu'à la commercialisation.

Des employés dans une usine de poisson frais.

Dans les endroits où il n'y a pas d'usine pour transformer et congeler le poisson, les pêcheurs doivent le saler pour l'empêcher de se détériorer. Le marché du poisson salé est beaucoup moins important qu'autrefois.

Pour préparer le poisson salé, le pêcheur coupe la tête et ouvre le poisson en deux. Il retire l'arête principale. Puis il pose le poisson à plat et le recouvre de sel. Les poissons sont entassés les uns sur les autres dans un tas. Parfois, les pêcheurs lavent le poisson et le font sécher sur un séchoir ou «flake» ou ils le vendent *en vrac* dans le sel. Il sera alors lavé et séché par une machine dans une usine de poisson salé.

Certaines usines travaillent des produits spéciaux. Elles peuvent préparer du crabe au gratin, du *maquereau* fumé, des boites de capelan à la sauce tomate. On peut aussi utiliser de la morue pour fabriquer un produit qui ressemble au crabe et qui en a le goût.

Voici un bateau-usine. Il attrape le poisson de la même façon que les autres chalutiers. Cependant, il y a une usine à bord où on transforme et on prépare le poisson pour le marché. Le bateau peut toujours pêcher pendant ce temps-là.

Dans la photo à gauche, on décharge du poisson d'un vaisseau moderne.

✍ # 74

Apportez toutes vos recettes de famille préférées pour le poisson. Groupez-les par espèce de poisson utilisé. Combien d'espèces sont représentées? Y a-t-il un poisson que tout le monde semble préférer?

✍ # 75

Voici un tableau représentant une suite d'activités selon l'ordre dans lequel elles se déroulent. Sur une grande feuille de papier, dessine un tableau pour montrer les étapes successives qui ont lieu entre la prise de la morue et le moment où on la pose sur une étagère dans la section «congelés» du supermarché. N'oublie aucune étape. Utilise des flèches pour indiquer l'ordre. Tu peux dessiner les différentes étapes et leur donner un titre.

La conservation dans les pêches

TAC level will be set with plant closures in mind

Ottawa to announce crucial groundfish management plan Friday

Au début des années 1970, des grands titres dans ce genre ont fait leur apparition dans nos journaux. Les gens pêchaient dans nos eaux depuis des siècles et personne ne s'inquiétait du renouvellement des stocks de poisson. Pourquoi est-ce que c'est devenu un problème?

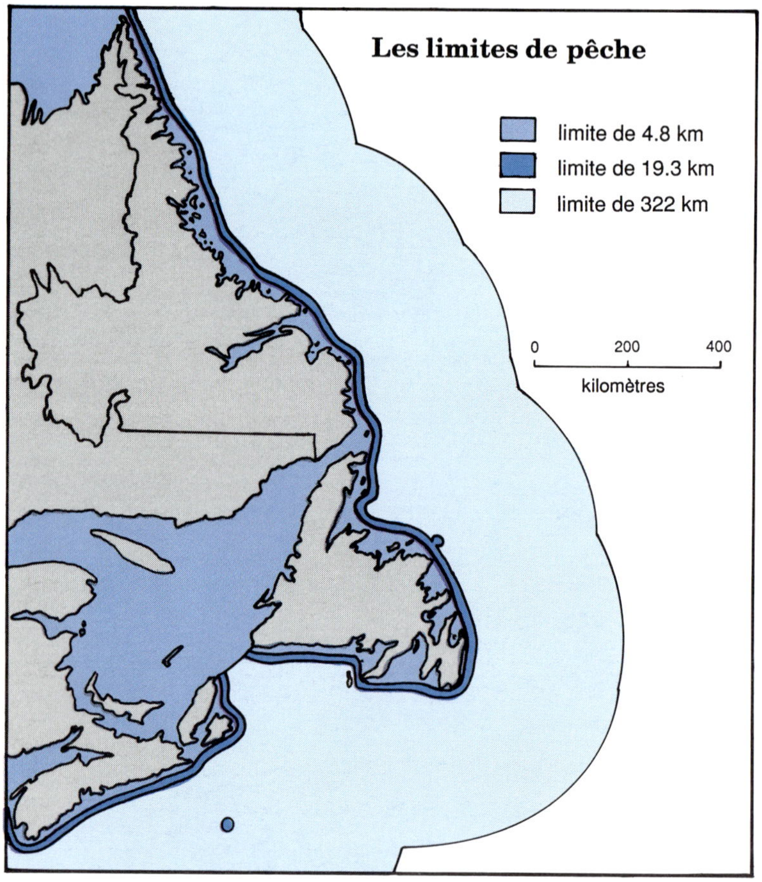

Aujourd'hui il y a beaucoup plus d'habitants dans le monde. Il y a une grosse demande pour les produits de la mer à cause de leur haute teneur en protéines. Des bateaux modernes et bien équipés peuvent maintenant localiser, atteindre et attraper beaucoup plus de poissons que les vieux bateaux ne le pouvaient. Par exemple, on peut maintenant pêcher sur la côte nord-est même quand une grande partie est recouverte de glace.

Des pêcheurs viennent de beaucoup d'endroits différents pour pêcher sur le plateau continental qui entoure notre province. Des bateaux de l'Union Soviétique, de la Norvège, de la Pologne, du Portugal, d'Espagne, de la France, de l'Angleterre, de Cuba, des Etats-Unis et même du Japon viennent pêcher dans nos eaux. Certains d'entre eux veulent prendre trop de poisson.

Le poisson est une ressource renouvelable, c'est-à-dire une ressource qui se reproduit d'elle-même sauf si quelque chose l'en empêche. Si les poissons sont pêchés plus vite qu'ils ne se reproduisent, le stock diminue. Cette grande ressource renouvelable pourrait disparaître.

Dans les dernières années, les gouvernements fédéral et provinciaux ont pris des mesures pour essayer de protéger cette ressource de valeur. La première étape consistait à contrôler suffisamment de bancs de pêche afin de rendre les règlements plus efficaces.

Pendant longtemps, les **traités** internationaux disaient qu'un pays pouvait contrôler la pêche seulement dans les eaux qui s'étendent jusqu'à 4,8 kilomètres de ses côtes. Puis cette distance a été allongée à 19,3 kilomètres. Finalement, en 1977, le Canada a convaincu une conférence internationale sur les droits de la mer qu'il devrait contrôler la pêche dans une zone de 322 kilomètres (ou 200 milles) le long des côtes canadiennes. Chaque bateau étranger qui souhaite pêcher dans cette zone doit obtenir la permission de notre gouvernement fédéral. Il doit signaler où il pêche et ce qu'il prend.

Le Canada et les autres pays qui pêchent dans l'Atlantique Nord se mettent d'accord sur un système de **quotas** pour chaque espèce. Les scientifiques collectionnent toute l'information qu'ils trouvent sur la morue par exemple. Puis ils décident quelle quantité peut être pêchée dans chaque zone pour une année. Quand cette quantité (ou quota) a été prise, plus personne ne peut pêcher la morue dans cette zone pendant le reste de l'année. Les quotas sont établis pour toutes les espèces. Les quotas sont partagés entre la pêche côtière et la pêche en haute mer.

Chaque bateau de pêche doit conserver les chiffres précis concernant chaque espèce de poisson qu'il pêche. Des officiers des Pêches canadiennes patrouillent les eaux canadiennes et peuvent monter à bord des bateaux canadiens et étrangers à tout moment pour vérifier les résultats de leurs prises et leurs engins de pêche. Si les pêcheurs sont pris en délit, ils sont arrêtés par un bateau de patrouille de pêche qui les escorte dans un port. Généralement, ils doivent payer une amende et quelquefois, ils perdent leur prise. Plus important pour eux encore, ils perdent plusieurs jours de travail.

Quand le gouvernement réduit un quota de poisson, il faut moins de pêcheurs et les usines de poissons peuvent fermer. Même si cela pose des problèmes pour certains, le gouvernement pense que cette mesure est nécessaire pour protéger la ressource.

N'oublions pas que la surpêche n'est pas la seule menace pour notre stock de poisson. Nous devons aussi protéger l'environnement océanique de la pollution qui pourrait détruire cette ressource de valeur.

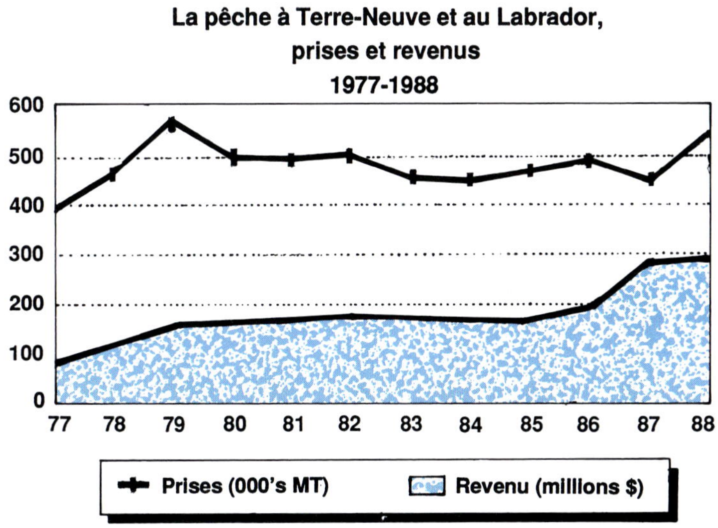

76

Etudie le graphique ci-dessus. En 1979, la prise de poisson a été de 575 000 tonnes métriques. Quels ont été les résultats de 1982 et 1984? En 1977, on en a pris pour une valeur de 85 millions de dollars et en 1988 pour une valeur de 300 millions de dollars. D'après toi, quelles raisons expliquent cette différence?

77

Pour quelles raisons les pays étrangers devraient-ils avoir le droit de pêcher dans la zone des 322 kilomètres? Faut-il tenir compte du fait qu'ils pêchaient dans cette zone avant 1977? Avons-nous des échanges commerciaux avec certains de ces pays? Est-ce que cela devrait influencer notre politique?

La chasse aux phoques

Au printemps chaque année, lorsque la glace dérive vers le Sud le long des côtes du Labrador, elle amène des troupeaux entiers de phoques. Les premiers Inuits du Labrador et les Indiens de Terre-Neuve dépendaient du phoque pour vivre. Après un long hiver, les animaux leur procuraient de la viande, de l'huile et leur permettaient de faire des vêtements. Les premiers Européens qui sont venus dans la région ont rapidement compris que les phoques pouvaient être précieux.

Pendant des siècles, chaque printemps les gens attendaient que le vent souffle et pousse la glace en direction de la terre. Alors les chasseurs pouvaient marcher sur la glace pour aller chasser les phoques et les traîner jusque chez eux. Pour beaucoup de familles, c'était l'occasion de manger de la viande fraîche pour la première fois depuis des semaines.

Aux alentours de 1800, une nouvelle sorte de chasse aux phoques a commencé. Au lieu d'attendre que le vent pousse la glace vers la terre, des bateaux en bois emmenaient les chasseurs de phoques vers les troupeaux qui se trouvaient au large. Là, sur la banquise, ils tuaient beaucoup de phoques. Au début, les chasseurs ne s'intéressaient pas beaucoup à la viande ni à la peau. Ils s'intéressaient à l'épaisse couche de graisse sous la peau. Cette graisse était transformée en une huile de haute qualité qui était très demandée dans de nombreux pays du monde. Elle avait plusieurs utilisations spécifiques, par exemple pour les lampes et pour lubrifier des machines.

Les chasseurs de phoque appréciaient la possibilité de gagner de l'argent car cela les aidait à se préparer pour la pêche d'été.

Les bateaux en bois ont été remplacés par des bateaux à vapeur avec une coque en acier. Mais les conditions de vie et de travail de ces chasseurs étaient toujours aussi difficiles. A bord, les chasseurs dormaient sur des tas de charbon qu'on utilisait pour faire fonctionner la machine. Quand il ne restaient plus de charbon, les cales étaient remplies de peaux graisseuses. Alors les hommes dormaient sur ces peaux. Ils ne pouvaient jamais être propres.

Les bateaux ne pouvaient pas toujours s'approcher des troupeaux. Quelquefois les

Il y avait beaucoup de gens à bord des vieux bateaux pour la chasse aux phoques.

✍ # 78

Regarde le bateau utilisé pour la chasse aux phoques qui est dans la photo ci-dessus. Imagine ce que tu verrais ou ce que tu éprouverais si tu étais sur le pont. Ecris un paragraphe pour décrire la situation comme tu l'imagines.

chasseurs devaient traîner les phoques de longues distances sur la glace. C'était très dangereux. A tout moment, des plaques de glaces pouvaient se séparer du reste et les hommes étaient alors séparés de leur bateaux. Les désastres étaient fréquents et il y a eu des centaines de morts.

Plus récemment, la demande en huile de phoque a baissé. Alors la chasse a continué pour les peaux blanches des bébés phoques qu'on utilisait pour faire de beaux vêtements en fourrure. Dans les années 1970, des groupes de protestation en faveur de la protection des animaux ont lutté pour arrêter la chasse. Ils pensaient que la chasse étaient cruelle et que les troupeaux disparaîtraient. Les chasseurs locaux soutenaient que les phoques étaient tués sur le coup et que la chasse n'était pas plus cruelle que la manière dont on tuait le bétail dans les *abattoirs*. Les opposants ont gagné et la chasse au large a été interdite.

De nos jours, aucun gros bateau ne va à la chasse aux phoques. On chasse à partir de petits bateaux et on reste près des côtes. Chaque année, il y a un quota de 180 000. Cependant les petits bateaux ne peuvent prendre que le tiers de cette quantité.

Le Ministère des pêches essaie d'améliorer la pêche aux phoques. L'usine de Hant's Harbour produit de la viande de phoque en boîte. Le Marine Institute essaie de créer de nouvelles recettes pour la viande de phoque. La co-opérative des pêcheurs et le Ministère des pêches travaillent avec une tannerie de l'Ontario pour fabriquer des produits en phoque et développer des marchés. Le Ministère des pêches estime qu'il y a actuellement cinq millions de phoques dans nos eaux. Chaque phoque consomme trente livres de nourriture par jour. Récemment on a demandé à un pêcheur s'il pensait que le nombre de phoques était responsable de la diminution du stock de morue. Il a répondu: «Ils ne vivent pas de cailloux.»

✍ # 79

Préparez un débat de classe: Devrait-il y avoir une chasse aux phoques?

✍ # 80

Le professeur va te donner une copie de deux chansons sur la chasse aux phoques: «A Noble Fleet of Sealers» et «A Little Swiler». Discutez de «A Noble Fleet of Sealers» et faites les activités suivantes.

1. **Expliquez ce qui suit:**
   a. **«the ice is drifting suddard»,**
   b. **«men will leave their feather beds to sleep in wooden bunks»,**
   c. **«haul their tows»,**
   d. **«log loaded to the hatches»,**
   e. **«a-sharing out the flippers»,**
   f. **«briskly go a-loft».**
2. **Nommez quatre bateaux qui allaient à la chasse aux phoques.**
3. **Nommez quatre capitaines de ces bateaux.**
4. **Nommez deux ports d'où partaient les bateaux pour aller à la chasse aux phoques.**
5. **Décris les sentiments de l'auteur envers les chasseurs. Etudie la chanson «The Little Swiler». Pourquoi était-il sur la glace? Y était-il préparé? D'après toi, qu'est-ce qu'il ressentait à la fin de la journée?**

Le pétrole

Quand nous pensons aux ressources de l'océan, nous pensons aux poissons. Cependant, pendant des années, les géologues ont pensé qu'il y avait une autre ressource dans le plateau continental près de notre province. C'était le pétrole. Comme pour les autres ressources, il fallait d'abord le trouver.

Le 7 janvier 1980, les titres des journaux canadiens annonçaient la découverte de pétrole dans les Grands Bancs à l'endroit appelé Hibernia. Depuis 1966 on effectuait des **forages** d'exploration pour savoir s'il y en avait. Les explorateurs savent qu'il faut parfois faire de nombreux forages avant de trouver un gisement de pétrole.

Comment sait-on où creuser lorsqu'on cherche du pétrole en mer? Premièrement, on fait le levé hydrographique à partir d'un bateau (voir figure 1).

Un transmetteur suspendu au bateau envoie des signaux sonores. Ils pénètrent le fond de l'océan, sont renvoyés à la surface où ils sont captés par un instrument que le bateau tire derrière lui. Cela permet aux scientifiques de «voir» la plate-forme continentale et ils peuvent savoir quels genres de roches se trouvent sous la mer. S'ils pensent qu'il pourrait y avoir du pétrole retenu dans la roche, ils décident de creuser.

Il y a deux types de matériel. Un navire de forage (figure 2) est ancré au-dessus d'un site. S'il y a une tempête, le vent peut faire déplacer le navire. Une plate-forme semi-submersible (figure 3) a quatre *piliers* creux qu'on remplit d'eau pour les maintenir partiellement submergés. Le poids de l'eau aide à maintenir la plate-forme dans une position verticale. Les piliers ne touchent pas au fond, ils y sont attachés par d'énormes ancres. Les propulseurs du moteur maintiennent le navire en place. Les plate-formes résistent mieux aux tempêtes que les navires de forage, mais les accidents sont toujours possibles.

Des foreuses spéciales attachées au bout des tuyaux atteignent le fond marin. La foreuse perce un trou dans le fond de la mer de la même façon qu'une perceuse fait un trou dans un morceau de bois. Lorsque le trou est plus profond, on ajoute un morceau de tuyau. Il faut parfois creuser très profondément. Dans le cas d'Hibernia, il a fallu creuser 4 406 mètres pour trouver du pétrole.

Les premières plate-formes pétrolières à Terre-Neuve

Les forages pétroliers sont actuellement à la une des journaux de Terre-Neuve et du Labrador. Cependant ce n'est pas une activité nouvelle dans la province. Au début des années 1900, plusieurs puits situés sur la côte ouest de Terre-Neuve, comme celui de Parson's Pond, produisaient environ huit ou neuf cent barils par an. On l'envoyait à St. John's où il servait à enrichir le gaz de charbon qu'on faisait brûler pour le chauffage et l'éclairage.

Si on ne trouve pas de pétrole, on change la plate-forme d'endroit. S'il y a du pétrole, on rebouche le puits ou on le ferme jusqu'au moment où on commence l'*extraction*. On peut creuser d'autres puits tout près pour déterminer la grandeur du gisement.

En 1990, dix ans après la découverte d'Hibernia, on a annoncé le début de l'exploitation du gisement de pétrole. La plate-forme qu'on utiliserait pour pomper le pétrole à la surface serait construite à Mosquito Cove, près de Sunnyside dans la Baie de Trinity. Des milliers de gens travaillent sur ce projet.

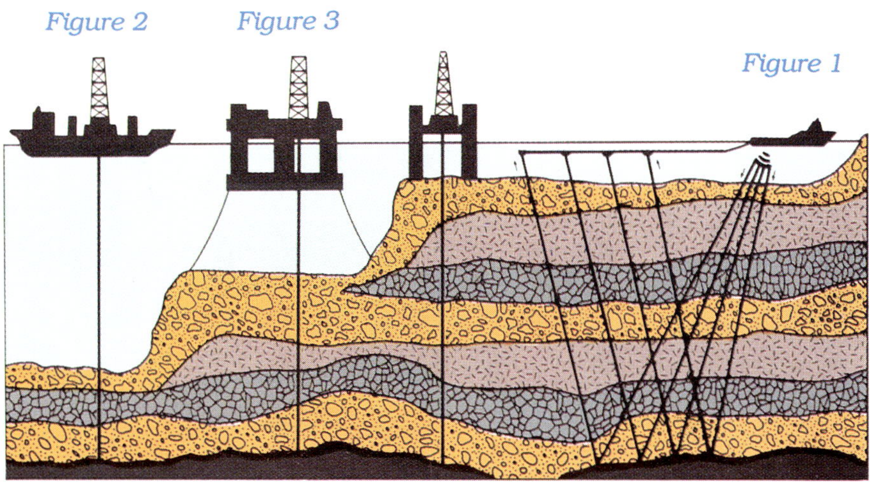

Figure 1- Un navire hydrographique

Figure 2- Un navire de forage

Figure 3- Une plate-forme

Mosquito Cove, Bull Arm, 1991. A quoi ressemble ce lieu aujourd'hui?

✍# 81

Etudie la carte (page 181) des gisements de pétrole qui pourraient être exploités le long de nos côtes. Lequel est le plus loin de St. John's? Sur quelle distance faudra-t-il remorquer la plate-forme pour la transporter de Mosquito Cove à Hibernia?

Le pétrole et l'environnement

Les gisements de pétrole autour de Terre-Neuve et du Labrador promettent de rapporter de l'argent. Cependant, ces gisements se trouvent sous les eaux les plus dangereuses du monde: l'«Iceberg Alley».

Tout au Nord, d'immenses glaciers recouvrent une grande partie du Groënland. Lorsque ces glaciers se rapprochent des falaises, d'énormes morceaux de glace, appelés des icebergs, se détachent et tombent dans l'océan.

Chaque année, le courant du Labrador pousse des centaines d'icebergs géants vers le Sud.

Les gisements de pétrole sont situés sur le passage de ces immenses icebergs. Si un iceberg heurtait une plate-forme pétrolière, cela causerait sans doute d'énormes dégâts. Il y a des solutions pour éviter ce problème. La première c'est de déplacer le navire ou la plate-forme de forage pour laisser passer l'iceberg. La deuxième c'est de remorquer l'iceberg pour l'éloigner de la plate-forme.

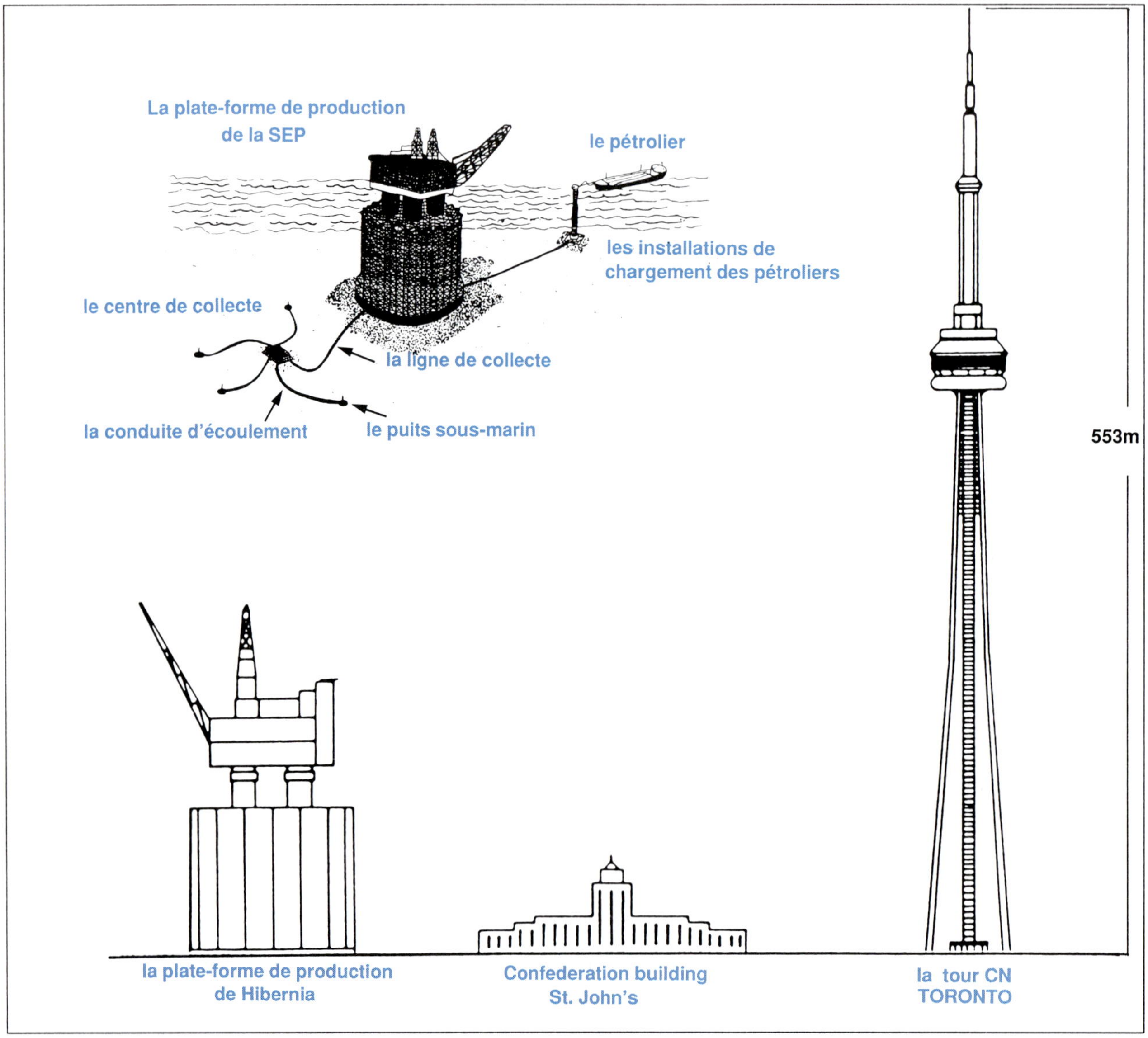

Trace les événements du développement du gisement pétrolifère Hibernia.

1980	1990	1991	1992	1993
Découverte	On annonce le début du développement Route complétée à Mosquito Cove			

Il y a des *bateaux-remorqueurs* qui peuvent tirer des icebergs qui pèsent jusqu'à deux millions de tonnes, mais c'est un travail long et difficile. Même si on construisait des bateaux plus gros, il serait sans doute difficile de remorquer de plus gros icebergs. En général, chaque année, on repère un iceberg de dix millions de tonnes. Le plus gros iceberg que l'on a vu pesait plus de cinquante millions de tonnes. Il mesurait onze kilomètres de long et plus de cinq kilomètres de large!

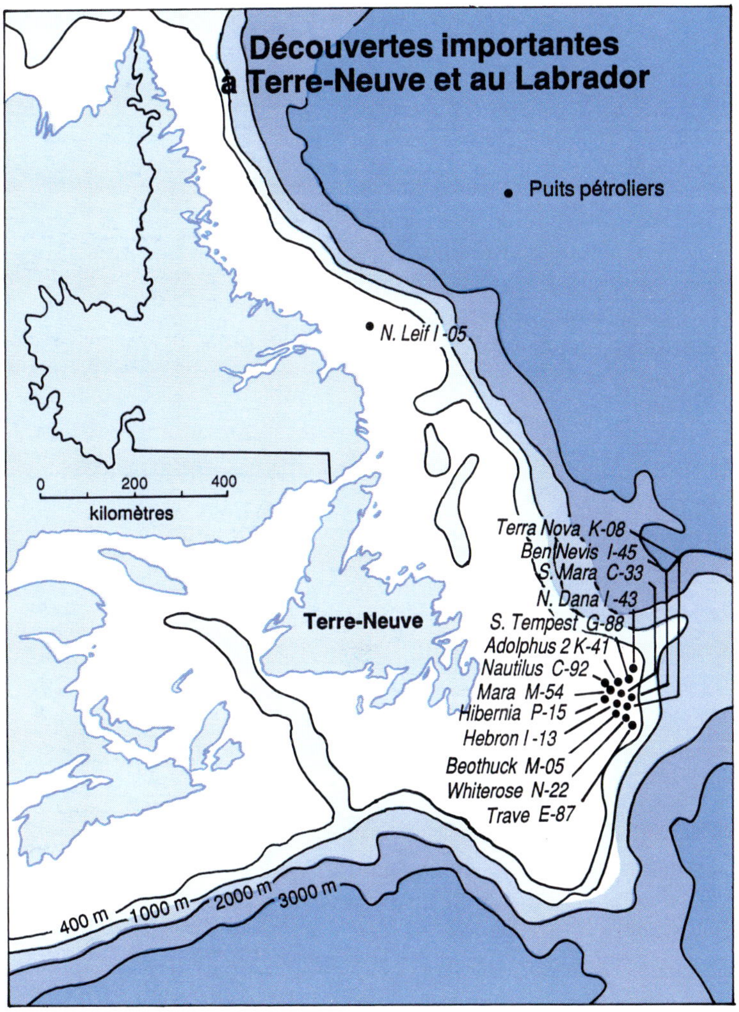

D'importantes découvertes de pétrole près de Terre-Neuve et du Labrador.

Un bateau remorqueur déplace un iceberg qui se dirige vers une plate-forme pétrolière.

82

On fait tout ce qui est possible pour extraire le pétrole sous-marin en toute sécurité. Qu'est-ce qui arriverait si une grande quantité de pétrole se répandait? Comment pourrait-on réduire les dégâts?

Les désastres en mer et sur la glace.

Pendant des siècles, la mer a permis à des milliers de gens de notre province de gagner leur vie. Mais la mer a également été cruelle. Dans presque toutes les communautés de notre province, on a connu des tragédies, des personnes ont perdu la vie en mer.

Voici des faits:

Au fil des ans, 25 goélettes de la ville de Grand Bank ont disparu en mer avec tout l'équipage.

En 1852, 50 vaisseaux ont disparu pendant la chasse aux phoques.

En 1863, plus de 200 personnes sont mortes lorsqu'un grand ***paquebot*** le *Anglo Saxon* s'est échoué sur les rochers.

En 1892, plus de 200 hommes de la région de la Baie de Trinity sont partis à la chasse aux phoques dans de petits bateaux. Le vent s'est mis à souffler très fort et ils n'ont pas pu rentrer. Certains d'entre eux sont partis à la *dérive* dans la baie de Old Pelican; d'autres ont dérivé jusqu'à Heart's Delight. Vingt personnes sont mortes d'hypothermie.

En 1898, l'équipage du *Groënland* a été pris sur les glaces pendant une tempête de neige. Le lendemain, on a trouvé quarante-huit chasseurs de phoque, morts de froid.

En 1929, 27 personnes ont été tuées et il y a eu pour plus de 2 000 000 de dollars de dégâts lors du **raz de marée** de la péninsule de Burin.

Deux bateaux de guerre américains ont fait naufrage près de St.Lawrence en 1942.

En février 1982, l'*Ocean Ranger*, une immense plate-forme pétrolière semi-submersible, effectuait des forages dans les Grand Bancs lorsqu'une violente tempête s'est déclarée. On a détaché la plate-forme des puits en attendant la fin de la tempête. Mais elle s'est penchée puis elle a coulé. Les 84 membres de l'équipage ont tous perdu la vie.

L'effet du raz-de-marée de 1929.

l'«Ocean Ranger»

L'USS Truxton *a fait naufrage en 1942. Pourquoi ce vaisseau américain était-il dans les eaux autour de Terre-Neuve?*

 # 83

Le professeur va te donner l'histoire du *Sea Clipper.* Imagine que c'était toi qui accompagnais le capitaine Jackman. Décris ce qui est arrivé, et ce que tu as ressenti lors de cette expérience.

CHAPITRE 12

Les ressources du sol

Dans le chapitre précédent, nous avons étudié les ressources de la mer. Dans ce chapitre-ci, nous allons étudier le sol et ses nombreuses ressources. Regarde autour de la salle de classe. Quels sont les objets qui sont faits de choses qui poussent dans le sol ou qui se trouvent sous la terre? Fais-en la liste. Inscris l'origine de chaque objet. Indique si c'est un produit de l'industrie minière, forestière ou agricole.

Ci-dessous il y a une série de photos qui montrent des gens qui travaillent à récolter les ressources fournies par la terre. Qu'est-ce qui se passe dans chaque image? Quelles autres photos aurait-on pu choisir pour illustrer les gens qui récoltent les ressources de la terre? Est-ce que ces activités ont lieu dans la région de ta communauté?

Ce graphique indique le total des gens qui travaillaient dans des industries diverses en 1989. Combien de gens travaillaient dans la vente à détail? Combien dans la construction? Dans les transports? Quelle industrie emploie le plus grand total de travailleurs? Combien d'emplois y sont représentés?

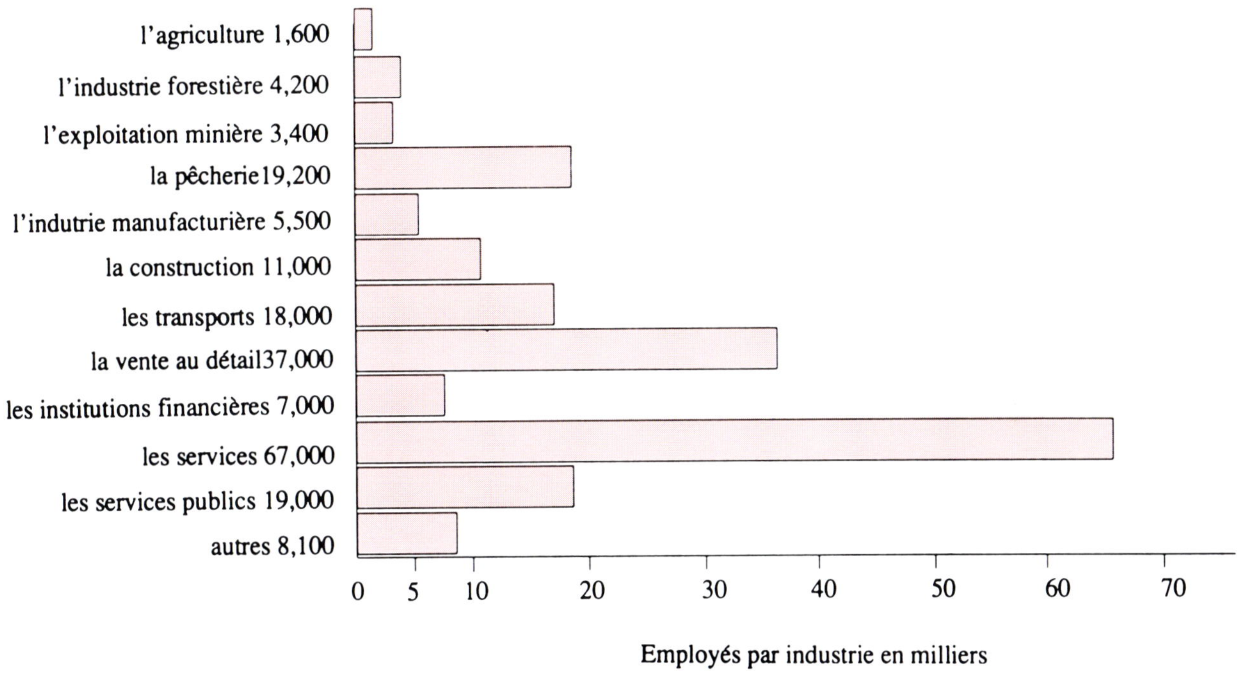

✍ # 84

Etudie les photos de page 184. Quelles sont les trois principales industries qui exploitent les ressources du sol? Etudie le tableau. Combien de personnes travaillent dans ces industries? Quelles autres industries citées dans le tableau ont un rapport avec ces trois industries?

La formation du sol

Pour comprendre la formation du sol, il faut remonter à quatre ou cinq milliards d'années. Evidemment, nous ne pouvons pas être vraiment sûrs de ce qui est arrivé, mais beaucoup de scientifiques croient qu'il y a des milliards d'années, un grand nuage de poussière tournait autour du soleil. Ils pensent que les planètes se sont formées à partir de petits morceaux de poussière de la même façon qu'une boule de neige grossit lorsqu'on la roule dans la neige.

Les scientifiques pensent qu'en grossissant, la Terre est devenue extrêmement chaude et s'est transformée en lave. En refroidissant, une énorme croûte s'est formée, mais l'intérieur est resté très chaud. Les roches formées par le liquide chaud sont appelées roches ignées, elles renferment de nombreux minéraux. D'autres roches appelées sédimentaires se sont formées lorsque différentes couches de terre se sont déposées au fond des lacs et des mers.

Le sol peut nous sembler solide. Cependant des scientifiques ont découvert que la surface de la Terre bouge de la même manière que les morceaux de glaces bougent sur l'eau. Ils bougent très lentement, quelques centimètres par année, mais sur quelques millions d'années un continent peut parcourir une distance équivalente à la largeur de l'océan Atlantique. Ce mouvement s'appelle la dérive des continents.

Les scientifiques pensent qu'il y a deux cents millions d'années, l'Amérique du Nord est entrée en collision avec l'Europe avec une telle force que les bords des deux continents ont été froissés, créant ainsi une chaîne de montagnes. Les montagnes de Terre-Neuve font partie de la même chaîne que celle que l'on trouve en Norvège, en Ecosse et en Nouvelle-Ecosse.

Aujourd'hui, une **calotte glaciaire** recouvre une grande partie du Groënland. Les scientifiques pensent qu'il y a environ soixante-quinze mille ans, le climat du monde entier est devenu plus froid. La neige qui tombait en hiver ne fondait pas complètement en été. Les couches de neige se sont entassées les unes sur les autres et celles du dessous sont devenues de la glace. La calotte glaciaire a grossi petit à petit et a fini par mesurer plusieurs centaines de mètres d'épaisseur. A un certain moment, elle a recouvert plus de la moitié de l'Amérique du Nord.

Cette calotte glaciaire, ou glacier, a eu un impact important à Terre-Neuve. Elle a recouvert nos vallées et a emporté une grande partie de la terre vers l'océan, ne laissant qu'une fine couche de terre sur une grande partie de l'île. Quand le climat a changé et que la calotte a fondu, de nombreuses régions sont restées rocheuses et dénudées. Par contre, le glacier a déposé de la terre riche dans d'autres parties de la province.

Après la fonte des glaciers, des créatures vivantes ont commencé à réapparaître. Des plantes simples telles que les mousses sont apparues, suivies des herbes, des arbustes et des arbres. Cependant, à cause du glacier, une grande partie de notre province est dénudée. Le sol y est très pauvre et il y a des marécages là où le

Dans les montagnes Torngat au Labrador on voit l'évidence du mouvement des glaciers.

Le glacier Illulusat, au Groënland est impressionnant. Il nous rappelle les conditions extrêmes dans lesquelles se trouvaient notre province pendant la dernière ***ère glaciaire.***

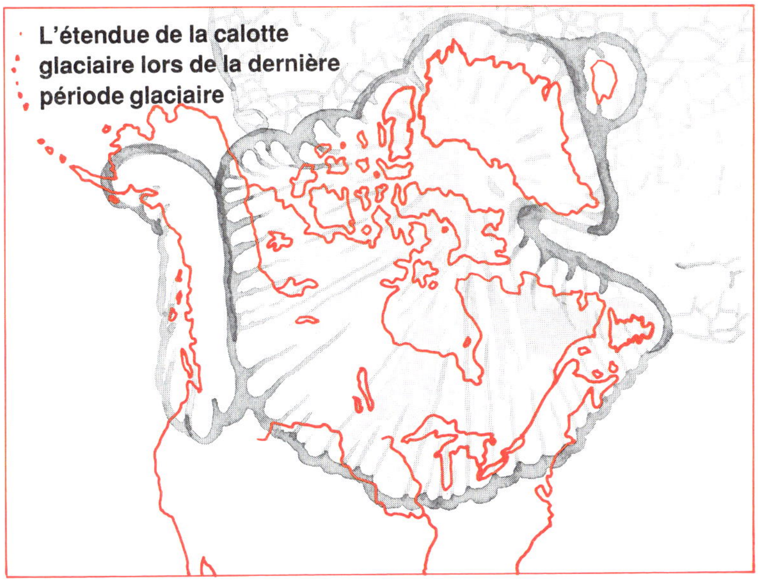

L'étendue de la calotte pendant la dernière ère glaciaire.

drainage est mauvais. Tout au nord du Labrador, il y a une région qu'on appelle la **toundra**. Les petits arbustes qui y poussent, poussent très lentement. Sous la toundra, la terre est toujours gelée. Il n'y a que les vingt ou trente centimètres du dessus (en haut) qui dégèlent pendant l'été. Ce sol gelé s'appelle le pergélisol (ou permafrost).

85

La surface de notre province est recouverte de forêts, de **landes**, de marécages, de toundra, de lacs, et d'étangs. A quoi ressemblent les alentours de ton école ou de ta communauté? Est-ce que la vie dans ta communauté serait différente si le sol était différent? En quoi?

L'industrie minière

Tilt Cove, été, 1857

Smith Mackay s'intéressait aux mines. Son ami, le géologue canadien William Dawson, lui a dit qu'il y avait peut-être des minéraux de valeur dans les roches du nord-est de Terre-Neuve. Alors, dans l'été 1857, Mackay est allé dans la région de Tilt Cove pour voir ce qu'il pouvait y trouver.

Au début, Mackay n'a rien trouvé. Mais un jour, il a rencontré un pécheur, Isaac Winser. En parlant avec lui, Mackay a remarqué une pierre métallique très lourde dans le fond de son bateau. Quand Mackay l'a interrogé au sujet de cette pierre, Winser lui a dit qu'il l'utilisait comme *lest,* pour stabiliser son bateau. Mackay était très content. La pierre contenait du cuivre. Quand Mackay a demandé à Winser où il avait trouvé cette pierre, celui-ci a répondu qu'il y en avait beaucoup à Tilt Cove et ils sont partis voir. Plusieurs années plus tard, Smith Mackay a ouvert la première mine de Terre-Neuve à Tilt Cove.

Lorsqu'on découvre un dépôt de cuivre, les investisseurs doivent décider s'il y a assez de minerai pour que l'extraction soit rentable. Ils doivent savoir s'ils pourront trouver un marché. Ils doivent savoir combien leur coûtera la construction de la mine et à combien leur reviendra le transport du minerai. Ils doivent prendre en compte le prix du transport et savoir s'il faudra y installer des mineurs. Les compagnies minières doivent quelquefois constuire toute une ville.

Ce tableau indique les trois façons les plus courantes d'extraire les minéraux. Le choix de la méthode dépend de l'endroit où sont situés les minéraux.

Pendant les années qui ont suivi la découverte de Smith Mackay, des explorateurs ont traversé Terre-Neuve et le Labrador à la recherche de minéraux. On a ouvert beaucoup de mines.

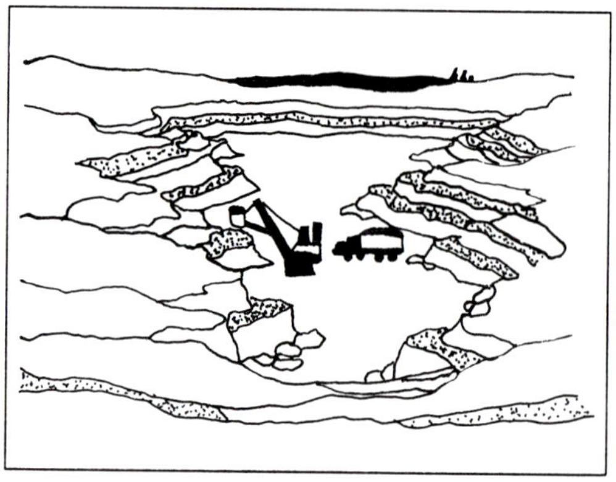

Quand les minéraux se trouvent près de la surface de la terre, la méthode la plus facile de les extraire est la mine à ciel ouvert ou ***carrière.***

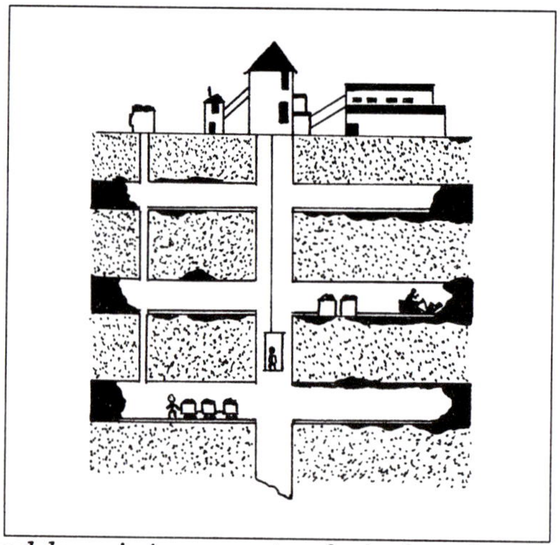

Quand les minéraux sont enfouis dans le sol, il faut creuser un puits. Un système de ventilation permet aux mineurs de respirer de l'air frais. Les minéraux sont remontés à la surface par un trueil ou une poulie. Puis ils sont acheminés vers l'usine de transformation sur un tapis roulant.

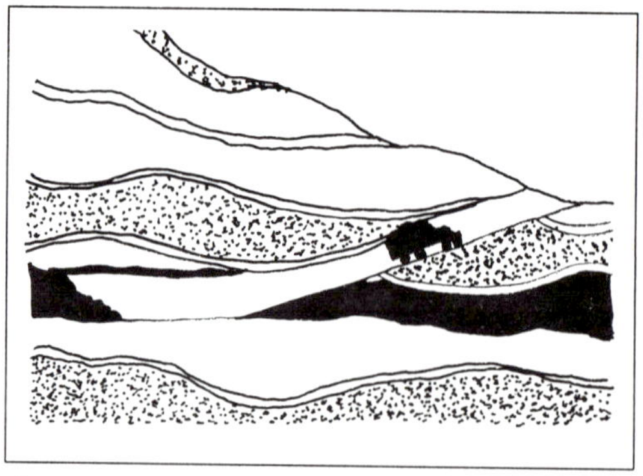

La mine «en pente» est la meilleure façon d'extraire les minéraux qui se trouvent à l'intérieur d'une colline.

Les minéraux les plus courants pour nous sont peut-être l'or, l'argent, le cuivre et le fer. Pourtant il y en a bien d'autres. As-tu entendu parler du gypse, du zinc et de la chaux fluatée? L'extraction, la transformation et la vente de ces produits est une activité très importante dans notre province. L'industrie minière emploie plus de 3000 personnes et au moins 3000 autres travaillent dans des industries qui en dépendent. Les minéraux sont une ressource non-renouvelable. Lorsqu'ils sont extraits du sol, la ressource est épuisée à jamais. Quand il ne reste plus rien, il faut fermer la mine. C'est une des raisons pour lesquelles la vie d'un mineur est incertaine. Mais les mines peuvent aussi fermer pour d'autres raisons. L'extraction peut devenir trop coûteuse et la demande peut chuter soudainement. S'il n'y a pas d'acheteurs, ce n'est pas la peine d'extraire le minerai.

✍# 86

Etudie le tableau de cette page. Quel minéral extrait à Terre-Neuve a le plus de valeur? Combien valait-il en 1990? De 1988 à 1990, est-ce que la valeur des livraisons de minerai a augmenté ou diminué? Quels sont ceux qui ont diminué? Penses-tu que certaines mines vont devoir fermer?

Valeur des minéraux à Terre-Neuve et au Labrador (en millions de dollars canadiens)*

	1988	1990 projeté
minerai de fer	726,574	820,000
or	35,520	47,500
zinc	49,256	17,000
amiante	27,072	36,000
sable et gravier	16,856	20,000
pierre	4,058	6,800
dolomite	5,100	4,200
ciment	10,791	11,000
chaux fluatée	7,400	11,000
gypse	1,075	5,000
pyrophillite	1,700	1,800
argile	1,225	1,300
pierre gemme	400	400
quartz	1,300	0
chaux	0	10,000
Total	888,327	992,000

*Toutes les valeurs sont en milliers de dollars. C'est-à-dire que tu dois ajouter trois zéros aux chiffres qui se trouvent dans le tableau.

✍# 87

En 1988, les minéraux extraits à Terre-Neuve ont été exportés dans les pays suivants: l'Angleterre, le Canada, les Etats-Unis, la Thaïlande, l'Italie, la Malaisie, le Japon, le Pakistan, Taïwan, la Turquie, les Phillipines, l'Indonésie, l'Allemagne, l'Inde, la Colombie, le Mexique, Sri Lanka, la Tchécoslovaquie, le Bengladesh, la Corée, le Chili, la Suisse, le Nigéria, l'Algérie, les Pays Bas, la Belgique, la France et l'Israël.

A l'aide d'un globe, situe ces pays. Si ces minéraux étaient transportés par bateau, quel serait le voyage le plus long? Situe les pays et inscris leurs noms sur la carte que le professeur t'a donnée.

Les mines

Le tableau de la page précédente indique qu'une grande partie de l'argent que rapporte l'industrie minière provient du fer. On trouve du minerai de fer (la roche mélangée à du fer) dans plusieurs régions de Terre-Neuve. Nous allons étudier deux de ces régions. L'une d'entre elles ne produit plus de fer. L'autre est toujours en activité. Puis nous étudierons une autre mine qui est fermée.

Le minerai de fer a été découvert à Bell Island dans la baie de Conception à la fin des années 1800. Pendant un certain temps, il y a eu trois mines, mais elles ont fermé en 1966. Fred Rees était directeur de la mine à cette époque. Il raconte l'histoire des mines:

«Les mines formaient un monde à part sous le sol. Des tunnels s'enfonçaient dans le noir. Des centaines d'entre nous y travaillaient. Certains creusaient des trous dans la roche, d'autres y déposaient de la dynamite et d'autres encore emplissaient les wagons de minerai. On ne s'inquiétait pas du temps car la température était la même pendant toute l'année. Nous travaillions sous la baie, et pourtant c'était très sec. D'énormes ventilateurs placés à la surface faisaient circuler de l'air frais dans les tunnels.

Aux environs de 1950, on a ouvert de nouvelles mines de minerai de fer à la surface du sol (mines à ciel ouvert) en Australie, au Vénézuela et au Labrador. L'extraction coûtait beaucoup moins cher qu'à Bell Island, où les profits diminuaient de plus en plus. En 1966, les mines perdaient tellement d'argent qu'il a fallu les fermer.

Il y a toujours beaucoup de minerai de fer dans le sol de la baie de Conception mais il est trop coûteux de l'extraire.»

Dans les années 1950, on a ouvert des mines de minerai de fer au Labrador. Dans cette région, le minerai de fer est proche de la surface du sol. Il y en a même à l'intérieur des collines, et les mineurs n'ont qu'à creuser dans le **versant.** Il n'a pas été facile de faire parvenir le fer aux clients car la ceinture de fer est située dans un endroit qui est difficile d'accès. Quand on a ouvert la première mine à Knob Lake, il a fallu transporter les mineurs, les machines et les provisions par avion. Maintenant il y a une ligne ferroviaire jusqu'à Sept-Iles, au Québec.

D'après toi, à quoi servait ce cheval dans la mine de Bell Island?

Les machines ont rendu l'extraction très efficace.

Pendant plus de cinquante ans, une mine située à Buchans a produit du cuivre, du zinc, du plomb et de l'or pour des marchés aux Etats-Unis. En 1984, puisqu'il n'y avait plus de minéraux, la mine a dû fermer. On y extrayait également du baryte, un autre minéral. Pendant longtemps, il n'y avait pas d'acheteur pour ce minéral, alors on

Une grande machine creuse dans une mine à ciel ouvert. Peux-tu estimer la grandeur de cette machine à Labrador City?

L'usine de bouletage.

Les boulettes de minerai de fer.

On transporte les boulettes du Labrador par train.

le jetait avec les *résidus* (ce qui reste des roches après avoir extrait les minéraux).

Puis les compagnies pétrolières ont commencé à acheter du baryte. En 1981, on a entrepris de séparer le baryte des résidus. Les compagnies pétrolières ont maintenant trouvé une nouvelle source de baryte qui coûte moins cher. L'avenir des mines de baryte de Buchans est donc incertain.

 # 88

Il y a beaucoup de minerai de fer à Bell Island et à Labrador City. Pour quelles raisons y a-t-il une mine qui fonctionne dans un endroit et pas dans l'autre? Qu'est-ce qui pourrait changer cette situation?

Les mines et les problèmes qu'elles posent

En général, il y a autant de sécurité dans les mines que dans les autres lieux de travail. De nos jours, les mineurs, les responsables des mines, ainsi que les dirigeants gouvernementaux s'inquiètent plus des conditions de travail qui peuvent causer des maladies.

Un exemple tragique a eu lieu dans la mine de chaux fluatée de St. Lawrence. Elle a été ouverte en 1932. Les gens avaient hâte d'y travailler et des centaines de mineurs y ont été employés au fil des ans. En creusant dans la roche, ils soulevaient des nuages de poussière qu'ils respiraient. On a découvert plus tard, que de nombreux employés avaient une maladie des poumons: la silicose. D'autre part, on a découvert que le radon, un gaz que l'on trouve dans la roche des mines, était radio-actif et causait le cancer. Dans les années 1970, le gouvernement a obligé les compagnies minières à améliorer les conditions de travail. Il fallait humidifier l'endroit où l'on extrayait afin d'empêcher la poussière de remonter. Il fallait installer une meilleure ventilation pour évacuer le radon. C'était pour empêcher d'autres problèmes de santé.

La silicose pose également des problèmes dans d'autres mines, comme à Baie Verte et à Labrador City, par exemple.

L'impact des mines sur l'environnement pose également un grave problème. Chaque mine change l'environnement d'une certaine façon. Le paysage n'est plus le même. Les mines à ciel ouvert peuvent détruire de grandes surfaces de beaux paysages. Les mines souterraines ne *dépouillent* pas la terre de la même façon, mais il reste souvent d'énormes tas de résidus même après la fermeture de la mine. Les mines peuvent également polluer l'eau et l'air, à moins de prendre des mesures de protection de l'environnement.

Un mineur de St Lawrence raconte:

«Quand j'ai appris qu'il y avait un gaz radio-actif dans la mine, je suis parti. Il y avait des fois, ça n'allait pas trop bien. On avait du mal à respirer, souvent on n'aurait même pas dû être là. On était si mal payé, que si on perdait une journée, on perdait presque toute la paye. On n'avait pas envie d'être renvoyé, on allait travailler même si on ne se sentait pas bien.»

Mine de gypse, à Flat Bay.

Mine d'or, à Hope Brook.

Des installations à la mine de zinc à Daniel's Harbour. En 1990, cette mine a fermé ses portes. Comment est-ce que cela aurait affecté cette communauté?

Les mines sont souvent la seule source d'emploi pour la ville avoisinante, et cela pose un troisième grand problème. Les minéraux ne se renouvellent pas. Lorsqu'ils sont extraits de la terre, ils ne «repoussent» pas. Quelquefois les mines ferment pour d'autres raisons, même avant l'épuisement des minéraux.

Quand une mine ferme, les mineurs et leurs familles souffrent. La fermeture d'une mine peut transformer une ville active en ville fantôme. Pour éviter ce problème, les compagnies construisent parfois un camp sur le site d'une mine. Les travailleurs vivent dans le camp pendant deux semaines. Puis ils rentrent se reposer chez eux.

✍# 89

Par petits groupes, essayez d'établir des règlements qui permettraient de régler les trois principaux problèmes dont nous avons parlé dans ce chapitre.

Le travail dans nos forêts

Nos forêts ont toujours représenté une ressource importante pour nous. Les premiers habitants de Terre-Neuve utilisaient les arbres pour le chauffage et pour fabriquer des outils, des abris et des canoës. Les colons venus d'Europe utilisaient des arbres pour constuire des maisons, des bateaux et le matériel dont ils avaient besoin pour la pêche. Aujourd'hui nous utilisons les forêts pour fabriquer de nombreux produits.

Pendant des centaines d'années, les familles coupaient seulement le bois dont elles avaient besoin. Petit à petit leurs besoins ont changé. Les gens voulaient des planches coupées d'une manière plus professionnelle qu'ils ne pouvaient le faire eux-mêmes. Puis on a construit des *scieries.* Aux environs de 1900, le nombre de journaux augmentaient partout dans le monde. Les hommes d'affaires ont compris que les arbres de Terre-Neuve et du Labrador seraient excellents pour faire du papier. Alors on a construit des usines de pâte et papier. Les compagnies forestières ont été établies afin que les grandes usines à papier aient assez de bois. On a coupé énormément d'arbres.

Jusque dans les années 1950, on ne coupait les arbres qu'en automne et en hiver, parce qu'il était plus facile de tirer les troncs lorsque le sol était gelé. Beaucoup de pêcheurs travaillaient comme bûcherons l'hiver car ils ne pouvaient pas pêcher.

De nos jours, les bûcherons coupent les arbres à l'aide de beaucoup de machines modernes. Ici on voit une moissonneuse qui coupe des arbres.

Les bons arbres étaient souvent loin des communautés et les ouvriers devaient vivre dans des camps de bûcherons. La vie dans ces camps était très difficile. On faisait des lits avec des branches et les hommes devaient manger des fèves presque tous les jours.

Les bûcherons devaient souvent marcher pendant longtemps pour rejoindre leur lieu de travail. Ils travaillaient durement pendant de longues heures pour gagner suffisamment d'argent. On mettait longtemps à couper les arbres avec les *scies à bras* qu'on utilisait alors. Les camps étaient généralement isolés et les travailleurs voyaient rarement leurs familles pendant la saison de travail.

Dans les années 1950, les méthodes des bûcherons ont commencé à changer. On a introduit de nouvelles machines, comme la *tronçonneuse* par exemple. Les tracteurs, les bulldozers et les gros camions ont facilité et accéléré le transport du bois. L'apparition des machines a permis de travailler toute l'année. Mais, il y a moins besoin d'hommes, alors, le nombre des travailleurs de l'industrie forestière a diminué.

La triste histoire du pin blanc

Quand les Européens sont arrivés à Terre-Neuve, il y avait beaucoup de pins blancs. Leurs longs troncs droits étaient utilisés pour la fabrication des mâts des bateaux.

La construction du chemin de fer dans les années 1800 avait été entreprise en partie pour transporter les pins blancs vers la côte. Mais les bûcherons ont découvert que de nombreux pins blancs avaient une maladie. Cette maladie appelée la rouille du pain a détruit une grande quantité de ces arbres car trop de pins en bonne santé ont été coupés et il n'en restait pas assez pour que la forêt se regénère.

De nos jours, il y a beaucoup moins de pins blancs qu'autrefois.

Cet homme aiguise une scie à bras.

Maintenant, à l'aide des tronçonneuses, les bûcherons peuvent abattre un arbre et couper ses branches en quelques minutes. Puis ils coupent les arbres en tronçons pour faciliter le transport. Les bûcherons travaillent souvent en équipe.

Les camps de bûcherons sont toujours necéssaires, mais si les travailleurs habitent près de l'endroit où ils travaillent ils peuvent rentrer chez eux tous les soirs. Les autres rentrent chez eux en fin de semaine. Les camps sont beaucoup plus agréables qu'ils ne l'étaient auparavant. Il y a généralement deux ouvriers par chambre. Ils mangent dans une cantine où on leur sert de la bonne nourriture. On trouve généralement une salle de détente et une salle de jeu dans chaque camp.

Le travail de bûcheron est toujours difficile, mais de nos jours, les salaires et les conditions de travail sont bien meilleurs qu'auparavant.

Un bûcheron utilise une tronçonneuse.

✍# 90

Les machines et la technologie ont changé la manière de travailler de beaucoup de gens. Décris les conséquences de la modernisation sur:

a. la coupe du bois
b. le nombre de travailleurs
c. le type de travailleurs
d. les salaires
e. les conditions de travail

Des forêts aux usines

Le flottage du bois dans Cook's Brook dans les années 1940.

Des arbres coupés ne servent à rien si on les laisse au fond de la forêt. Comment transporte-t-on les *billots* vers les usines pour les transformer en papier ou en bois de menuiserie? Autrefois, on ne coupait les billots qu'en hiver. Les bûcherons utilisaient des chevaux et des traîneaux pour les tirer jusqu'aux rivières gelées et aux lacs. Des milliers de billots étaient entassés sur la glace. Au printemps, la glace fondait et on les faisait flotter sur la rivière jusqu'à l'usine. C'est ce qu'on appelle le flottage du bois. Le flottage du bois pouvait être très dangereux.

Les bûcherons descendaient la rivière en marchant le long des rives pour suivre les billots. Si certains de ces billots se *coinçaient* contre le rivage ou autre chose, les bûcherons utilisaient de longs bâtons appelés des *grappins* pour les libérer. Parfois des centaines de billots se coinçaient pour créer un *embâcle*. Des bûcherons devaient monter sur les billots pour essayer de les débloquer. Il fallait parfois utiliser de la dynamite pour y parvenir.

Quand les billots atteignaient l'embouchure de la rivière ou le bout d'un grand lac, on les rassemblait pour former un barrage. Si c'était proche de l'usine, comme c'est le cas à Corner Brook, on pouvait les emmener directement à l'usine. Si la rivière était loin de l'usine, il fallait les transporter en train. Maintenant, les bûcherons travaillent toute l'année. On a construit des centaines de kilomètres de chemins forestiers. Des engins acheminent les billots vers un point central où des machines les empilent dans des camions qui les transportent vers les usines.

91

Etudie l'image de la page ... et lis la chanson «The Badger Drive» que le professeur a distribuée. D'après toi, comment était la vie du «driver»? Décris-la.

Peux-tu penser à des raisons écologiques pourquoi on ne fait plus le flottage du bois jusqu'à Corner Brook?

Pourquoi penses-tu qu'on ne transporte plus les billots par train?

Un semi-remorque chargé de billots. De nos jours, c'est par camion qu'on transporte les billots.

En une heure, une grosse machine à papier peut produire un ruban d'un mètre cinquante centimètres (1.5 m.) de large et qui pourrait faire l'aller et le retour entre St. John's et Calgary. Quelle serait la longueur de ce ruban?

 # 92

Fais la liste des différents produits à base de papier. Décris la couleur, la résistance, le poids et l'épaisseur de chaque sorte de papier. Dis pourquoi ils sont différents.

La fabrication du papier

Le papier journal est une des **exportations** canadiennes les plus importantes. Dans notre province seule, environ quatre mille personnes travaillent à plein temps dans l'industrie de la pâte et du papier. Ils coupent les arbres, les transportent vers les usines et travaillent à la production du papier. Les usines sont situées à Grand Falls, Corner Brook et Stephenville.

Une visite dans une usine de pâte et papier

Andrew et Tracey ont visité l'usine d'Abitibi-Price à Grand Falls. Monsieur Ron Smith leur a montré comment on y fabrique le papier.

Monsieur Smith: *Quand les billots arrivent dans l'usine, on commence par enlever l'écorce. Voici la machine qui le fait.*

Andrew: *Pourquoi faut-il enlever l'écorce?*

Monsieur Smith: *Parce qu'on ne peut pas faire de pâte avec l'écorce. Si on la laissait, on produirait un papier de mauvaise qualité avec des taches.*

Tracy: *Qu'est-ce qu'on fait de l'écorce?*

Monsieur Smith: *On en extrait l'eau et quand elle est sèche, on la fait brûler pour faire fonctionner les fourneaux qui produisent la vapeur.*

Monsieur Smith: *Cette machine s'appelle une hacheuse. De grandes lames à l'intérieur coupent le bois en petits morceaux.*

Andrew: *Comme les copeaux qui tombent lorsque je taille mon crayon dans un taille-crayon?*

Monsieur Smith: *C'est ça. Voici les copeaux. Maintenant il faut les transformer en pâte.*

Tracy: *Qu'est-ce que c'est la pâte?*

Monsieur Smith: *C'est un mélange humide de fibres de bois. Ça ressemble à une bouillie de flocons d'avoine. Dans cette usine nous fabriquons la pâte de deux façons. Nous ajoutons des produits chimiques aux copeaux et nous les faisons cuire. Ou bien nous moulons les copeaux. Puis nous ajoutons de l'eau à la pâte pour former un mélange épais que nous étalons sur un tamis pour le faire sécher.*

Tracy: *Qu'est-ce qu'on fait ici?*

Monsieur Smith: *L'eau est filtrée à travers le tamis et laisse la pâte en une fine couche humide.*

Andrew: *Alors quand ce sera sec, on aura du papier.*

Monsieur Smith: *C'est exact. On le fait sécher en le passant sous de gros rouleaux puis en le mettant dans une sécheuse qui ressemble à un four.*

Monsieur Smith: *Maintenant on a un énorme rouleau de papier.*

Tracy: *Combien y a-t-il de papier dans un de ces rouleaux?*

Monsieur Smith: *Quinze tonnes. Cela permettra d'imprimer 75 000 journaux de quarante pages chacun.*

Tracy: *Combien a-t-il fallu d'arbres pour fabriquer ce rouleau?*

Monsieur Smith: *Les arbres sont plutôt petits à Terre-Neuve. Il en faut donc environ 450 par rouleau.*

Monsieur Smith: *C'est ici que l'on coupe les grands rouleaux en plusieurs petits.*

Andrew: *Et ensuite?*

Monsieur Smith: *On transporte le papier à Botwood où il est emmagasiné jusqu'à ce qu'il y en ait assez pour remplir un gros bateau. Notre papier va partout dans le monde : l'Europe, l'Afrique, l'Inde, l'Amérique du Sud, les Antilles, l'Australie et les Etats-Unis.*

La gestion des forêts

Comme les poissons, les arbres sont une ressource renouvelable. Il est donc important de bien gérer nos forêts si on veut qu'elles restent saines. Les histoires suivantes révèlent que nos forêts courent certains dangers.

Le feu

La famille avait trouvé un beau coin pour pique-niquer. Les enfants ont ramassé des branches pour faire griller leurs guimauves sur le feu. Il a bientôt été l'heure de partir. Papa a déversé l'eau de la bouilloire sur le feu. Tout le monde est monté dans la voiture et la famille est partie. Il y avait encore des braises rougeoyantes. Une petite branche a commencé à brûler. Une demi-heure plus tard, les flammes attaquaient le bois sec des environs.

L'ingénieur roulait en voiture le long d'un chemin forestier. C'était bon de se retrouver parmi les arbres après avoir travaillé sur cette plate-forme dans l'Atlantique nord. Il a écrasé sa cigarette et l'a jetée par la fenêtre de la voiture. Une petite fumée s'est échappée du tas de bois mort sur lequel le mégot s'est écrasé. Bientôt, les branches crépitaient follement.

Avion Canadair

Certains feux de forêts sont causés par des orages, mais la plupart sont provoqués par les gens. Nous essayons de contrôler et d'empêcher ces feux. Les employés qui travaillent en forêt font toujours attention à la fumée et au feu. De puissantes pompes à eau sont toujours prêtes à être transportées sur les lieux de l'incendie. Il y a aussi des avions spéciaux, appelés Canadair, qui peuvent survoler la forêt et déverser de l'eau sur le feu.

Depuis quelques années, des chenilles ont ravagé des millions d'hectares au Nouveau-Brunswick, en Nouvelle-Ecosse et à Terre-Neuve.

On a décidé de tuer ces insectes dans certaines régions en utilisant des produits chimiques que l'on appelle des insecticides. Puisqu'il est impossible de traiter chaque arbre séparément, un avion répand l'insecticide sur la forêt. Certaines personnes ne sont pas d'accord

Une tordeuse de bourgeons d'épinette en train de manger.

Les tordeuses de bourgeons d'épinette

C'est le printemps. Les **tordeuses de bourgeons d'épinette** qui ont éclos l'été précédent et hiberné tout l'hiver commencent à se nourrir sur les aiguilles vertes des arbres. Les arbres deviennent bientôt rouges ou marrons-noirs. Certains arbres, attaqués par les tordeuses de bourgeons d'épinette pendant plusieurs années finissent par mourir. Pendant ce temps-là, les mites de tordeuses de bourgeons volent dans la forêt. Ces insectes ont une vie courte, mais avant de mourir, les femelles pondent des oeufs et le cycle continue.

La surexploitation

Dans l'été 1640, les bateaux anglais ont découvert un excellent port pour la pêche saisonnière. L'amiral de pêche a ordonné à ses hommes de couper tous les arbres qui se trouvaient près du rivage. Cet espace servirait à faire sécher le poisson et le bois serait utilisé pour la construction et pour le feu. Il rapporterait les pins blancs en Angleterre à la fin de la saison de pêche. Il les vendrait aux *chantiers* navals où on les utiliserait pour la fabrication des mâts.

Quelques années plus tard, l'emplacement d'été est devenu une installation permanente pour des familles de pêcheurs. Ils ont coupé d'autres arbres pour le chauffage et déboisé des terrains pour y faire des *potagers*.

Pendant les trois cents années suivantes, les villageois ont coupé des arbres. Ils devaient aller de plus en plus loin de chez eux. Finalement ils ont dû vivre dans des cabanes pendant qu'ils coupaient le bois au milieu de la forêt. Dans les années 1880, plusieurs régions forestières étaient exploiteés. De son bureau situé en ville, le directeur de la compagnie forestière, a montré du doigt les forêts de sa compagnie: «Je pense que l'on a nettoyé ce côté-ci de la forêt, a-t-il dit. L'an prochain, il faudra commencer de l'autre côté.

-Est-ce que nous allons planter des arbres dans la partie que nous avons coupée? a demandé son jeune assistant.

-Mais pourquoi? Notre compagnie gagne de l'argent à couper les arbres, pas à les planter. Il y a beaucoup d'autres forêts. Il y en aura assez pour les cent prochaines années et à ce moment-là, je serai mort.»

avec cette méthode car elles pensent que les poisons vont endommager l'environnement en polluant les rivières et les lacs.

Beaucoup de gens pensent que les traitements d'insecticide répandu par des avions sont dangereux pour la santé des humains. Il y a ceux qui pensent que le problème des tordeuses des bourgeons d'épinette se résoudrait naturellement si les humains n'intervenaient pas. Ils disent qu'en détruisant les arbres, les tordeuses des bourgeons d'épinette détruisent leur nourriture et que beaucoup d'entre elles finiraient par mourir. Les gouvernements et les compagnies disent que les poisons ne sont pas dangereux et que l'économie souffrirait si on arrêtait les traitements.

Pendant des années, les compagnies ont coupé autant d'arbres qu'elles le voulaient. Récemment le ministère des forêts a établi des règles strictes sur l'exploitation de nos forêts. Au lieu d'éliminer tous les arbres d'un endroit, les compagnies coupent la forêt par bandes. De cette manière, les arbres qui se trouvent de chaque côté se reproduisent. Quand les compagnies ont pris tous les arbres dont elles ont besoin dans une région, elles doivent aussi replanter.

Une des 30 serres à la pépinière provinciale de Wooddale. Le ministère des forêts a établi cette pépinière pour aider à reboiser les forêts de notre province.

A la **pépinière** provinciale de Wooddale à l'est de Grand Falls, on produit plus de dix millions de plants chaque année. On surveille les arbres de près pendant la croissance. On enlève certains arbres pour que les autres aient assez de place pour pousser. Le ministère des forêts surveille les compagnies forestières et les forêts avec attention.

✍# 93

Nous venons de voir trois sortes de menaces qui pèsent sur nos forêts. Fais un tableau avec deux colonnes pour chaque menace et inscris-y: prévention et solution. Ecris tes commentaires dans les espaces prévus.

L'agriculture

L'Amérique du Nord est réputée pour ses terres agricoles. L'agriculture est importante à Terre-Neuve mais elle n'a jamais été une des industries les plus importantes. Pourquoi?

Une grande partie du sol de Terre-Neuve provient des **moraines** déposées par les glaciers. Le sol est peu profond et est plein de petites pierres. Dans certaines parties de la province le sol est plus profond et il y a moins de pierres. Cependant une grande partie de ce sol est acide et il faut le traiter avec soin si l'on veut y faire pousser des légumes. Les marécages et les landes recouvrent de grandes surfaces. Le manque de bonnes terres est un des principaux problèmes des agriculteurs de notre province.

Notre climat pose un autre problème. On a moins de temps pour faire pousser les cultures que dans beaucoup d'autres régions du Canada. Il fait moins chaud et il y a plus de brouillard et de nuages.

Malgré ces problèmes, beaucoup de familles font pousser leurs légumes depuis des centaines d'années. Autrefois, les légumes des potagers étaient très importants. Ils permettaient de manger sainement surtout pour les gens qui vivaient dans les petites communautés isolées car ils ne pouvaient pas acheter de légumes frais. Beaucoup de familles élevaient aussi des poulets, des vaches et des moutons. Mais peu de gens vendaient ce qu'ils produisaient.

En 1886, le gouvernement a commencé à encourager plus de gens à produire leur propre nourriture. Il leur a donné une *subvention,* c'est-à dire une somme d'argent pour préparer la terre.

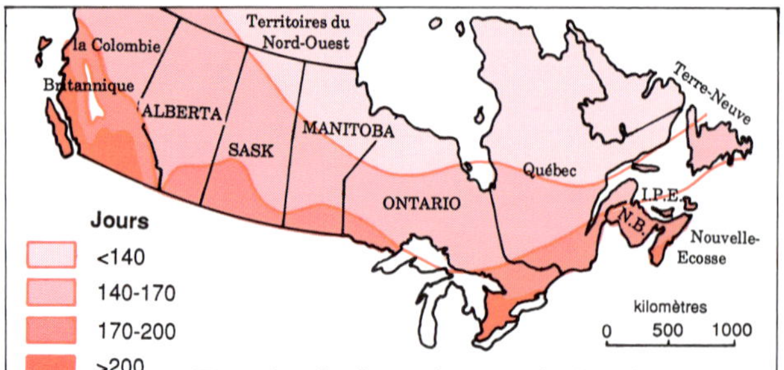

Durée de la saison végétative

La plupart des terres utilisées en agriculture de nos jours ont été défrichées pour cette raison.

En 1935, le gouvernement a établi une ferme expérimentale à Mount Pearl. Les étudiants allaient apprendre à cultiver les terres agricoles de l'île de façons efficaces et productives.

En 1949, le gouvernement fédéral a acheté cette ferme pour l'utiliser comme centre de recherche. Là, les specialistes agricoles tentent de trouver les meilleurs produits et techniques afin d'améliorer le rendement agricole. En ce moment, les chercheurs étudient la manière de lutter contre les maladies des végétaux et de faire pousser des légumes dans les sols organiques.

Les meilleures régions agricoles ont été transformées en zones de développement agricole. C'est-à-dire que ces régions sont réservées à l'agriculture et toute utilisation non-agricole est contrôlée. Le gouvernement encourage l'agriculture dans ces régions.

Selon le sol et le climat, les agriculteurs peuvent faire pousser différentes choses. Des cultures qui nécessitent beaucoup de chaleur, comme le maïs et le blé par exemple, ne pourraient pas pousser à Terre-Neuve. Cependant, des cultures comme la pomme de

Toutes les fermes ne font pas de la culture. Voici quelques exemples de fermes que l'on trouve dans notre province.

Les types de fermes

Les fermes maraîchères : on y produit des légumes à racine tels que la pomme de terre et le navet.
Les élevages : on y élève les animaux pour la viande.
Les élevages avicoles : on y élève les poules pour les oeufs et les volailles pour la viande.
Les fermes laitières : on y élève des vaches pour la production du lait et des produits laitiers tels que le beurre et le fromage.
Les élevages d'animaux à fourrure : on y élève les visons et les renards pour leur fourrure.
Les fermes mixtes : on y pratique plusieurs sortes d'agricultures.

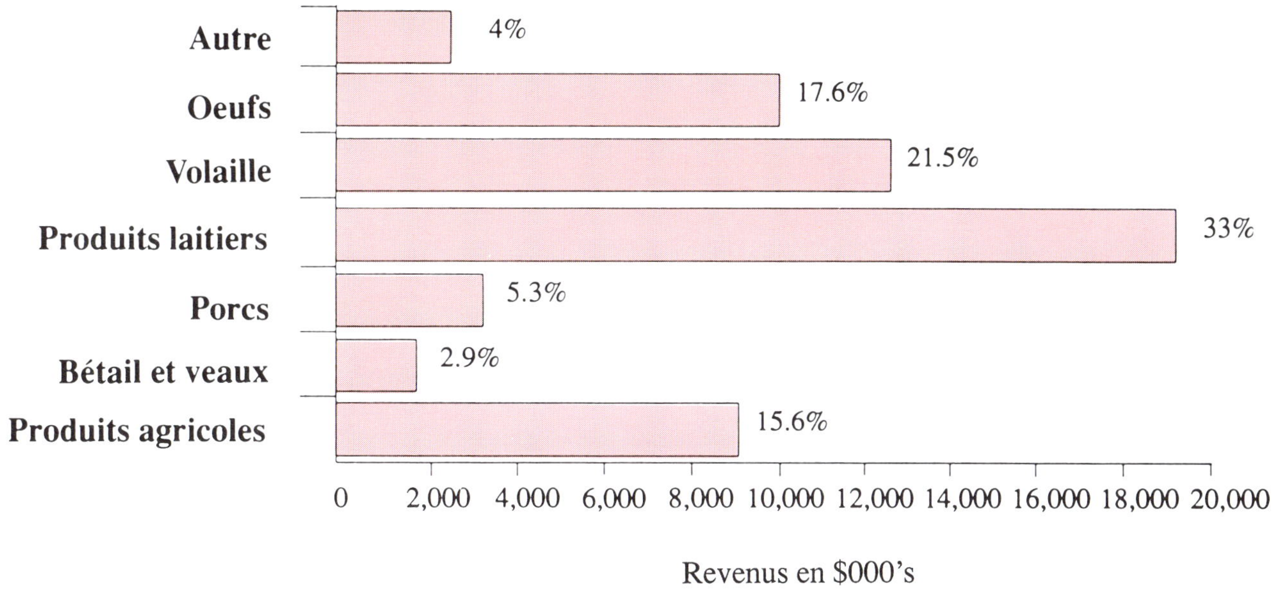

Revenus des fermes de la province 1989

Ce tableau indique quelle somme provient des différents types d'agriculture, pour chaque 100 dollars gagnés en agriculture.

terre, le chou, la carotte et le navet, qui ont besoin d'un climat humide et frais poussent très bien dans notre province.

En 1982, il y avait 374 fermes dans la province. Vingt-neuf d'entre-elles se consacraient à l'élevage avicole, produisant ainsi assez d'oeufs pour tous les habitants de l'île. En 1984, pour chaque 100 dollars gagnés par tous les fermiers de la province, 22.50 provenaient des oeufs. Cela représente presqu' un quart des revenus totaux.

✍# 94

On peut obtenir beaucoup de renseignements à partir des cartes et des tableaux. A l'aide des tableaux de ces pages, tu répondras aux questions suivantes :

Quelles provinces ont la plus longue saison de croissance des cultures? Compare Terre-Neuve aux prairies de l'Ouest.

Où se trouve la plus grande région de développement agricole de notre province? Quelle région agricole est la plus proche de chez toi?

Etudie le tableau ci-dessus. Certains produits ont plus de succès que d'autres, pourquoi?

On pratique l'agriculture dans de nombreuses parties de la province. La plupart des fermes laitières et des élevages de poulets et de poules pondeuses sont situés dans la péninsule d'Avalon. C'est surtout dans la péninsule de Bonavista que l'on cultive la pomme de terre, le navet et le chou. Les principales productions de boeuf sont situées dans la région de Robinsons et dans la vallée de la Codroy. Les élevages de vison et de renard sont établis dans la région de la baie de Trinity.

Au Labrador, il y a quelques fermes maraîchères et quelques élevages avicoles dans la région de Happy Valley-Goose Bay. Il y a également quelques personnes qui ont des *serres* dans la province.

Quatre sortes de petits fruits ou baies ont une grande importance pour l'économie de Terre-Neuve: les bleuets, les *gaulthéries,* les *plate-bières* et les fraises. A part les fraises, elles poussent toutes de façon sauvage. Des travailleurs saisonniers cueillent plus d'un million de kilogrammes de bleuets, une production dont on ne fait pas la culture. Les travailleurs cueillent également plusieurs milliers de kilogrammes de plate-bières chaque année.

L'exploitation des baies sauvages qui poussent dans notre province crée de nombreux emplois temporaires et permet à de nombreux Canadiens, Américains et Européens d'en consommer.

L'agriculture coûte cher. Les agriculteurs doivent payer leurs employés. Ils doivent acheter des machines dispendieuses. Ils doivent aussi acheter des engrais, des graines et des pesticides. S'ils élèvent des animaux, ils doivent les nourrir et leur construire des bâtiments. Ils faut installer des barrières et les réparer. Les agriculteurs doivent bien savoir gérer de leurs terres s'ils veulent en tirer profit.

Beaucoup d'agriculteurs doivent être compétitifs face aux agriculteurs des autres régions du Canada et des Etats-Unis où les sols et les conditions climatiques sont meilleurs. Mais la nourriture consommeé à Terre-Neuve et au Labrador vient de loin et le transport coûte cher. Alors les agriculteurs locaux ont un avantage, surtout pour les produits alimentaires qui doivent être vendus et consommés dans des délais très courts, comme le lait et certains légumes. Un autre souci des agriculteurs est l'utilisation non-agricole des terres. Les terres agricoles deviennent une ressource non-renouvelable si on y construit des maisons ou si on enlève la surface pour la vendre en gazon prêt à poser, ou encore, si l'on y creuse des carrières. La terre utilisée de ces différentes manières ne peut pas facilement être ré-utilisée en terre agricole. Il est important de préserver le peu de terre cultivable que nous avons.

Faisant les foins à l'Anse-à-Canards.

Deux façons de faire les foins. Quels sont les avantages et les désavantages des deux façons?

✍# 95

Ton professeur va te donner une carte de la province. Fais-y des dessins pour indiquer les différentes sortes d'agriculture. N'oublie pas la légende. La carte que tu viens de faire s'appelle une carte illustrée.

Une matinée dans une ferme laitière

Joan McGrath s'est portée volontaire pour décrire à sa classe la traite dans la ferme laitière de sa famille. Alors elle a décidé de se lever de bonne heure un matin pour aider son père.

A cinq heures quarante-cinq, Monsieur McGrath la réveille. Après avoir déjeuné légèrement, ils partent tous les deux dans la salle de traite. Quarante vaches attendent d'y entrer pour être nourries et traites.

Monsieur McGrath prépare la trayeuse qu'il a soigneusement nettoyée la veille au soir. Il l'accroche aux trayons de la première vache. Il explique à Joan que la machine tire le lait du pie de la vache. Un tuyau conduit le lait vers un système de réfrigération puis jusqu'au réservoir. La vache continue à ruminer paisiblement. Joan demande quelle quantité de lait produit une vache. Son père lui répond qu'une bonne vache produit environ quatre mille cinq cent litres de lait par an.

Quand la première vache est traite, le père de Joan passe à la suivante. Il leur faut deux heures pour traire toutes les vaches. Ils nourrissent les vaches puis rentrent déjeuner à la maison. Bientôt, un camion citerne arrive et se dirige vers la salle de traite. Le chauffeur en descend et branche un tuyau sur le réservoir. Pendant que le lait est pompé du réservoir vers le camion, le chauffeur dit à Joan qu'il ramasse plus de mille litres de lait sur sa ferme deux fois par semaine. Il l'emmène dans une laiterie où le lait est pasteurisé et mis en bouteilles. D'autres chauffeurs le livrent alors dans les communautés avoisinantes.

A ce moment-là, Joan voit l'autobus scolaire partir. Le chauffeur du camion rit et dit: «Ça ne fait rien. Pour cette fois-ci, tu peux venir avec moi. Je passe devant ton école.»

- Merci, répond Joan, en montant dans la cabine. Ce sera une bonne façon de terminer mon reportage.»

CHAPITRE 13

Les produits et les services

Dans les deux derniers chapitres, nous avons étudié les ressources naturelles de notre province. Nous avons examiné les gens dont le travail est de trouver et d'exploiter les ressources naturelles. Ce chapitre touchera à deux autres genres de travail. En premier lieu, nous parlerons de l'utilisation des ressources naturelles ou des **matières premières** dans la manufacture des produits dont les gens ont besoin. En deuxième lieu, nous examinerons comment les services essentiels sont assurés.

Nous dépendons des autres — Les autres dépendent de nous

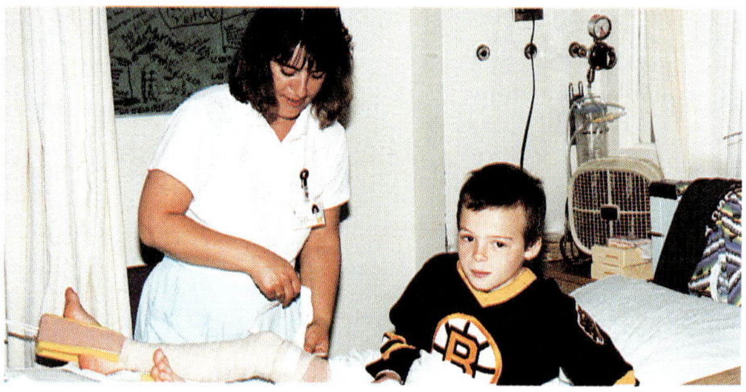

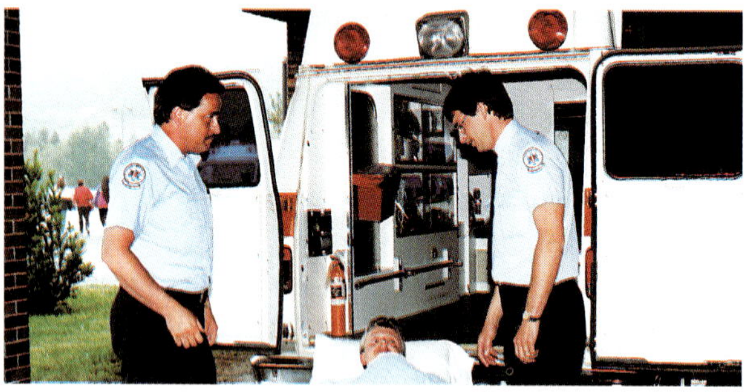

Quand les gens se sont installés tout d'abord dans la province, ils devaient se *pourvoir* eux-mêmes de la plupart des objets dont ils avaient besoin pour survivre. De nos jours, nous dépendons de beaucoup d'autres personnes pour répondre à nos besoins.

Est-ce qu'on a livré de la crème glacée à ton école aujourd'hui? Si oui, de nombreuses personnes ont travaillé pour rendre cela possible. Un fermier a produit le lait. Pour cela, il s'est peut-être servi d'une trayeuse mécanique. D'où cette machine est-elle venue? Des employés dans une usine ont traité et emballé la crème glacée. Qui a fabriqué l'emballage? Qui a fourni les matériaux d'emballage? Est-ce que cela a été livré par camion? Qui a construit les routes? Qui a construit le camion? D'où sont venus les matières premières? Nous pourrions continuer, et nous nous rendrions compte que nous dépendons de centaines de personnes tous les jours.

✍# 96

Choisis une image sur cette page ou la page précédente. Fais une liste des personnes sur lesquelles celui dans la photo dépend afin de gagner sa vie.

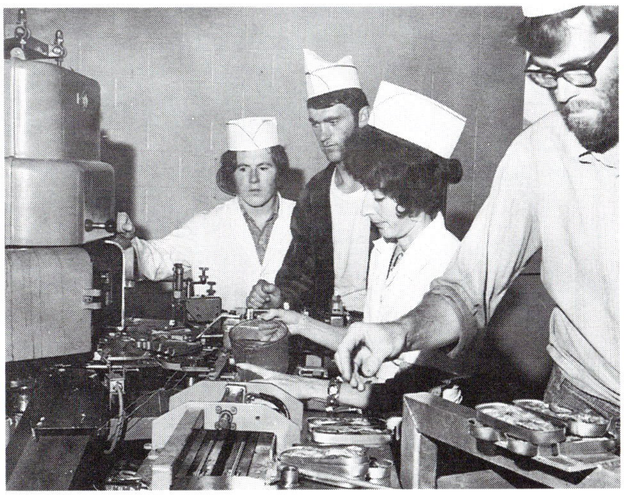

Le monde du travail

Il y a très longtemps, les peuples autochtones se pourvoyaient eux-mêmes de tous, ou presque tous, les biens et les services dont ils avaient besoin. Les colons européens ont aussi appris à être des personnes à tout faire. La famille travaillait ensemble. Le père construisait la maison et les meubles, fabriquait les filets et les cages à morue et construisait le bateau dans lequel il partait à la pêche. La mère aidait à sécher le poisson, elle cultivait et conservait des légumes, et tricotait des chandails à partir de la laine des moutons.

Des gens capables de remplir toutes ces tâches pour leur compte étaient indépendants. Ils ne dépendaient pas des autres comme nous le faisons aujourd'hui.

La manufacture comprend tous les procédés inventés par les êtres humains pour fabriquer des objets à partir de matières premières. Originellement, le mot manufacture signifiait «fait à la main». Nos premiers colons étaient tous des fabricants. Alors que les communautés grandissaient, on a remarqué que certains étaient très habiles à fabriquer des objets. Les autres ont acheté ces objets, parce qu'ils étaient bien faits par quelqu'un qui avait un talent spécial.

Peu à peu, les méthodes de travail sont devenues plus complexes et ont demandé des outils chers. Un artisan achetait ces outils sachant que sa clientèle l'aiderait à les payer chaque fois qu'ils achèteraient un produit fabriqué avec ces outils. Quelquefois il fallait plus d'une personne pour fabriquer un article, alors l'artisan engageait des ouvriers.

Avec le temps, on a construit des ateliers spéciaux ou des usines. Les usines étaient conçues pour que ce soit possible de fabriquer de nombreux articles rapidement. Des machines ont été inventées pour faire le travail qu'on faisait auparavant à la main.

A cause de ces changements dans le monde du travail, nous sommes devenus interdépendants. Petit à petit, les gens complétaient moins de tâches par eux-mêmes, et se sont mis à dépendre de plus en plus étroitement des autres pour les biens et les services dont ils avaient besoin. Aujourd'hui, la plupart des gens ont seulement un métier. Ils s'attendent à acheter beaucoup des biens et des services dont ils ont besoin.

Il existe de nombreux différents métiers. Le graphique à la page suivante, te montre les métiers qui existent à Terre-Neuve et au Labrador. Cela te donne aussi une idée du nombre relatif de personnes engagées dans une occupation par comparaison avec les autres. Beaucoup de métiers sont reliés à nos ressources naturelles; beaucoup assurent des services. D'autres sont dans la construction et dans le secteur manufacturier.

Comme beaucoup des premiers fabricants, l'atelier de ce ferblantier *était dans sa maison. Qu'est-ce qu'il fabrique?*

les emplois disponibles à Terre-Neuve et au Labrador

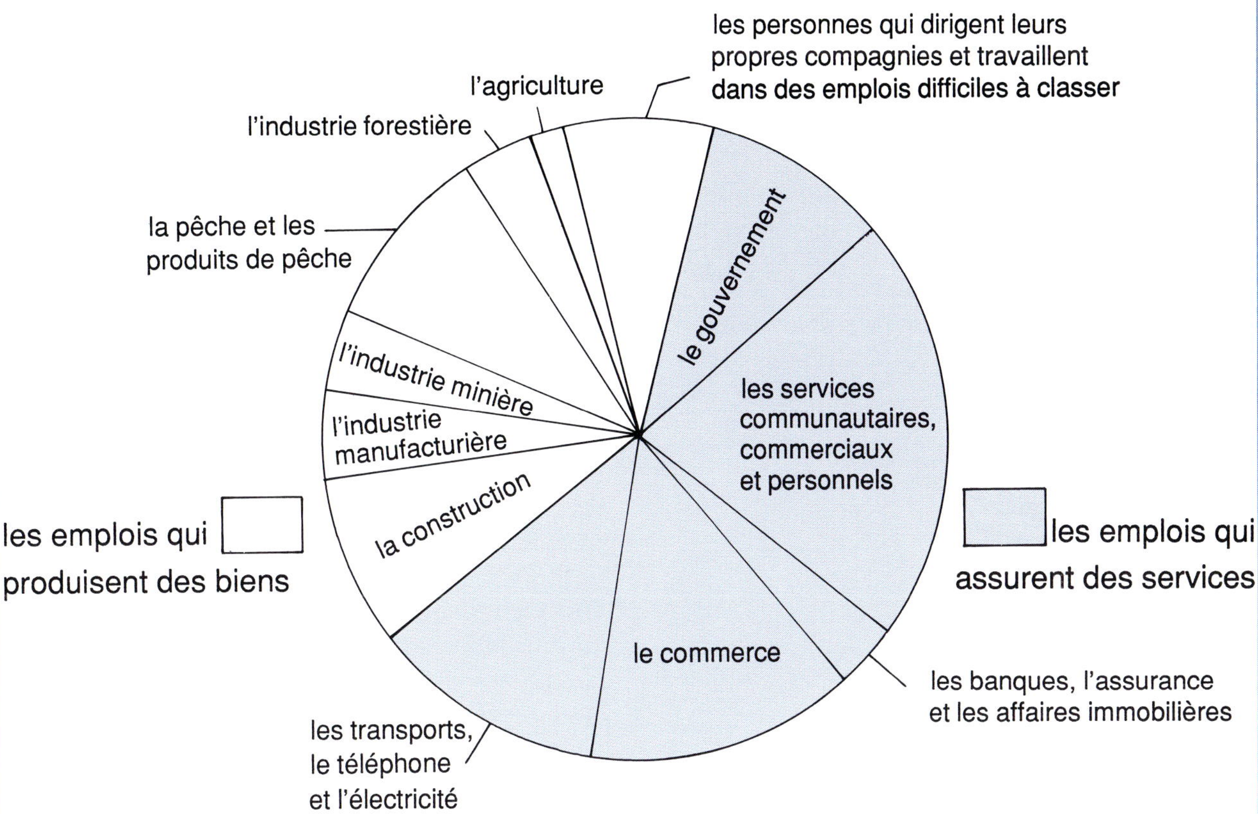

✍# 97

Étudie le graphique circulaire ci-dessus. Dans notre province, est-ce que plus de gens travaillent dans le secteur des services ou dans la production de biens? Fais une liste des emplois qui figurent dans le graphique, commençant par celui que font le plus de travailleurs, et finissant par ceux que font seulement quelques personnes.

La manufacture aujourd'hui

Savais-tu que la plupart des boissons non-alcoolisées que nous achetons sont manufacturées dans cette province? La prochaine fois que tu prends une boisson, vérifie sa provenance sur l'étiquette.

Il y a des centaines de compagnies manufacturières à Terre-Neuve. Certaines de ces entreprises sont petites et n'engagent que deux ou trois employés. D'autres emploient 500 personnes ou plus encore. Ci-dessous il y a une liste de quelques entreprises et du nombre de leurs employés en 1988:

Newfoundland Saddlery Co	**3**
Purity Factories (alimentation)	**90**
Marystown Shipyard (construction et réparation navales)	**375**

L'industrie manufacturière est une partie importante de l'économie de notre province. Les usines offrent des emplois. Elles achètent des provisions à nos voisins. Dans beaucoup de cas, les usines locales fabriquent des articles mieux adaptés à nos exigences spéciales que ceux qui sont fabriqués ailleurs.

Dans notre province, on manufacture une gamme de produits allant des pupitres pour les écoles jusqu'à de l'appareillage électronique extrêmement complexe. Certaines industries fonctionnent depuis longtemps; d'autres sont assez nouvelles. Northern Telecom, le fabricant d'appareillage de télécommunications le plus important du Canada, a une usine à St. John's qui produit du matériel de standard utilisé dans les systèmes de télécommunication dans le monde entier.

Nous construisons des bateaux de bois, de fibre de verre, et d'acier. A Harbour Grace, on fabrique des bottes et des chaussures. A Milton, on fait des briques. Des buffets de cuisine sont fabriqués à plusieurs endroits dans la province. Des conteneurs en bois, en métal et en carton ondulé sont manufacturés localement, ainsi que des portes en acier et en bois. Nous produisons également divers articles à partir du béton. Des boulangeries dans la province font du pain, des beignes et d'autres pâtisseries. De plus, nous fabriquons des annuaires de téléphone, des enveloppes, des clôtures, des panneaux de plâtre, des bijoux, des sacs en plastique et des livres.

Dans toute fabrication, on transforme des matériaux en un produit fini, quelque chose d'utile qu'on peut vendre à profit. Quelquefois une *fabrique* se sert de matières premières telles que le fil ou le bois qui ont déjà été traités en partie à une autre fabrique. Lorsqu'ils sont traités, certains produits, par exemple les chaussures, vont directement aux marchands. D'autres produits, comme l'acier, vont à une autre usine, où ils seront transformés en des produits beaucoup plus importants.

La chaîne manufacturière est parfois assez longue. Les minerais sont extraits dans de différentes régions du monde, et par la suite sont transportés à une *fonderie* pour être affinés. De là, des tôles ou des morceaux du métal sont expédiés à une usine pour être coupés et transformés en un produit nouveau, ou peut-être amalgamés à un autre métal afin d'obtenir des qualités spéciales. Ensuite, on transporte le

Les employés à cette usine assemblent du matériel de standard électronique. Comment cela t'aide-t-il à faire des appels téléphoniques?

métal dans une autre usine pour en faire un produit fini.

✍# 98

Y a-t-il une fabrique dans ta région où des produits sont manufacturés. Qu'est-ce qu'on y fabrique? Combien de personnes y sont employées? Quelle sorte de travail font les gens? Quelle formation ou quelles compétences faut-il pour y travailler?

L'électricité

Il existe un produit dont nous nous servons tous les jours sans même le voir, sans lequel nombre de choses dans nos maisons seraient inutilisables. Cela fait fonctionner nos télévisions, nos stéréos, nos lumières, nos machines à laver et d'autres appareils ménagers. Beaucoup d'entre nous aurions du mal à faire notre travail, si ce produit, l'électricité, n'était pas disponible.

L'électricité est produite en faisant tourner un générateur. Afin de produire de grandes quantités d'électricité, nous devons utiliser d'énormes générateurs qui tournent très rapidement. Pour cela, nous avons besoin d'une source d'énergie. Une source d'énergie provient de la puissance de l'eau qui tombe. On construit des barrages à travers des rivières, et on inonde le réservoir pour faire couler l'eau rapidement par un grand tuyau appelé une conduite forcée. L'eau fait tourner les *aubes* de la turbine, qui est reliée à l'arbre du générateur. L'électricité générée de cette façon s'appelle de l'hydroélectricité (du mot grec hydro qui veut dire de l'eau).

Une autre source d'énergie qui produit l'électricité est la vapeur. La vapeur est créée en brûlant du charbon, du pétrole ou des copeaux de bois. L'électricité produite de cette manière s'appelle de l'électricité thermale (du mot grec therme qui veut dire chaleur).

La production de l'hydroélectricité offre plusieurs avantages. Une fois que le barrage est construit, les coûts sont minimes. La pluie et la neige produisent l'eau, la source de l'énergie. Il n'y a pas de pollution, puisque rien n'est brûlé. Cependant, quand nous construisons un barrage, nous changeons l'environnement. Des hectares de terrain utilisés par des animaux et des humains sont inondés. Le régime d'écoulement de la rivière est changé, et des poissons, tels que le saumon, parfois ne peuvent plus remonter la rivière dans leurs migrations annuelles. Le carré gris à la page suivante raconte ce que pense un chef indigène des effets du barrage à Churchill Falls.

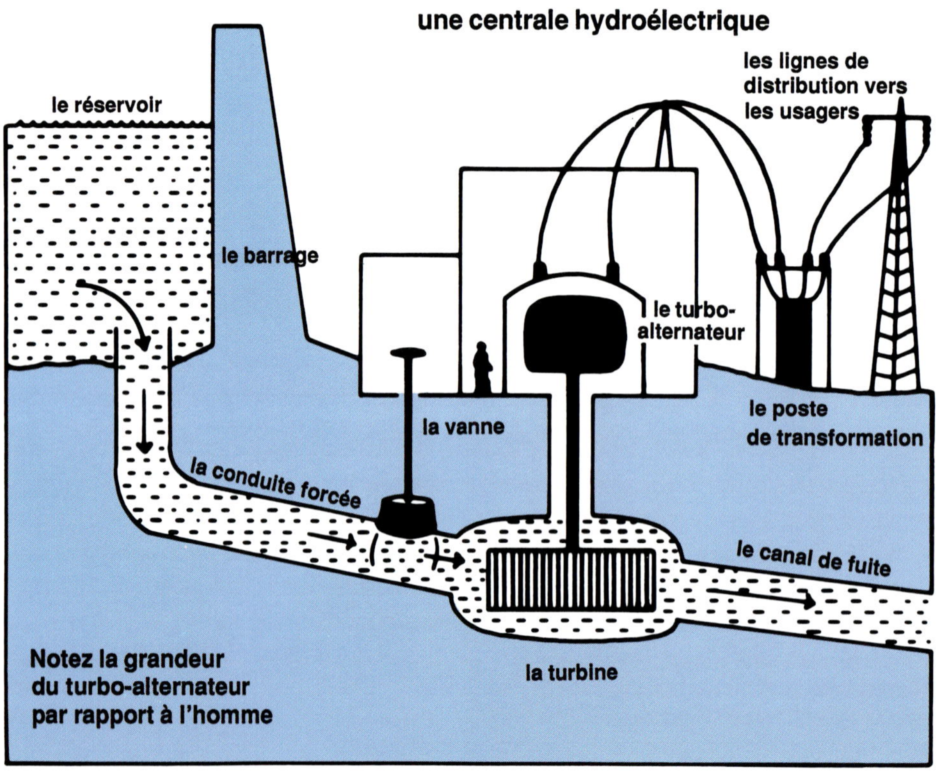

Un chef autochtone parle

Le projet de Churchill Falls a de graves conséquences pour nous puisque le lac Michikamau est inondé. Les terrains de chasse que nous avions au lac Michikamau sont sous l'eau. C'est là que nos trappeurs posaient leurs pièges, que nous chassions, que nos parents sont enterrés. Les tombes sont sous l'eau. Le gouvernement ne nous a pas consultés, ni a-t-il négocié avec nous. Il a mis le projet en exécution sans que notre peuple sache qu'on planifiait d'inonder la terre. On ne nous a donné aucune chance de défendre nos droits.

(Penote Michel de l'Association des Innus Naskapi Montagnais)

Des conduites d'eau à Twin Falls, une partie du projet hydroélectrique de Churchill Falls.

A l'intérieur de la centrale hydroélectrique à Churchill Falls. Quelle sorte d'énergie est exploitée ici? Qu'est-ce que nous appelons le résultat?

La centrale thermique à Holyrood.

99

Imagine qu'il y a une rivière rapide près de ta communauté. On pourrait construire un barrage et une centrale pour produire de l'électricité bon marché. Organise un débat pour décider si, oui ou non, on devrait construire le barrage et la centrale.

L'énergie: hier et aujourd'hui

L'énergie se trouve sous beaucoup de formes dans la nature. Quelle énergie déplace ce bateau?

As-tu assez d'énergie pour finir la journée scolaire? Ton corps utilise une partie de la nourriture que tu manges pour te donner de l'énergie. Les autos et les autobus brûlent du pétrole ou du diesel pour produire l'énergie qui les déplace. Nous avons appris à exploiter l'énergie sous plusieurs formes et de la faire travailler pour nous.

Les gens d'autrefois utilisaient des rames pour déplacer leurs bateaux. Ensuite quelqu'un a pensé à capter dans une voile l'énergie fournie par le vent. Des centaines d'années plus tard, les voiles ont été remplacées par des machines et les bateaux n'ont plus été obligés de dépendre de la puissance du vent. De grands navires pouvaient se déplacer rapidement, même lorsque le vent ne soufflait pas.

Dans les premiers temps, des roues hydrauliques, actionnées par des ruisseaux, fournissaient l'énergie nécessaire pour alimenter les scieries. Ensuite des machines, qui fonctionnaient à partir d'essence ou d'électricité, ont remplacé les roues hydrauliques. Les *attelages* de chevaux, qui transportaient les hommes et leurs charges, ont été remplacés par des autos, des tracteurs et des camions.

Quand l'énergie provenait du vent et de l'eau, on pouvait travailler seulement si le vent soufflait constamment, ou si le volume du cours d'eau était suffisant. Quand la machine à vapeur a été inventée, cela n'était plus le cas; on pouvait produire de l'énergie dans tous les endroits où il y avait de l'eau et qu'on pouvait la chauffer. A présent, beaucoup de machines sont alimentées par des produits pétroliers ou de l'électricité.

L'électricité existe depuis le premier éclair. Pourtant, ce n'est que depuis deux cents ans que nous sommes capables de créer un courant électrique et d'utiliser cette énergie pour faire fonctionner des machines, qui produisent de la chaleur, de la lumière, qui refroidissent la nourriture et nous apportent de la musique.

Comme les gens dans beaucoup de régions de l'Amérique du Nord, notre mode de vie dépend de l'énergie. Heureusement, dans notre province, nous sommes capables de produire beaucoup de

Une vieille roue hydraulique près de Clarenville.

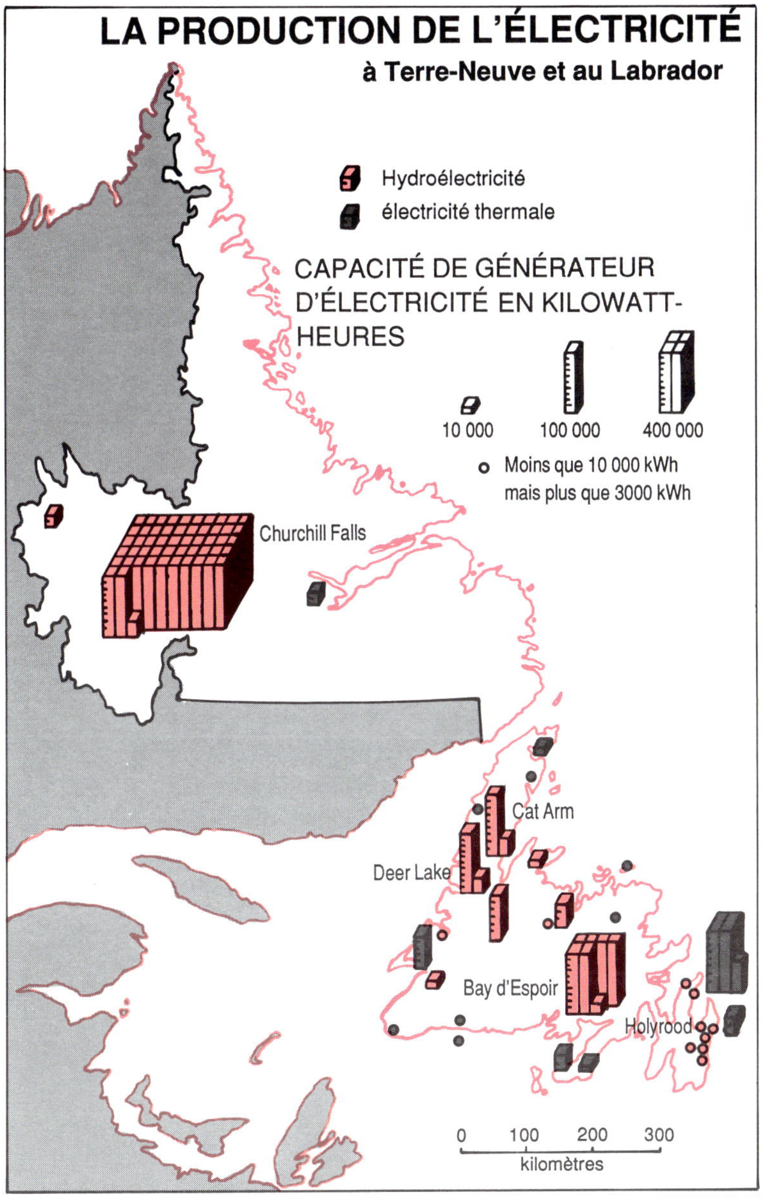

l'énergie que nous utilisons en exploitant l'énergie hydroélectrique de nos rivières principales. Cependant beaucoup de notre hydroélectricité est produite au Labrador et ne peut pas être utilisée dans les autres régions de la province. Pour subvenir à nos besoins, une grande centrale thermique a dû être construite à Holyrood.

L'hydroélectricité offre beaucoup d'avantages. La source d'énergie est renouvelable et crée peu de pollution. L'énergie thermique demande du combustible tel que le pétrole. Le pétrole et le gaz ne sont pas renouvelables, c'est pourquoi nous devons continuer à chercher de nouvelles sources d'énergie, et utiliser ce que nous avons prudemment.

Parmi les sources d'énergie de substitution on note l'énergie solaire, c'est-à-dire l'énergie du soleil. A vrai dire, quelques habitants de notre province ont déjà des maisons chauffées à l'énergie solaire. Une autre possibilité est d'exploiter la puissance du vent. Dans le passé, beaucoup de familles produisaient de l'électricité par moyen d'une **éolienne.**

#100

Étudie la carte sur cette page. Combien de centrales thermiques y a-t-il dans la province? Combien de centrales hydroélectriques? Quelle est la centrale hydroélectrique la plus importante? Quelle est la deuxième en ordre d'importance? Est-ce qu'il y a des centrales de la même importance qui sont alimentés par des combustibles? Pourquoi avons-nous les deux? Quelle est la centrale la plus proche de ta ville? Choisis deux centrales, calcule combien d'énergie elles peuvent produire, et compare-les.

La construction

Souvent nous fabriquons de gros objets fixes que nous n'appelons pas des objets manufacturés. Nous les groupons plutôt sous la *rubrique* de l'industrie de la construction.

Nous construisons des maisons, des bureaux, des usines, des magasins et des entrepôts. Nous construisons aussi des routes, des **digues**, des quais, des systèmes d'eau et d'égouts, et des barrages pour nous aider à produire de l'électricité. Pour cela, nous avons besoin d'opérateurs de machinerie lourde, de *charpentiers, d'arpenteurs,* d'électriciens, de *sidérurgistes*, de plombiers, de peintres et d'autres ouvriers qualifiés.

Le premier grand projet de construction dans notre province était le chemin de fer terre-neuvien. Pour ce projet, on a dû construire 880 kilomètres de rails pour la voie principale de St.John's à Port aux Basques, et 600 kilomètres de lignes secondaires, lignes construites de la voie principale jusqu'aux endroits qui n'étaient pas sur la route directe.

Un des plus grands projets de la province était la construction du complexe hydroélectrique à Churchill Falls, qui a eu lieu entre 1966 et 1971. Pendant cette période, 25 000 employés ont construit la plus grande centrale souterraine du monde. La centrale mesure 300 mètres de long, 25 mètres de large et 47 mètres de haut. Peux-tu imaginer de si grandes dimensions? Le montant global des coûts a atteint plus de neuf cent millions de dollars. D'autres projets d'une importance majeure ont été la construction de la transcanadienne de Port aux Basques à St. John's, la construction de bases militaires pendant la deuxième guerre mondiale, et la construction de la plate-forme de production pour les champs pétroliers de Hibernia.

Les ouvriers dans la construction gagnent de bons salaires-quand ils ont du travail. Malheureusement, ce genre de travail est

Travaillant dans un petit groupe, identifie combien de différents métiers représentent les ouvriers sur ce chantier de construction.

#101

Mesure la hauteur, la longueur et la largeur en mètres de ta salle de classe . Multiplie les chiffres pour trouver le volume. Regarde les photos de la centrale à Churchill Falls. Elle a un volume de 352 500 mètres cubiques. Combien de fois ta salle de classe pourrait-elle tenir dans cette centrale?

#102

Fais une liste des projets de construction qui se sont poursuivis dans ta communauté pendant l'année passée.

Renseigne-toi de la date où chaque projet a commencé. Combien de gens y étaient engagés? Qu'est-ce que ces informations t'apprennent au sujet de ta communauté?

saisonnier. Par exemple, il est très difficile de construire des routes ou d'installer des égouts pendant l'hiver. Souvent de nombreux ouvriers sont *licenciés* pendant les mois de l'hiver.

Des projets, tels que la construction d'un nouvel hôtel, durent plusieurs mois. D'autres, tels que la réparation d'un toit endommagé, ou la réparation d'un édifice ou d'une maison, peuvent durer seulement quelques jours ou quelques semaines. Dans les deux cas, quand le projet est complété, le travail est fini. Les ouvriers dans la construction cherchent constamment de nouveaux projets pour trouver du travail.

Cette photo montre le "synchrolift" à St.John's en construction. Cela a été complété en octobre 1983. A quoi cela sert-il? En quel autre endroit dans la province y en a-t-il un?

Les services

A la fin d'une journée de travail, un pêcheur a pris et vidé beaucoup de poissons. Dans la même journée, un bûcheron a abattu beaucoup d'arbres. Un mineur a aidé à extraire des minerais de la terre. Un travailleur en électronique a travaillé avec d'autres pour fabriquer des plaques à circuit complexes. Un charpentier a érigé la charpente d'un bâtiment. Tous ces travailleurs peuvent se sentir fiers des biens qu'ils ont produits.

Un conducteur de taxi n'a pas de biens à montrer après une journée de travail. Cela va de même pour une caissière à la banque, pour un secrétaire, une avocate, un infirmier ou une mécanicienne garagiste. Pourtant ces gens ont travaillé tout aussi fort. Au lieu de produire des biens, ces personnes assurent des services. Sans ces services, notre monde serait très différent. Quand tu te fais couper les cheveux, tu dois payer ton coiffeur. Si tes parents embauchent une gardienne, ils paient ce service de l'heure, par jour ou par semaine. Si la voiture de ta famille tombe en panne, la facture pour les réparations montrera une somme pour les pièces remplacées, et une autre qui correspond aux heures que le mécanicien a passées sur la voiture. Ce sont des frais directs que nous devons payer pour ces services.

Quels sont les frais qu'un chauffeur de taxi doit payer avec le prix de chaque course?

D'autres services sont payés de façon moins directe. Par exemple, quand tu vas à l'épicerie, tu ne paies pas le vendeur directement pour le service. Au lieu de cela, pour chaque article que tu achètes, tu paies un peu plus que le marchand a dû le payer. Une partie de cet argent supplémentaire est destinée à payer les employés qui travaillent dans l'épicerie. Les commerçants et les autres gens d'affaires ont aussi d'autres dépenses. Non seulement doivent-ils payer les salaires de leurs employés, ils doivent acheter l'équipement dont ils ont besoin, acheter ou louer l'édifice qu'ils ou elles utilisent, payer le chauffage, la lumière et les réparations, faire de la publicité et ainsi de suite. Quand nous payons les biens et les services, on nous fait payer indirectement ces choses-là aussi.

Après il y a tous les services pour lesquels il ne semble pas qu'on paie. Est-ce que tu paies quand les *ordures* sont ramassées de chez toi? Est-ce que tu paies quand tu empruntes un livre à la bibliothèque? Bien sûr que oui. Ces services sont payés par les différents niveaux de gouvernement. Tout le monde paie les services gouvernementaux en payant leurs **impôts.**

Tu te rappelles peut-être qu'au début de ce chapitre, nous avons parlé des changements qui ont eu lieu dans le monde du travail. Nous avons comparé l'indépendance des premiers colons dans notre province à notre interdépendance actuelle. Le paragraphe ci-dessous montre plusieurs façons par lesquelles nous sommes au service les uns des autres, et dont nous dépendons les uns des autres.

Le conducteur d'autobus a mal à la dent et va chez la dentiste. La dentiste a besoin de faire nettoyer sa robe à sec et l'emporte chez le *teinturier*. Le teinturier veut une nouvelle paire de chaussures et va au magasin. Les enfants du vendeur vont à l'école. La télévision du professeur a besoin de réparations. Le réparateur de télévision vend sa maison. L'agent immobilier trouve un acheteur. Une avocate assure que la vente est menée à bien. Combien d'autres services te viennent à l'esprit?

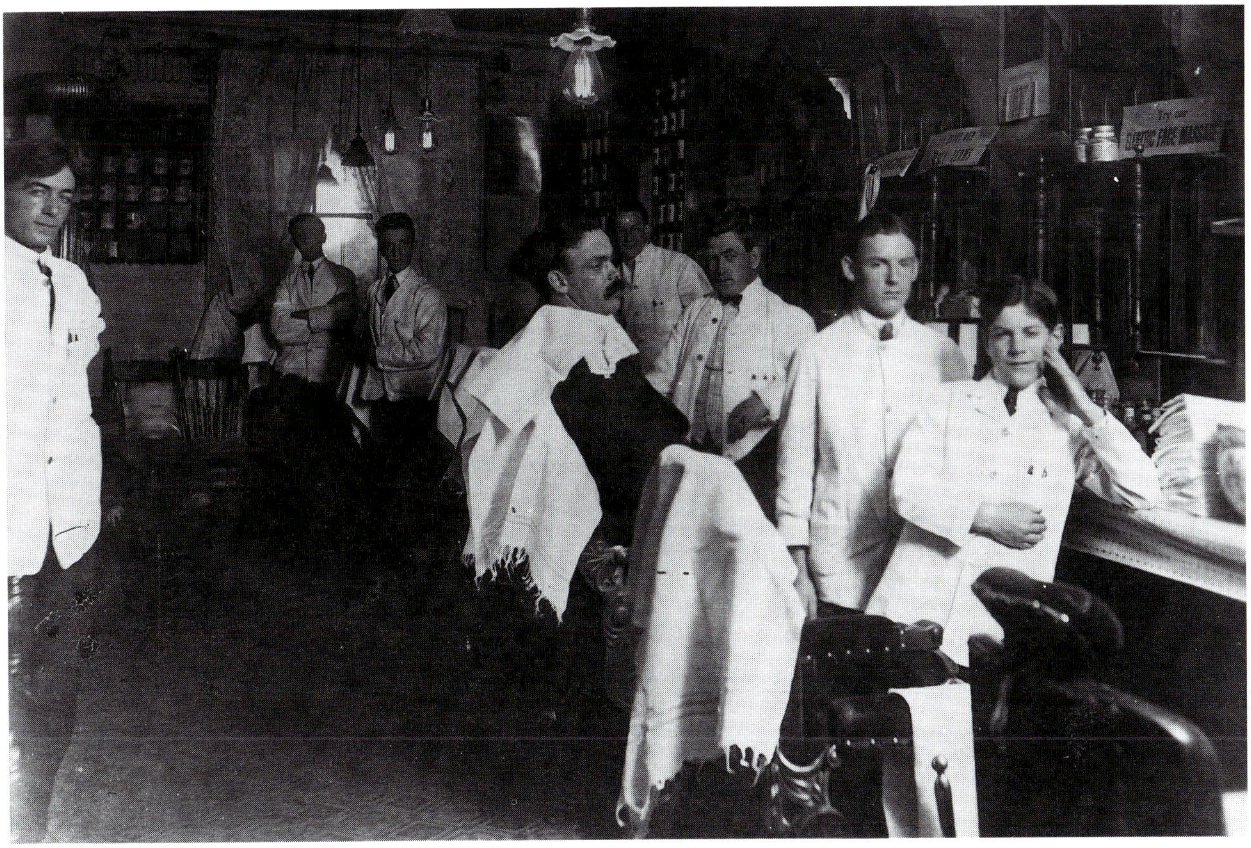

A la longue, certains services deviennent moins importants et d'autres le deviennent plus. Par exemple, autrefois des hommes de la ville se faisaient raser chez le barbier tous les jours. Pourquoi est-ce que cela a changé? Trouve d'autres services qui deviennent moins importants. Quelles sont les industries de service qui se sont agrandies au cours des dernières années?

Conducteur d'autobus municipal à Corner Brook.

#103

Dans ton cahier trace un petit cercle au milieu de la page. Ce cercle te représente. Trace des lignes pour te joindre à des personnes qui t'assurent des services. Quel est le service que chacun assure? Réunis tes idées à celles de tes camarades de classe pour faire un collage de groupe. Tu pourrais essayer de trouver des photos de magazine qui montrent les services que tu reçois.

Les achats et les ventes

Où achètes-tu du poisson? Comment obtiens-tu le journal local? Où achètes-tu le lait et les légumes? Où vas-tu pour acheter une nouvelle paire de chaussures?

Le plus grand secteur des industries de service est celui des achats et des ventes; des intermédiaires achètent les biens des producteurs et des fabricants et les revendent à toi, le consommateur.

Quelques marchandises qu'achètent les habitants de Terre-Neuve et du Labrador sont de provenance locale. Cependant, beaucoup de marchandises viennent de l'extérieur: les oranges de la Floride; les vêtements de Hong Kong; les autos du Japon ou de l'Ontario.

Comment toutes ces choses que nous achetons parviennent-elles jusqu'à nous?

Si tu regardes les photos sur ces pages, tu pourras suivre la route que prennent la plupart des marchandises du producteur jusqu'à toi, le consommateur. Du fabricant, les marchandises vont au marchand *en gros*. C'est lui qui fait parvenir les marchandises à plusieurs centres de distribution dans la province. Ces centres sont des endroits où de grandes quantités de marchandises peuvent être entreposées avant d'être vendues aux magasins ou aux points de vente.

Un point de vente peut être un petit commerce de famille, qui ne vend qu'une sorte de marchandises, ou un grand magasin qui vend non seulement des aliments, mais aussi des vêtements et de la *quincaillerie.*

Aujourd'hui, nous achetons beaucoup de marchandises dans les centres d'achats. Là, on trouve une grande variété de magasins sous un seul toit. Il y a aussi des entreprises dans les centres d'achats qui offrent des services des banques, des théâtres et des salons de coiffure, par exemple.

Les marchandises sont produites de différentes façons et en de différents lieux: dans des fermes, dans des usines, et dans l'environnement naturel.

Les producteurs vendent leurs marchandises à des grossistes qui se spécialisent en une sorte de marchandises, par exemple, les légumes. Les grossistes ont de grands entrepôts dans tous les centres de distribution importants, où les marchandises sont entreposées avant d'être distribuées.

Les grossistes vendent leurs marchandises au détaillant.

Les détaillants vendent leurs marchandises au client.

✍# 104

1. Les grands centres de distribution sont St. John's, Corner Brook, Lewisporte, Harbour Grace et Carbonear. Sur une carte blanche de Terre-Neuve et du Labrador, trouve et inscris le nom de ces centres d'approvisionnement. Marque ta communauté si elle n'est pas un des centres. Trace la transcanadienne à travers la province. Maintenant, réponds à ces questions:

   a. Pourquoi est-ce que ces endroits sont de bons centres d'approvisionnement?
   b. Lequel approvisionne ta communauté?
   c. Qu'est-ce que ces centres ont en commun?
   d. Pourquoi penses-tu qu'on a choisi Lewisporte plutôt que Grand Falls ou Gander?
   e. Quel centre utiliseraient les gens de Ramea?
   f. Pourquoi un grossiste n'aurait-il certainement pas un entrepôt à Harbour Grace et un autre à Carbonear?

2. Comment, selon toi, est-ce que les marchandises parviennent jusqu'aux magasins dans les communautés côtières du Labrador? Et dans le centre du Labrador? Maintenant, vérifie si tu as raison.

Le tourisme

Es-tu jamais parti en vacances ou en voyage avec ta famille ou tes amis? Où es-tu allé? Peut-être que tu as visité une ville ou un village de Terre-Neuve ou du Labrador. Peut-être que tu as voyagé au Canada continental ou dans un autre pays. Quand tu pars en vacances pour visiter des endroits nouveaux, tu t'appelles un touriste.

As-tu vu des touristes dans ta communauté? Comment sais-tu que c'étaient des touristes? Sais-tu d'où ils venaient? Pourquoi penses-tu que les touristes aiment visiter notre province? Pense aux excursions que tu as faites. Qu'est-ce qui te plaisait quand tu visitais des endroits différents?

Pourvoir aux besoins des touristes crée de nombreux emplois dans notre province. Des restaurants, des hôtels, des terrains de camping répondent aux besoins quotidiens de nos visiteurs. Les grands magasins et les centres commerciaux offrent des marchandises variées, parmi lesquelles de beaux souvenirs faits à la main, que les touristes se hâtent d'acheter.

Le tableau sur cette page te donne une idée du nombre de touristes qui visitent Terre-Neuve et le Labrador chaque année, et le montant d'argent qu'ils dépensent lors de leur visite.

Est-ce qu'il y a des entreprises dans ta communauté ou ta région qui offrent des services aux touristes? Combien d'employés y travaillent? Sais-tu si ces entreprises fonctionnent à longueur d'année, ou seulement pendant les périodes de pointe, par exemple pendant les mois de l'été? Si les entreprises dans ta région fonctionnent toute l'année, y a-t-il des mois où ils engagent plus de personnel?

Dans beaucoup de cas, les entreprises ne fonctionnent pas toute l'année parce qu'elles dépendent du commerce touristique pour acheter leurs marchandises et leurs services. Pendant la saison morte, quand les touristes ne visitent pas la région, il n'y a pas assez de ventes pour assurer les bénéfices nécessaires pour payer les employés

La valeur du tourisme à Terre-Neuve et au Labrador

Année	No. de visiteurs	Argent dépensés
1986	145,115	51,262,700
1987	152,299	56,375,900
1988	160,134	64,102,100
1989	160,706	68,660,700
1990	157,000	65,600,000

Pourquoi penses-tu que les chiffres pour 1990 sont moins élevés que ceux pour 1989? Dans ta communauté, où les touristes pourraient-ils dépenser de l'argent?

Des sites historiques à Terre-Neuve et au Labrador sont populaires parmi les touristes. Ici des touristes visitent Signal Hill. Si un touriste te demandait l'histoire de ta communauté, pourrais-tu la lui raconter?

et acheter des stocks. Ceci est particulièrement vrai de l'**artisanat.**

Mais ce n'est pas toujours les activités d'été qui attirent les touristes à une région. Dans certaines parties de notre province, la saison d'hiver est la période de pointe. Est-ce que ta communauté offre des activités d'hiver qui attirent des visiteurs? Nos installations de ski alpin et de ski de fond sont bien connues à travers le Canada. Lorsque les touristes visitent une région pour skier ou participer dans d'autres activités d'hiver, ils ont besoin des mêmes marchandises et services que ceux qui visitent pendant les mois plus chauds.

La station de ski alpin à Marble Mountain, près de Corner Brook, a, de plus en plus, la réputation d'avoir parmi les meilleures installations de ski dans l'est du Canada.

Les touristes disent souvent que les habitants de Terre-Neuve et du Labrador sont très amicaux. Que peux-tu faire pour aider les touristes que tu rencontres?

#105

Pense à ta communauté. Imagine que beaucoup de touristes viennent y passer un jour ou deux. Trace deux colonnes. Dans une colonne, fais une liste des choses dont les touristes pourraient avoir besoin ou qu'ils pourraient demander. Dans l'autre colonne, inscris les sortes d'entreprises qui peuvent subvenir à ces besoins. Coche, à côté, des entreprises qui existent dans ta communauté. Est-ce que ta communauté peut répondre à tous les besoins des touristes qui viennent la visiter?

Les entrepreneurs

Au cours des deux derniers chapitres, nous avons examiné le monde du travail. Un groupe de gens que nous appelons des entrepreneurs est très important dans le monde des affaires. Ils organisent et dirigent des entreprises, et prennent les risques impliqués lorsqu'on lance une affaire.

Les producteurs des marchandises et les fournisseurs de services commerciaux que nous achetons s'appellent des entrepreneurs. Le propriétaire d'un magasin, d'une entreprise de pêche, d'un salon de coiffure, d'un café dans ton voisinage ou dans ta communauté est un entrepreneur. Beaucoup d'entrepreneurs prospères font des affaires depuis des années. Cependant, nos besoins se transforment, et il se présente souvent des occasions de fournir de nouveaux produits et de nouveaux services. Des entrepreneurs dirigent des garages, des épiceries, des vidéoclubs, des salons de coiffure ou des boutiques d'animaux. Quelquefois des entrepreneurs travaillent ensemble pour gérer des entreprises plus importantes telles que des mines, des usines de pâte et de papier ou des fabriques.

Pour commencer, les entrepreneurs qui gèrent des affaires ont des idées comment fournir les produits ou les services dont les consommateurs ont besoin. Ils pensent que leurs idées vont marcher, qu'il y a assez de gens qui achèteront leurs produits et leurs services pour faire des bénéfices. Les bénéfices sont la somme d'argent qui reste lorsque toutes les dépenses ont été défrayées. En quelque sorte, les bénéfices sont le salaire de l'entrepreneur.

Quand les gens établissent des entreprises, ils doivent planifier consciencieusement. Ils doivent calculer quels seront les frais. Souvent ils doivent emprunter de l'argent pour s'établir. Lorsqu'ils empruntent de l'argent, ils doivent

Des entrepreneurs de nos communautés.

payer de l'intérêt à ceux qui le leur ont prêté. Ils doivent payer leurs employés. Ils doivent faire construire ou louer un lieu de travail. S'ils vendent des produits, ils doivent acheter des stocks. S'ils fournissent un service, ils auront peut-être à engager des ouvriers qualifiés.

Beaucoup d'entrepreneurs ont réussi et font des affaires depuis des années. Au fur et à mesure que nos besoins se transforment, il se présente d'autres occasions de fournir des produits et des services nouveaux. Voici un exemple.

Deux jeunes ont acheté de l'équipement qui valait des milliers de dollars, ont loué de l'espace, ont fait installer de l'électricité, ont embauché des étudiants et ont ouvert deux cages à softball. Les gens qui voulaient s'essayer pouvaient payer et s'entraîner à frapper une balle lancée à cent kilomètres à l'heure.

Ces jeunes entrepreneurs ont fourni un service qui n'était pas disponible aux gens de la région auparavant. Ils ont dû investir beaucoup d'argent pour établir leur entreprise. Ils ont pris le risque qu'assez de gens utiliseraient leur équipement pour qu'ils puissent payer les *factures* et faire des bénéfices à la longue.

Certains entrepreneurs n'apportent pas un service nouveau. Ils font de la *concurrence* aux autres pour obtenir des contrats. Cela veut dire qu'ils doivent convaincre les clients qu'ils sont capables de fournir un bon service *meilleur marché.*

Chaque été, de jeunes entrepreneurs obtiennent des contrats pour tondre les gazons et entretenir les plates-bandes des cimetières et devant les propriétés commerciales. Alors, ils achètent des tondeuses et embauchent d'autres étudiants pour faire le travail.

On pourrait dire que les enfants sont quelquefois entrepreneurs. Par exemple, certains enfants coupent les langues de morue, cueillent des baies et attrapent des vers de terre pour les vendre à des clients satisfaits.

Tous les entrepreneurs qui réussissent ont certaines qualités en commun. Ils savent bien prédire. Ils ont de l'imagination, ils sont créateurs et prennent volontiers des risques. Nos communautés ont besoin de gens pleins d'initiatives comme cela.

Certains gens entreprenants ne visent pas à gagner de l'argent. Ce sont les ***bénévoles.*** Ils donnent de la direction aux clubs à but charitable de l'église et de la communauté, tels que les Kiwanis, et aux projets des associations de parents d'élèves, dans les Scouts et les Guides et dans les activités de récréation des jeunes gens. Ce sont de bons administrateurs, planificateurs et travailleurs. Nous dépendons beaucoup de ces bénévoles et de leur initiative dans nos communautés.

Est-ce que ta classe ou toi avez jamais planifié un projet que vous avez mené jusqu'au bout? Avez-vous organisé une assemblée, nettoyé la cour de l'école, ramassé des objets pour le recyclage? Il y a beaucoup de choses qu'on peut faire à tous les âges pour améliorer la vie dans nos communautés.

✍#106

En groupes de trois ou quatre, interviewez un entrepreneur de votre communauté. Votre professeure pourra vous donner une formule que vous pourrez utiliser.

✍#107

Imagine que tes amis et toi vouliez établir une petite entreprise, telle qu'un étal à citronnade. Montrez comment vous pourriez planifier et organiser cette entreprise.

Les services publics

Aider les gens à trouver des emplois est un service public important.

Qui décide quand il faut déneiger les rues?

Le teinturier, l'avocate, la secrétaire et la marchande fournissent tous des services dont les gens ont besoin. Dans certains cas, on doit payer directement pour leur travail. Dans d'autres cas, les gens sont payés un salaire qui est pris de l'argent que gagne l'entreprise pour laquelle ils travaillent. Les services que fournissent ces employés s'appellent des services commerciaux.

Mais qui entretient les rues qui te mènent à l'école? Qui paie le conducteur d'autobus? Qui répare l'éclairage des rues, et enlève la neige? Qui fabrique les pièces de monnaie et imprime les billets que tu dépenses? Qui assure que les personnes âgées reçoivent leur pensions? Ce sont tous des services dont les gens ont besoin. Ils s'appellent des services publics.

✍# 108

Fais une liste de tous les emplois du service public mentionnés ici. Participe à une séance de *remue méninges* pour ajouter d'autres emplois à ta liste. Sois prêt à expliquer à tes camarades de classe pourquoi, d'après toi, une occupation devrait figurer sur la liste.

Les Canadiens élisent des gouvernements à trois niveaux, municipal, provincial, et fédéral, pour assurer les services auxquels s'attend le public. Les gouvernements engagent du personnel pour faire le travail nécessaire. Ces gens s'appellent des fonctionnaires. Les fonctionnaires sont payés par les impôts que les gouvernements perçoivent.

Tu vois beaucoup de fonctionnaires, tous les jours, travailler pour toi et ta famille et tes amis. Tu regardes un groupe d'ouvriers qui balayent les rues de ta ville. Un conducteur d'autobus t'emmène peut-être à l'école. Des travailleurs sociaux visitent des maisons dans ta communauté pour aider les habitants avec les problèmes de leur vie quotidienne. Les pompiers protègent ta communauté des incendies. Les agents de police assurent que tu puisses aller à l'école à pied en sécurité en contrôlant la circulation. Ils protègent aussi les maisons, les bureaux, les magasins et les bâtiments publics. Un préposé de Postes Canada te donne ton courrier au bureau de poste, ou le facteur l'apporte jusqu'à ta maison ou ta boîte à lettres.

Si tu pars en voyage, il se peut que tu t'arrêtes à un parc provincial ou national. Un gardien t'accueille à l'entrée et t'indique les meilleurs endroits où nager, camper, ou faire du ski. Quand tu visites une autre province, des

La Garde côtière canadienne en patrouille de recherches et de sauvetage.

Quel code spécial sur tes lettres aide les employés des postes à les trier?

préposés au kiosque touristique (payé par le gouvernement de cette province) t'aident à trouver ton chemin, et décrivent les choses intéressantes à voir. Si tu visites Ottawa, tu verras des membres de la Gendarmerie royale qui montent la garde dans leur vestes rouges devant le Parlement. Un guide te décrira et te fera voir les bâtiments, et répondra à tes questions.

Ce sont tous des fonctionnaires. Beaucoup d'autres travaillent dans l'ombre. Qui décide quelles rues seront balayées aujourd'hui? Qui décide quelles digues construire? Qui assure que les taxes sont perçues afin qu'il y ait de l'argent pour payer les fonctionnaires? Qui nettoie les bureaux du gouvernement?

Les fonctionnaires prennent des décisions qui ont des *répercussions* pour les industries et les entreprises. Ils dirigent les aéroports et entretiennent les quais qui appartiennent au gouvernement. Ils travaillent avec les compagnies forestières pour assurer qu'assez de jeunes arbres sont plantés. Ils inspectent la nourriture que nous achetons et imposent des règles de sécurité pour d'autres produits. Ils assurent que les entreprises se conduisent honnêtement.

Beaucoup de ces gens travaillent directement pour le gouvernement. D'autres ne sont pas de vrais fonctionnaires. Ils travaillent pour des entreprises privées qui sont payées par le gouvernement pour accomplir un certain travail. Par exemple, une compagnie de nettoyeurs de bureaux est payée pour nettoyer un édifice gouvernemental. C'est un service pour le public. Mais la compagnie peut avoir un contrat privé pour nettoyer d'autres bâtiments.

Les gens fournissent des services commerciaux afin de faire des bénéfices, c'est-à-dire pour gagner leur vie. Si beaucoup des services dont nous avons besoin étaient assurés seulement pour en tirer des bénéfices, la plupart des gens ne pourraient pas se les payer. Cependant, le public a besoin de certains services et nous nous attendons à ce que le gouvernement les assurent. A cette fin, ils doivent dépenser de l'argent et ils doivent obtenir cet argent du public. Les services gouvernementaux ne sont pas gratuits; nous ne payons pas directement, mais d'une manière ou d'une autre, c'est nous qui les finançons. De quelle façon?

Le gouvernement provincial prélève une taxe à l'achat. Quand nous achetons certains articles, une partie du prix est la taxe à l'achat, que le détaillant doit percevoir et envoyer au gouvernement provincial. En même temps, le détaillant perçoit la TPS (taxe sur les produits et les services) pour le gouvernement fédéral.

#109

Nous payons les services publics en payant des impôts. Travaillant dans un petit groupe, fais une liste de toutes les taxes que tu connais. Demande d'autres exemples à tes parents. Qui reçoit chacune de ces taxes, le gouvernement municipal, provincial ou fédéral? Fais une liste des services assurés par chacun de ces gouvernements.

Les services de santé publique: hier et aujourd'hui.

Quelques employés très spéciaux assurent un service qui est important pour tous les habitants de Terre-Neuve et du Labrador. Ce sont les employés de la santé publique: les infirmiers, les radiologistes, les nettoyeurs et les administrateurs d'hôpital, les médecins et les conducteurs d'ambulance. Tu es sans doute déjà allé à un hôpital moderne, en tant que visiteur ou malade. Les soins médicaux n'ont pas toujours été aussi bons qu'ils le sont aujourd'hui, et les services n'ont pas toujours été disponibles à tout le monde à Terre-Neuve et au Labrador.

Quand les premiers bateaux de pêche sont venus à Terre-Neuve, si les hommes tombaient malades, ils recevaient parfois de l'aide d'un médecin sur un autre bateau de pêche, ou d'un des bateaux de la marine britannique. L'hiver, les colons n'avaient aucune aide médicale, car aucun médecin n'habitait sur la côte.

Comme les colonies grandissaient, des médecins sont venus habiter dans les plus grandes communautés. Beaucoup de gens, pourtant, vivaient dans de petits villages isolés. Souvent, ils ne pouvaient pas parvenir à un hôpital. Même s'ils réussissaient à voir un médecin, des gens mourraient parce que les médecins avaient peu de médicaments et peu d'équipement.

Les églises estimaient que c'était leur devoir d'aider les malades. Beaucoup de ministres, comme Hugh McDermott, et de groupes missionnaires, comme les Moraves du Labrador, soignaient les malades.

Avant les années 1930, il n'existait pas de système pour assurer des services de santé à toute la population de Terre-Neuve et du Labrador. Des maladies redoutées, telles que la *tuberculose* (TB), la *typhoïde*, la *diphtérie*, la *petite vérole* et la *scarlatine*, tuaient de nombreux habitants de toutes les communautés, qu'ils aient ou non des services de santé.

Dans les années 1930, une commission gouvernementale a établi des services de santé et a fait construire de petits hôpitaux à des points centraux. Les gens devaient toujours voyager, parfois de longues distances, en bateau, en train ou par des chemins accidentés pour arriver à l'hôpital. Cependant des services étaient plus accessibles à plus de gens qu'auparavant.

Après la construction des petits hôpitaux, les Terre-Neuviens ont participé à une forme d'assurance-maladie, ce qui était peu commun en Amérique du Nord à l'époque. Chaque famille payait une petite cotisation tous les ans. Si quelqu'un avait besoin des soins médicaux, il ou elle pouvait aller à l'hôpital ou recevoir un traitement sans rien payer de plus.

Depuis les années 1940, il y a eu des améliorations dramatiques dans les soins médicaux. Des chercheurs en médecine partout dans le monde ont trouvé de nouveaux médicaments qui aident à prévenir et soigner les maladies. Des machines ont été inventées, qui permettent aux médecins de pratiquer des opérations compliquées. De plus, la plupart des gens sont mieux éduqués et comprennent mieux l'importance de l'hygiène et d'une alimentation variée.

De nos jours, beaucoup de médecins habitent dans ou près de nos petites communautés. Notre système de transport s'est amélioré de sorte que,

Le Christmas Seal *était un bateau, équipé d'un appareil de radioscopie, appartenant à l'Association terre-neuvienne contre la tuberculose. Ce bateau desservait les petits villages de pêche de Terre-Neuve et du Labrador, offrant à tous des radiographies des poumons pour aider à diagnostiquer et soigner la tuberculose.*

si quelqu'un a besoin de soins spéciaux, on peut l'emmener à un grand hôpital, tel que le Western Memorial à Corner Brook ou le Centre des sciences de la santé à St. John's.

Là, par exemple, les médecins ont des machines qui leur permettent d'examiner à l'intérieur des artères et des coeurs de leurs malades. Ils peuvent remplacer l'articulation de la hanche par une articulation artificielle pour que le malade puisse marcher de nouveau. Les jeunes handicapés physiques de toute la province visitent le Centre de réadaptation à St. John's pour se faire faire des appareils orthopédiques et des *fauteuils roulants*, qui les aideront à se déplacer plus facilement.

Les soins médicaux modernes sont parfois très chers. Est-ce que ta famille a les moyens de payer des milliers de dollars pour une ambulance de l'air, des médecins, des infirmières, des techniciens, des machines médicales complexes et des thérapeutes dont on a quelquefois besoin pour une guérison complète? Il est rare qu'on ait besoin de tels soins, mais, le cas échéant, peu d'entre nous aurions les moyens de nous les payer.

Les soins médicaux sont une responsabilité provinciale. A la fin des années 1960, pourtant, le gouvernement fédéral a accepté de partager le coût si les gouvernements provinciaux mettaient en place des systèmes d'assurance-maladie. A présent, les Canadiens n'ont pas à s'inquiéter des coûts énormes d'une urgence médicale.

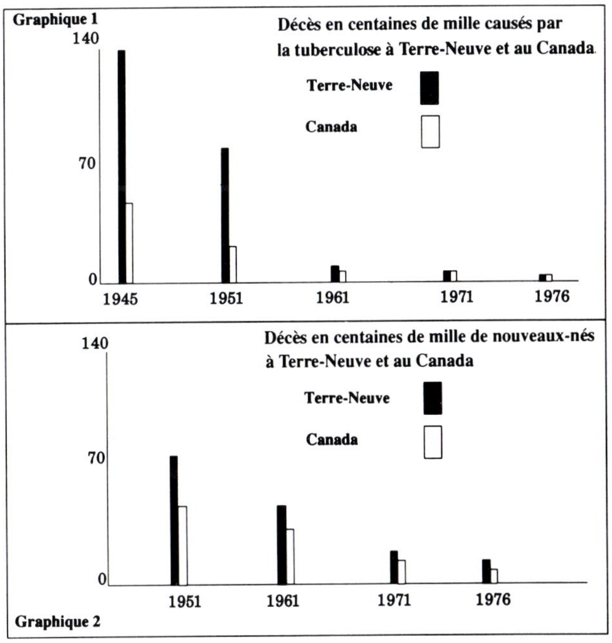

✍# 110

Ton professeur te donnera à lire l'histoire de John Clinch. Selon toi, quelles étaient ses émotions lorsqu'il a vacciné ses enfants, et exposé son neveu à des gens malades de la petite vérole? Est-ce que les médecins d'aujourd'hui seraient obligés de faire cela? Pourquoi, ou pourquoi pas?

✍# 111

Examine le graphique sur cette page. En 1945, 140 sur 100 000 personnes sont mortes de tuberculose à Terre-Neuve. Quel était le taux de mortalité au Canada? Quelle était la différence entre les deux en 1976? En 1951, quelle était la différence entre la mortalité des nouveaux-nés à Terre-Neuve, et dans le reste du Canada? Quels sont les chiffres comparatifs aujourd'hui? Quelles raisons peux-tu donner pour ces taux de survie améliorés?

CHAPITRE 14

Les syndicats

Dans cette unité, nous avons appris comment les gens gagnent leur vie de différentes façons. Certains cherchent et exploitent les ressources, d'autres fabriquent des produits, ou assurent les nombreux services commerciaux et publics. Les gens qui travaillent dans une industrie donnée, ceux qui ont des capacités particulières ou ceux qui assurent des services publics font face à des problèmes communs. Pour résoudre ces problèmes, ils créent quelquefois des syndicats.

Un syndicat qu'est-ce que c'est?

Un syndicat représente un groupe de gens qui ont accepté d'agir ensemble pour une variété de raisons différentes.

Ces gens veulent améliorer:

- les salaires
- la longueur de la journée de travail
- les conditions de travail
- les mesures de sécurité au travail
- les *prestations* reçues chaque année
- les prestations du régime de *retraite*

Une fois que le syndicat est mis sur pied, tous les employés devraient être traités de la même façon. Sans un syndicat cela n'est pas certain. L'employeur peut aussi projeter à long terme parce qu'il sait à quoi s'attendre de la part des ouvriers syndiqués pendant un an ou deux.

Lors de la formation d'un syndicat, on demande aux ouvriers de payer un certain montant de leur salaire pour soutenir les activités syndicales. On choisit alors certains membres pour parler avec les employeurs de leurs *soucis*. Les représentants du syndicat et l'employeur discutent ces questions ensemble jusqu'à ce qu'ils s'accordent sur une résolution qui satisfasse les deux partis. Tous les problèmes résolus, les deux partis signent un contrat qui s'adresse à ces soucis et qui s'étend sur un, deux ou trois ans.

Un contrat est un accord légal dressé par les deux partis. Dresser un contrat entre deux partis avec des points de vue différents représente des fois un lent travail de *concessions mutuelles*. Aucun parti ne peut s'attendre à obtenir tout ce qu'il veut. Les employés savent que s'ils exigent trop d'argent, l'employeur ne pourra pas le payer et certains vont perdre leurs emplois. Les employeurs savent que les employés ont besoin de salaires équitables et de bonnes conditions de travail. Si on ne les fournit pas, il va être difficile d'embaucher des employés compétents et l'employeur en souffrira.

Si les deux partis ne peuvent pas s'accorder, il se peut que le syndicat se mette en **grève,** c'est-à-dire que les employés refusent de travailler jusqu'à ce qu'on ait réglé l'affaire. Cependant, les employeurs ne sont pas toujours en mesure de répondre aux exigences du syndicat, et décident parfois de fermer les ateliers aux employés (un lock-out), c'est-à-dire qu'on ne permet pas aux employés de travailler.

Les deux partis préféreraient s'accorder de façon amicale. Après tout, ils doivent travailler ensemble après que l'accord aura été signé.

Quand un syndicat se met en grève, ses membres se mettent en faction (au *piquet*) aux

William Coaker, fondateur du FPU

entrées au lieu de travail. D'habitude ils portent des pancartes, et font les cent pas pour renseigner le public sur leurs raisons de refuser de travailler. Quelquefois l'entreprise embauche d'autres personnes pour remplacer les grévistes. Les membres du syndicat nomment ces remplaçants des briseurs de grève. L'employeur espère qu'en embauchant ces autres, il va forcer les grévistes à revenir au travail.

Les grèves attirent beaucoup d'attention et les médias en parlent. Néanmoins, la grande majorité de syndicats et d'employeurs siègent ensemble pour s'accorder sur un contrat sans avoir à se mettre en grève ou à fermer les ateliers.

Le premier syndicat de Terre-Neuve et du Labrador, appelé le Mechanics Institute, a été formé en 1827. (A cette époque «mechanic» signifiait toute personne qui travaillait avec les mains). Son but principal était l'éducation de ses ouvriers. Cinquante ans plus tard, le Seal Skinners Union (Syndicat des écorcheurs de phoques) avait comme souci principal, les salaires. Le Store Clerks Union (Syndicat des vendeurs et vendeuses) voulaient moins d'heures de travail. Le Barrel Makers Union (Syndicat des fabricants de tonneaux) voulaient limiter le nombre d'apprentis, parce qu'ils craignaient ne pas avoir assez de travail pour leurs membres.

William Coaker était un des premiers organisateurs de syndicats. Il a mis sur pied le Fisherman's Protective Union (Syndicat pour la protection des pêcheurs) en 1908 à Herring Neck. Faire de la pêche représentait souvent un dur travail avec peu de récompenses. Les heures étaient longues, le travail dangereux et les pêcheurs ne gagnaient souvent que peu d'argent. Ce syndicat a apporté bien des changements au cours des vingt années suivantes. Pendant son année la plus importante, il a eu 20 000 membres.

Le FPU représentait plus qu'un simple syndicat. Ses membres travaillaient dans tous les domaines, pas seulement dans la pêche. On avait même publié un organe qui s'appelait le *Fisherman's Advocate* (l'avocat du pêcheur). On avait mis sur pied des magasins pour que le pêcheur n'ait pas à marchander avec les commerçants locaux si les prix n'étaient pas raisonnables. On avait aussi mis sur pied une entreprise d'importation et d'exportation et on avait commencé un chantier de construction de navires.

En 1914, le FPU a créé une ville-modèle, Port Union, près de Catalina. Le bureau principal du syndicat devait se situer dans cette ville qui était supposé devenir une communauté idéale offrant aux gens tous les services dont, à l'avis de Coaker, ils avaient besoin. Le syndicat avait même construit un barrage sur une rivière avoisinante pour fournir de l'électricité à la ville.

Coaker avait aussi formé un parti politique, le Fisherman's Union Party (parti du syndicat du pêcheur). Élu à la Chambre des Communes en 1913, il a fini par devenir ministre de la Pêche.

Avec les années trente, le FPU avait perdu beaucoup de son pouvoir. Il a pourtant joué un rôle important dans notre histoire. Le FPU a donné aux gens une fierté du travail, un sentiment d'indépendance, et la conscience que, eux aussi, pouvaient participer à leur propre gouvernement.

✍# 112

Trouve des articles de journal qui traitent des activités d'un syndicat. Réponds aux questions suivantes:
Quel est le nom du syndicat?
Quel sont les prolèmes actuels du syndicat?
A-t-on l'intention de faire la grève?

La lutte pour un meilleur salaire.

En 1900, aux mines de Bell Island, le salaire était de dix cents de l'heure. Les mineurs de fond travaillaient dans des conditions affreuses. Puis la compagnie minière a décidé de réduire le nombre de mineurs qui chargeaient les wagons à minerai de fer. Cela voulait dire que ceux qui restaient ont dû travailler même plus dur, mais la compagnie ne leur a pas donné d'augmentation de salaire.

La même compagnie dirigeait les mines à Sydney, en Nouvelle Écosse. Mais les ouvriers y gagnaient plus. Exigeant un salaire équitable, 1600 ouvriers des mines de Bell Island se sont mis en grève.

La compagnie a refusé de reconnaître les grèves. On y a amené d'autres ouvriers pour faire le travail des mineurs. Il s'est éclaté de la violence. On a fait venir la police de la ville lointaine de St. John's. On a arrêté le président du syndicat.

La compagnie et les ouvriers ont fini par s'accorder. Certains ouvriers ont reçu une augmentation de salaire pour un salaire de douze cents et demi et les autres en ont reçu onze. Cela ne semble pas beaucoup aujourd'hui, mais les mineurs de Bell Island avaient gagné une bataille importante. Ils s'étaient montrés capables de marchander ensemble dans un syndicat pour arriver à des changements.

Wabana You're a Corker

1. Ye men that works down in this cave,
   Your courage must be more than brave,
   To work a mine beneath the wave,
   Wabana you're a corker.

2. With your oil flash strapped up to your side,
   And on your back a miner's pride,
   And bold John Davis for your guide,
   Wabana you're a corker.

3. Down in those dark and weary deeps,
   Where the drills do hum and the rats do squeak,
   Day after day, week after week,
   Wabana you're a corker.

4. The boss will show you to your room,
   With a lighted lamp will show a gloom,
   And perhaps those walls will be your tomb,
   Wabana you're a corker.

5. John Fred Squires repairs the drills,
   When he gets them ready, he'll send them in,
   If she don't work now, she never will,
   Wabana you're a corker.

6. The driller he jacks up his bar,
   Between the rib and a loaded car,
   Where all those miss exploders are,
   Wabana you're a corker.

7. Come now, boys, and look alive,
   Another pair of slices drive,
   And don't come up 'till half past five,
   Wabana you're a corker.

8. When you comes up by the drain,
   Who will you meet but that McLean
   Saying, "I will cut your time again,"
   Wabana you're a corker.

9. I asked old Alfred for my time,
   I knowed he couldn't write a line,
   And Lockey was down in the mine,
   Wabana you're a corker.

10. All the women on Bell Isle,
    They sleeps in bed 'till half past nine,
    And light's their fire with the batcher's oil,
    Wabana you're a corker.

11. All the women joins a club,
    To feed their pigs on the batcher's grub,
    They feeds them in a ten-pound tub,
    Wabana you're a corker.

12. With one hello and a simple knock,
    Get up old cook, it's six o'clock,
    The water wagon is around the block,
    Wabana you're a corker.

13. If you're living on the Green,
    Every morning you'll get beans,
    And at suppertime again it's beans,
    Wabana you're a corker.

✍ #113

Lors de la grève des mineurs de Bell Island, le jambon coûtait 22 cents le kilo, un pantalon de garçon 35 cents, des gants de dame 40 cents et un abonnement annuel au Evening Telegram $3.

A 10 cents l'heure, combien de temps aurait-il fallu qu'un mineur travaille pour acheter un des objets mentionnés ci-dessus?

Vérifie quelques salaires des ouvriers d'aujourd'hui; combien se font-ils payés à l'heure; combien de temps faudrait-il qu'il travaille pour acheter les mêmes produits?

Des ouvriers en train de charger des wagons à minerai de fer. La grève de Bell Island était une des premières initiatives pour obtenir de meilleures conditions de salaire et de travail.

Un groupe de mineurs de Bell Island. Les premières mines de Bell Island étaient des mines à ciel ouvert. Plus tard des mines à puits ont été creusées. Pendant les années 50, ces puits descendaient jusqu'à trois milles au-dessous des eaux de la baie Conception. Peux-tu t'imaginer le travail terrible qu'avaient ces hommes à faire monter le minerai de fer à la surface!

La lutte pour des meilleures conditions de travail

Twin Lakes

2. I said to my wife, "I don't know what about it,
For I don't want the A. N. D. Company to break;
I'm afraid they won't have enough money to pay me,
If I have a month's subbing up on the Twin Lakes."

3. So right there and then I then made my decision,
The thoughts of the subbing could make your heart ache;
If I live to be a thousand I'll always remember
The year I went subbing up on the Twin Lakes.

4. I arrived at Twin Lakes being one fine Sunday evening,
About four o'clock, if I make no mistake;
The bunks were all filled and I slept on the table,
The first night I spent on the shores of Twin Lakes.

5. Some in their bunks they were piling up timber
While others were shouting, "Pass down the short cake!"
Such silly old nonsense I cannot remember,
The lads they were using up on the Twin Lakes.

6. I awoke in the morning in very good humour,
Straightway to the forepeak my bucksaw to take;
A good chance of timber, I heard in the rumour,
'Twas not to be found on the shores of Twin Lakes.

7. You'll go in the woods with your bucksaw and measure,
You'll work like a slave your wages to make;
You'll think it's so grand but you'll find it's no pleasure
In using these bucksaws up on the Twin lakes.

8. Come all you young men who are seeking employment,
Take a poor subber's warning, don't make no mistake;
Get aboard of an express, go over the Topsails,
Keep clear of the subbing up on the Twin Lakes.

La Anglo-Newfoundland Development Company était une énorme entreprise d'exploitation forestière avec des centaines d'employés. Pendant les années 50, les salaires et les conditions de travail dans leurs chantiers étaient déplorables.

La plupart des bûcherons appartenaient à des syndicats, mais ces syndicats ne faisaient pas grand-chose pour eux. Lorsqu'un nouveau syndicat, le International Woodworkers of America (I.W.A.), a offert de les aider, les bûcherons voulaient bien en être membres.

La A.N.D. a essayé d'empêcher les gens de se faire membres du I.W.A., mais n'y a pas réussi. Les bûcherons en sont devenus membres et le syndicat a transmis à la compagnie les *requêtes* de ces membres:

- une augmentation de 25 cents de l'heure
- une meilleure alimentation
- de l'eau courante chaude et froide dans les chantiers
- 55 heures de travail par semaine au lieu de 60

La compagnie a refusé de donner aux ouvriers ce qu'ils voulaient et ceux-ci se sont mis en grève. La compagnie a amené des ouvriers non-syndiqués pour faire le travail. Les ouvriers syndiqués se sont mis en colère, et des deux côtés on a dit et fait des choses en colère.

Joseph Smallwood, premier ministre de la province a émis des déclarations où il attaquait le I.W.A. et son organisateur en chef, Landon Ladd. Il a incité les bûcherons à quitter le I.W.A. Les bûcherons ne l'ont pas écouté. Même si leur propre premier ministre était contre eux, tous les ouvriers de partout au Canada étaient avec eux.

A Badger, où l'activité de la grève se centrait, une tragédie a eu lieu. Lors d'une bagarre entre des grévistes et la police, un policier a perdu la vie. Peut-être s'est-il agi d'un accident; personne ne le sait.

Le gouvernement de Smallwood a changé la loi et a rendu illégal le I.W.A. Sans discussion avec les bûcherons, il a créé un autre syndicat pour eux. Cette action a fâché les ouvriers, les présidents de syndicats et les politiciens à travers le Canada. On s'est plaint aux Nations unies, et des investigateurs ont prononcé injuste et antidémocratique la nouvelle loi sur le travail. Pourtant il a fallu encore bien des années avant que l'Assembleé ait voté à changer cette loi.

En 1978, les ouvriers dans les mines d'*amiante* à la Baie Verte se sont mis en grève. La raison de cette grève était la poussière d'amiante qui se trouvait partout autour des mines, de l'usine et même dans les maisons des mineurs et de leurs familles.

La poussière d'amiante est très dangereuse. Une fois dans les poumons, elle rend la respiration difficile. Il est même possible d'en mourir à la fin. Les mineurs voulaient des niveaux de poussière moins élevés. Ils voulaient un endroit pour changer de vêtements, se doucher et laver la voiture pour ne pas rapporter chez eux cette poussière.

La grève a duré trois mois avant qu'on ait répondu aux demandes des mineurs. Cela a donc été trois mois sans salaire.

Des gens de partout dans la province ont *compati* avec les ouvriers. Ils ne demandaient pas de l'argent, mais plutôt la possibilité d'une vie plus saine. Pourtant, la compagnie avait pensé ne pas pouvoir payer ces services et continuer à fonctionner.

The Loggers' Plight

2. Before he came to our island home, this dear old Newfoundland,
We lived in peace and harmony, and followed the Lord's Command.
3. But now confusion takes its place, hating, doubting, and greed,
And Newfoundland would lose her rights should Landon Ladd succeed.
4. When first he came to Newfoundland he captured the loggers' hearts,
And formed a union which we thought would never fall apart.
5. But now the union is gone on strike because they did not agree
With living conditions and rates of pay in the camps of A.N.D.
6. Some of their loggers disturbed the peace and are spending the night in jail,
Hoping and praying that Landon Ladd will come and provide their bail.
7. But Landon is safe in a heated room reposed on a spring-filled bed.
While his loggers patrol their picket-line as the stars shine overhead.
8. It is bitter and cold on the picket line with biting wind and frost,
But Landon says maintain your post whatever may be the cost.
9. But although the loggers kept their post they feel that the die is cast,
And the promise made by Landon Ladd will never come to pass.
10. They asked the premier to intervene and help the loggers' plight,
Then Premier Smallwood replied on air: "I'll see you on Thursday night."
11. So at half-past nine on Thursday night he spoke on the radio
And said in no uncertain terms that Landon Ladd must go.
12. This union is a failure here, it never will succeed,
So form a union of your own with Maxwell Lane to lead.
13. With Maxwell Lane to lead the way the victory will be won,
You'll come to terms with A.N.D., then Landon Ladd will run.

Comment on déplace les rondins aujourd'hui.

#114

Quels sont les problèmes décrits dans les chansons de ces deux pages? Les employeurs, que pourraient-ils faire pour résoudre ces problèmes? Les ouvriers, que pourraient-ils faire?

Les syndicats aujourd'hui

Chacun d'entre vous connaît probablement quelqu'un qui est membre d'un syndicat. Ton professeur est probablement membre du Newfoundland Teachers Association (NTA) (Syndicat des enseignants et enseignantes de Terre-Neuve), créé il y a 100 ans.

Ce syndicat représente tous les enseignants de la province. Là où il y a une école, il y a des membres du syndicat.

Il est très important que les membres du syndicat aient l'occasion de discuter avec d'autres membres de leur syndicat. Pour rendre cela plus facile, le NTA est organisé en cinquante-sept régionales. Chacune a une présidente et un exécutif, qui organisent les activités dont les enseignantes ont besoin s'ils/elles veulent améliorer leur enseignement en classe. Quelquefois on te donne congé quand il faut que ton professeur assiste à une de ces activités professionnelles organisées par le NTA.

Chaque année pendant les vacances de Pâques, le NTA a son congrès annuel. Pendant plusieurs jours, des professeurs-représentants des régionales se réunissent pour discuter des sujets qui intéressent tous les enseignants de la province. Les professeurs qui assistent à ces congrès choisissent le président provincial et les membres de l'exécutif, qui se réunissent alors de façon régulière pour discuter des sujets qui leur ont été proposés par les présidents régionaux.

Il existe beaucoup de syndicats importants dans cette province. NAPE, Newfoundland Association of Public Employees (Association des employés du secteur public de Terre-Neuve), et CUPE, Canadian Union of Public Employees (Syndicat canadien des employés du secteur public) représentent beaucoup de gens qui travaillent dans le service public. Beaucoup de travailleurs sont membres de ces syndicats, y compris les gens qui travaillent dans les hôpitaux, dans les bureaux de poste, dans les maisons de santé et dans divers ministères, tel celui de l'Education.

Chaque année, les syndicats de la province organisent des congrès et des ateliers pour leurs membres. A ces réunions, les membres discutent des soucis et d'autres sujets qu'ils considèrent importants pour leur tavail.

#115

Demande à ton professeur de te donner des renseignements pour décrire la régionale du NTA.
Nom de la régionale
Nombre de professeurs
Composition de l'exécutif
Importance géographique de la régionale.
Activités professionnelles organisées par la régionale pour cette année scolaire.

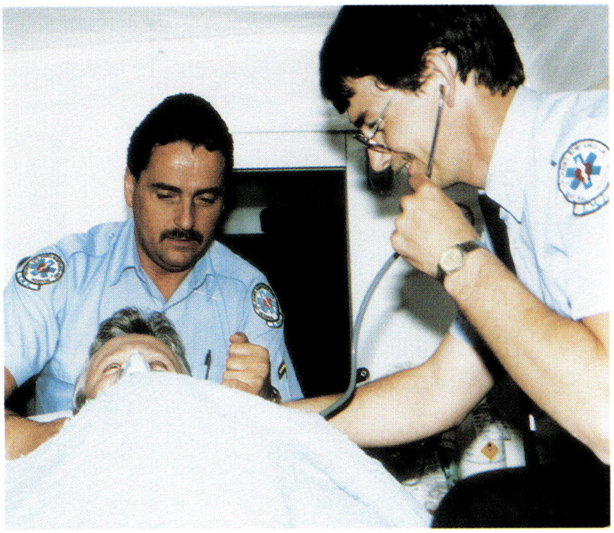

Dans ces trois photos, on voit des travailleurs qui sont membres des syndicats. Y a-t-il quelqu'un dans ta famille qui est membre d'un syndicat?

Le Newfoundland Teachers Association (NTA) a son bureau principal à St. John's.

#116

Parle aux différents membres de ta famille pour savoir s'ils appartiennent à un syndicat. Comment s'appelle ce syndicat? Combien de membres a-t-il? Qui en est le président ou la présidente? Le syndicat a-t-il des régionales? Quels sont les soucis principaux actuels des membres?

Dessine un tableau pour comparer tous les syndicats identifiés par toi et tes camarades de classe.

ntv

VI
La technologie et les gens

Dans cette section nous allons nous renseigner sur le développement de la technologie et du rôle qu'elle joue dans la communication, les transports et d'autres domaines de notre vie d'aujourd'hui. Nous allons aussi examiner quelques-unes des technologies utilisées autrefois.

Lesquels des objets suivants représentent des exemples de la technologie d'aujourd'hui et lesquels ne le font pas? Qu'est-ce que les produits de la technologie ont en commun? Quelles activités de tous les jours sont devenues plus faciles à cause de la technologie?

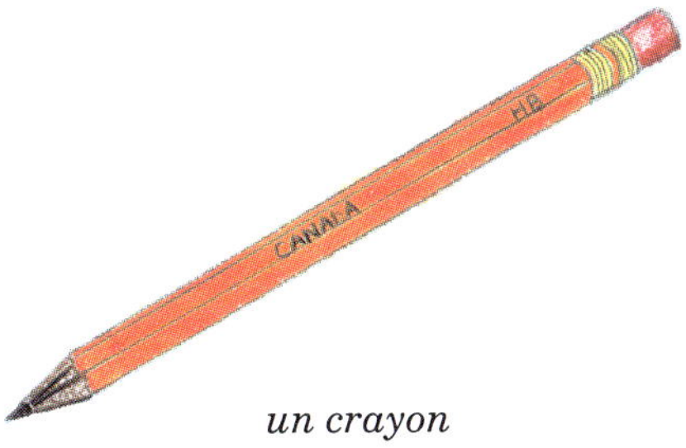

un crayon

un poisson

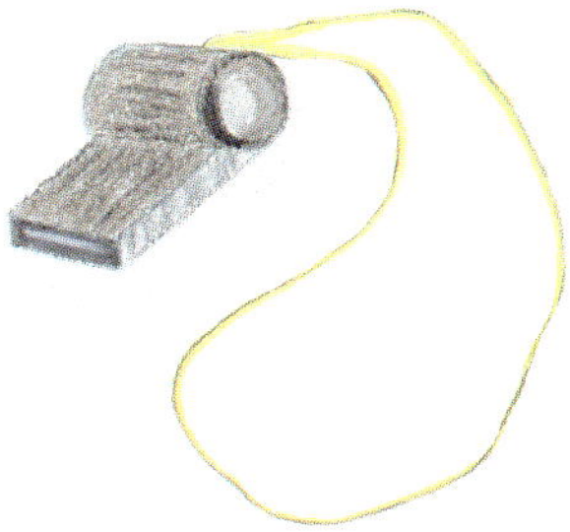

un sifflet

une boîte à dîner

une fleur

un chien

La technologie à notre service

Se servir de la technologie veut dire qu'on se sert des découvertes scientifiques de façon pratique. Nous nous en servons de beaucoup de façons dont les trois les plus ordinaires sont:

1. fabriquer des articles dont on peut se servir—l'industrie manufacturière.

2. déplacer d'un endroit à l'autre des gens et des produits—les transports.

3. apprendre du nouveau et partager ce qu'on a appris—la communication.

La technologie de la communication, des transports et de l'industrie manufacturière évolue avec le temps. A travers les siècles, beaucoup de types différents de technologie ont servi à transporter les gens et les produits et à aider avec la communication. Nous allons examiner ces aspects différents de la technologie dans les pages à venir.

✍#117

Dans ton cahier fais une liste des articles qui se trouvent ci-dessous et de ceux trouvés à la page précédente. Divise la liste en trois colonnes comme ceci:

La technologie	Un exemple de l'emploi de cette technologie	Tes grands-parents ont-ils utilisé cette technologie quand ils avaient ton âge?
la lumière électrique		
un ordinateur		
un four à micro-ondes		
un téléviseur		
un téléphone		
un poste de radio		
une voiture		
un magnétoscope		

Compare tes réponses avec celles de tes camarades de classe en ce qui concerne l'emploi de ces objets différents. Tu vas découvrir qu'il existe souvent de multiples emplois pour un seul objet.

Regarde les images sur la ligne chronologique. De quelles technologies illustrées se sert-on aujourd'hui?

Voici un exemple de la technologie des transports

#118

Divise ta classe en trois groupes.
Le premier groupe va dresser une liste des façons dont la technologie a été employée dans la fabrication. N'oublie pas d'y inclure tout produit fabriqué dans ta communauté. Inclus aussi des articles fabriqués pour des enfants comme toi. On se sert de la technologie non seulement pour gagner sa vie mais aussi pour s'amuser (les jouets).
Le deuxième groupe dressera une liste pour démontrer comment la technologie a aidé l'industrie de transport, en donnant des exemples de transport aérien, sur terre et sur la mer. Explique le rôle que joue cette technologie dans ta vie.
Le troisième groupe dressera une liste pour démontrer comment on peut employer la technologie de communications pour apprendre et partager les connaissances acquises. Sers-toi des exemples d'inventions récentes dans le domaine des communications.
Partage ce que tu as découvert avec les autres élèves.

Voici un exemple de la technologie des communications.

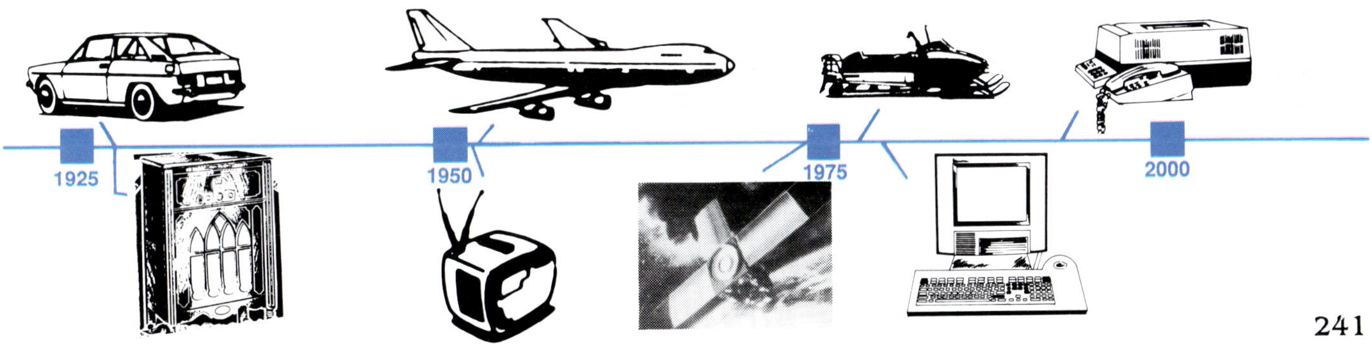

CHAPITRE 15

Les transports

Comment vas-tu de la maison à l'école? Comment tes parents se rendent-ils au travail? Quel moyen de transport prends-tu quand tu t'en vas en vacances? Les gens utilisent beaucoup de différents moyens de transport. Pour faire un voyage ils peuvent aller sur terre, sur mer ou en avion.

De nos jours beaucoup de ce que nous achetons est fabriqué dans d'autres parties de notre province, du Canada ou en d'autres pays. Comment ces articles ou ces produits arrivent-ils jusqu'à nous des endroits où on les a fabriqués ou cultivés? Il existe beaucoup de moyens de transport différents pour ces choses.Des fois ils viennent par les routes, ou sur mer, des fois par avion, et quelquefois par tous les trois.

Dans ce chapitre, nous allons examiner quelques-unes des formes de la technologie dont on se sert pour transporter les gens et les produits d'un endroit à un autre.

Les transports sur mer

Depuis toujours la mer représente un moyen de transport important pour Terre-Neuve et le Labrador. Pour comprendre comment les autochtones de notre province utilisaient l'eau pour répondre à leurs besoins de transport, relis le chapitre sur ces peuples.

Même si la mer est restée importante pour les transports à travers les années, la technologie des navires et des bateaux a beaucoup évolué. Les photographies qui suivent illustrent l'influence de cette évolution sur les transports océaniques.

D'énormes navires nous apportent bien des produits dont nous avons besoin. De quoi se sert-on ici pour décharger les conteneurs? Comment faisait-on cela il y a cinquante ans, penses-tu? Crois-tu que la nouvelle technologie emploie plus ou moins d'ouvriers qu'autrefois avec les vieilles méthodes?

L'évolution de la technologie marine. Les premiers Européens qui sont arrivés dans la province se sont servis de la mer comme moyen de transport. Pendant des siècles, tout le long de la côte, on employait de petits vaisseaux comme celui dans la première image. Aujourd'hui on voit plutôt des bateaux tels que le vaisseau moderne de la deuxième image. De quoi chaque bateau se sert-il comme source d'énergie? Quels sont les avantages et les désavantages de chacun de ces bateaux?

Sur cette image, nous voyons la timonerie du M.V.Caribou. Nous pouvons voir que la technologie joue un rôle important dans le fonctionnement de ce vaisseau. Voici le capitaine à la barre se servant du radar, de la radio, du sonar, des radiogoniomètres pour faire avancer le vaisseau. Penses-tu que toute cette technologie a rendu les voyages en bateau moins dangereux? Les responsables de ces bateaux aujourd'hui leur faut-il une formation différente de celle des marins d'autrefois? Si oui, quelle sorte de formation leur faut-il?

✍ #119

Autrefois les vaisseaux côtiers et les traversiers étaient les seuls moyens de transport pour la plupart des communautés dans notre province. Ils restent importants aujourd'hui dans certaines régions de la province où les communautés sont isolées parce qu'elles n'ont pas de routes vers l'extérieur. En te servant d'une carte routière de la province fournie par le professeur, cherche les endroits où on emploie actuellement des traversiers et des vaisseaux côtiers.

Les transports sur terre

De quels moyens de transport nous servons-nous pour les voyages et le transport de produits sur terre? Comment toi et tes parents vous rendez-vous d'un endroit à un autre sur terre? Si tu es comme la plupart des habitants de la province, il est probable que tu vas à pied si les distances à parcourir ne sont pas trop longues. Si tu as une longue distance à parcourir ou si les objets à porter sont gros et lourds, qu'est-ce que tu fais? La majorité de nous dépend de la technologie des transports pour nous rendre d'un endroit à un autre. De quels moyens te sers-tu?

Pour voyager sur terre on se sert surtout de voitures et d'autobus et le moyen de transport utilisé le plus fréquemment pour les produits est le camion.

Le transport de produits et de gens par chemin de fer dans le passé s'est remplacé par le transport routier. La plupart des communautés de la province sont actuellement reliées par des routes.

On a utilisé des trains à Terre-Neuve pour la première fois en 1881. Le chemin de fer a fonctionné jusqu'en 1988, lorsqu'on a décidé de fermer le système et d'enlever les voies parce que le maintien du système coûtait trop cher.

Les seuls trains de la province se trouvent actuellement au Labrador où on s'en sert pour relier Labrador City, Wabush et Churchill Falls à Sept-Iles au Québec.

Avant l'époque de voitures et de camions, des animaux fournissaient le transport. Lors de l'introduction des camions, beaucoup de gens considéraient le cheval supérieur. Pourquoi?

Je m'appelle Ronald Hickman et je suis travailleur indépendant dans les transports. Comme conducteur-propriétaire d'un grand camion, appelé semi-remorque, je transporte du poisson frais ou congelé, du poulet, du papier, de l'amiante et de la ferraille dans bien des endroits au Canada et aux Etats-Unis. Je rapporte des légumes frais, de la viande, des produits laitiers, du bois, de l'acier, des vêtements.

Le métier que j'ai choisi est passionnant et me lance un défi, mais en même temps c'est un travail exigeant. Je dois être toujours sur le qui-vive et je passe onze mois de l'année en route, faisant près de 200 000 kilomètres au volant par tous les temps. Cela coûte beaucoup aussi pour maintenir un grand camion qui porte jusqu'à 26 000 kilos en pleine charge.

#120

Trouve un produit dans ton école ou chez toi fabriqué dans un autre continent. Identifie le pays d'origine et dresse une liste des différents moyens de transport utilisés pour transporter ce produit jusqu'à ta communauté.

Les transports aériens

As-tu déjà voyagé en avion ou en hélicoptère? Si oui, où allais-tu? Allais-tu en vacances? Peut-être te rendais-tu à un hôpital ou faisais-tu une visite à un parent?

Les avions se voient souvent dans notre province. Nous avons plusieurs aéroports où les grands avions peuvent atterrir aussi bien que bien des terrains d'atterrissage utilisés par de plus petits avions. Certains avions peuvent atterrir sur un lac, un étang ou même sur l'océan et les hélicoptères peuvent atterrir sur n'importe quel terrain découvert.

Pouvoir voyager en avion est important à Terre-Neuve et au Labrador. En fait, sans *aéronefs*, il serait difficile ou impossible, ou cela prendrait beaucoup de temps, de se rendre à bien des endroits dans cette province. Sais-tu quel trait de cette province rend le transport aérien si important ici?

Un hélicoptère du ministère de la Defense nationale qui fait une opération de sauvetage.

En juin 1919, le capitaine John Alcock et le lieutenant Arthur Brown ont fait un vol d'essai au-dessus de St.John's. Quelques jours plus tard, les deux hommes ont quitté St. John's dans leur avion pour arriver sains et saufs en Irlande, ayant complété le premier voyage transatlantique. Pourquoi penses-tu que tant des premières tentatives de traversée atlantique ont eu comme point de départ Terre-Neuve et le Labrador?

Une ligne aérienne moderne emploie beaucoup de gens. Quelles sortes de postes l'industrie offre-t-elle?

Pour beaucoup de communautés sans liens routiers avec le monde extérieur, l'avion est un moyen de transport très important. Cela est surtout le cas pour beaucoup des communautés de la côte du Labrador.

Jeudi, le 2 septembre, 1985, un hélicoptère Super Puma a établi un record de vol à longue distance de 1371 kilomètres, lors d'un vol de St. John's au site où le Titanic avait fait naufrage. A l'aide du Super Puma, des vidéocassettes montrant le Titanic ont été transmises le soir même aux postes de télévision partout dans le monde. Sur la photo ci-dessus, le Super Puma plane au-dessus de la plate-forme pétrolière, le Vinland, près du Grand Banc. D'après toi pour quelle raison a-t-on employé un hélicoptère dans cette mission plutôt qu'un avion?

#121

Le voyage en aéronef est possible à Terre-Neuve et au Labrador depuis environ 1920. Peux-tu imaginer les vives émotions ressenties par les habitants de bien des communautés quand le premier avion a passé au-dessus de leur tête ou a atterri dans le port? Aurais-tu eu peur de cette énorme machine? Aurais -tu ressenti de vives émotions?

Imagine que tu viens de voir ton premier avion. Décris tes émotions.

CHAPITRE 16

Les communications

Dans ce chapitre nous apprendrons les façons dont les habitants de Terre-Neuve et du Labrador communiquaient entre eux auparavant. En plus, nous examinerons quelques-unes des façons modernes dont nous communiquons dans la province et avec les autres dans le monde.

On dit que les êtres humains ont un besoin vif de partager leurs pensées et leurs sentiments avec les autres. Es-tu d'accord? Essaie d'imaginer une situation où tu ne pouvais pas communiquer avec les autres. Supposons que tu étais isolé pendant longtemps dans une ville étrangère où il n'y avait personne avec qui tu pouvais parler. Imagine que tu avais un handicap qui t'empêchait de parler, d'entendre ou de voir. Comment te sentirais-tu de ne pas pouvoir communiquer d'une de ces façons? La plupart des gens seraient très malheureux.

Pendant des siècles, les êtres humains se sont servis de plusieurs moyens de communication. Les premiers êtres humains communiquaient au moyen de quelques sons et, peut-être, utilisaient des *brindilles* ou des pierres pour laisser des signes pour leurs amis. Au fil des ans, ils développaient d'autres moyens de communication, tels que le tableau, la musique, le livre. Plus récemment, plusieurs sortes de technologies, tel que le téléphone et la télévision, ont été inventées pour nous aider à partager les informations et les sentiments. Avec ces nouvelles technologies passionnantes de communication, nous parlons avec les gens partout dans le monde, et nous savons examiner les profondeurs de l'espace.

Regarde les images sur cette page-ci et la page précédente. Elles donnent toutes des exemples de la communication. Toutes ces actions impliquent qu'on partage des pensées, des informations ou des sentiments. Quand tu lis un livre, l'auteur communique avec toi.

Certains moyens de communication se servent de la technologie. Par exemple, si tu parles en personne avec un ami, aucune technologie n'est utilisée. Mais si tu parles au téléphone, tu te sers d'une technologie qui rend cette communication possible. Lesquels des exemples dans les images impliquent l'usage de la technologie? Lesquels ne s'en servent pas?

122

Nous communiquons pour plusieurs raisons, par exemple pour partager des informations, ou pour s'amuser. Le tableau suivant donne des exemples de chaque sorte d'usage. Ajoute plusieurs autres exemples à chaque cas.

But	Exemple
Partager des informations	1. Tu lis un livre pour savoir faire un cerf-volant
	2. Une entreprise t'envoie une lettre à propos d'un article que tu as commandé.
	3. Tu regardes les actualités à la télévision.
S'amuser	1. Tu fais lecture d'une histoire à un ami malade.
	2. Tu regardes une émission à la télévision.
	3. Tu joues un jeu de vidéo.

La communication au passé

1600: Une famille béothuk arrive à l'endroit favori de la tribu pour camper sur la côte et trouve d'autres gens déjà installés dans l'anse. Ils regardent les étrangers qui attrapent des poissons à partir de canots bizarres. Ceux-ci sont assis le dos tourné vers l'avant pour *pagayer*. Les parents béothuks guettent le danger et envoient un enfant pour prévenir la tribu qu'elle doit choisir un autre endroit pour le campement d'été.
1750: John Bell prospère dans le petit port de pêche terre-neuvien. L'année dernière il est tombé amoureux de Mary O'Brien, qui est venue de Dublin pour travailler comme servante. Ils se sont mariés. Il écrit une lettre à ses parents dans le comté de Dorset en Angleterre pour leur dire qu'ils sont maintenant grands-parents de Sheila et Kevin, de jolis jumeaux.
1864: Lors d'un congrès à Charlottetown, dans l'Ile du Prince Edouard, on décide d'essayer de réunir les colonies britanniques de l'Amérique du Nord dans une confédération. Un journaliste qui assiste au congrès décide que les Terre-Neuviens s'intéresseront à ces nouvelles et envoie un télégramme à un journal à St.John's.
Quels étaient les moyens de communication utilisés dans les trois exemples ci-dessus? Pourquoi les Béothuks ne se sont-ils pas servis des mêmes moyens de communications que John Bell, et pourquoi John Bell n'a-t-il pas fait de même que le journaliste à Charlottetown?

Les moyens de communication se sont transformés au fil des ans à mesure qu'on a développé des méthodes différentes. Il y a cent cinquante ans, la plupart des communications se faisaient au moyen de la parole, du livre, de la *périodique* et de la lettre. Alors qu'on se sert toujours de ces moyens, plusieurs nouvelles inventions ont rendu possible la communication plus rapide et à une plus grande distance qu'au passé.

Dans les premières années du 19e siècle, on a découvert qu'on pouvait transmettre des signaux électriques par le fil. On pouvait mettre ces signaux en code pour les transformer en messages. Cette technologie «télégraphe» est devenue très importante à Terre-Neuve et au Labrador.

Les premiers télégraphes

Une des premières formes de la technologie dans le domaine de la communication était le télégraphe, qui était introduit à Terre-Neuve et au Labrador dans les années 1850. Par cette méthode,, des messages, sous forme de courants électriques pouvaient être transmis par des fils. Dans les années qui suivaient, la plupart de l'île de Terre-Neuve et quelques régions du Labrador étaient reliés par le télégraphe. Cette image fait voir la Maison du télégraphe dans la baie Trinité. Dans quelles situations te servirais-tu du télégraphe au lieu d'une lettre?

Bientôt on mettait des câbles pour télégraphes sous la mer, y compris l'Océan Atlantique. Plusieurs de ces câbles sous-marins s'étendaient de Terre-Neuve jusqu'en Europe. Cette image fait voir la Great Eastern, à cette époque le plus grand bateau du monde, en train de coucher un câble à Heart's Content en 1866. Pourquoi a-t-on choisi Terre-Neuve comme le terminal ouest pour beaucoup de ces câbles sous-marins?

Bulletin express en boîte

Les journalistes se servaient du nouveau télégraphe et le public commençait à s'attendre à lire les actualités le jour même de l'événement. Mais les actualités d'Europe arrivaient toujours par bateau, et cela prenaient souvent des semaines. Une entreprise appelée Associated Press a trouvé un moyen pour avoir les nouvelles d'Europe un peu plus vite.

L'entreprise s'est rendue au Cap Race, où les bateaux qui avaient traversé l'Atlantique passaient tout près. Elle a loué un bateau, un capitaine et un équipage. Quand un bateau passait en direction de l'ouest, John Murphy et son équipage sortait en ramant pour le rencontrer par tous les temps. On lançait un contenant ***étanche*** **du bateau. John Murphy et son équipage le ramassait. A l'intérieur de la boîte étaient des comptes-rendus des nouvelles européennes. Bientôt on les transmettait à toute vitesse par le télégraphe. Les nouvelles apparaissaient dans les journaux de l'Amérique du Nord au moins deux jours avant l'arrivée des bateaux à Boston ou à New York!**

Les télégraphes par les câbles sous-marins.

En 1895, Gulielmo Marconi, jeune Italien, a réussi à envoyer un message codé par la voie des airs. Il voulait prouver qu'on pouvait envoyer le signal sans fil sur une longue distance, donc il a fait une expérience. Il viendrait à St.John's pour installer son équipement de réception et il demanderait à un assistant d'envoyer un signal à partir du comté de Cornouailles en Angleterre. S'il entendait le signal à St.John's, ce serait une nouvelle magnifique, car cela voudrait dire qu'on pouvait envoyer des messages télégraphiques partout au monde sans avoir à se fier aux câbles sous-marins.

En l'automne de 1901, Marconi arrivait à St.John's. Bientôt on voyait son cerf-volant qui planait à 120 mètres au-dessus de la colline Signal. Le 14 décembre il annonçait que son expérience avait réussi. Il invita le Gouverneur de Terre-Neuve, le premier ministre de Terre-Neuve et d'autres gens distingués à un événement spécial le 17 décembre. Comme le groupe se réunissait sur la colline, Marconi préparait son équipement. Bientôt tout le monde l'a entendu: trois coups brefs, le code Morse qui représente la lettre "S". Le signal envoyé d'Angleterre se faisait entendre clairement à St.John's.

En 1895, Guglielmo Marconi, jeune Italien, pensait qu'on pouvait envoyer des signaux électriques par la voie des airs, évitant ainsi l'usage des fils. Il a commencé ses expériences en Europe et en 1901 s'est rendu à St.John's pour déterminer si on pouvait transmettre des signaux à travers l'Océan Atlantique. Ici on le voit en train de surveiller la préparation de son cerf-volant. Il espérait que le fil attaché à son cerf-volant recevrait le signal envoyé par son assistant en Angleterre. L'idée de Marconi s'est réalisée et on a développé une nouvelle façon d'envoyer des messages sans câbles.

Les communications s'améliorent

De quelles sortes de technologie de communication te sers-tu? Il est fort probable que tu te sers de quelques-unes, sinon de toutes les suivantes: les livres, les journaux, le téléphone, la télévision, les films, la radio. De quelle sorte de technologie de communication vas-tu te servir à l'avenir? On ne sait pas prédire l'avenir bien sûr, mais il est probable qu'on développera plus de technologies de communication et qu'elles nous aideront à communiquer avec les gens partout au monde.

Le téléphone/le télécopieur/ l'ordinateur/le satellite

Nous sommes entourés tous les jours d'une large gamme de technologies de communication. Une des technologies les plus utilisées, c'est le téléphone, et de nouveaux développements rendent possible l'usage du téléphone dans presque tout endroit. D'autres technologies de communication communes sont la radio, la télévision, le tourne-disque, le magnétophone et le lecteur de disque compact. Deux technologies qui deviennent plus populaires sont le télécopieur et l'ordinateur. On apporte des changements fréquents à ces technologies, ce qui veut dire que l'équipement devient plus puissant, plus petit, plus portatif et, quelquefois moins cher. Au fil des ans, on peut s'attendre à plus de changements apportés à l'équipement dont on se sert. On inventera sans doute de nouvelles technologies.

La télécommunication est une méthode d'envoyer des signaux électriques soit par un fil, soit par la voie des airs. La plupart des appareils de communication que nous venons d'examiner se servent de la télécommunication. Mais de nos jours on raffine cette technologie pour nous aider à envoyer les signaux plus vite, plus facilement et à meilleur marché.

Partout dans la province, le téléphone est maintenant une technologie de communication commune à la maison, au bureau et dans la voiture. Sais-tu que les grands avions fournissent un service de téléphone afin que les passagers puissent faire des appels pendant le vol à des centaines de mètres au-dessus de la terre?

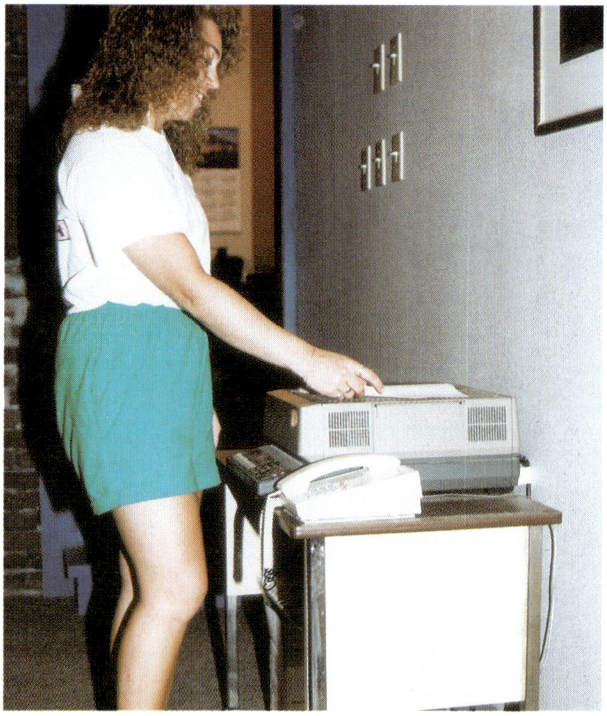

Une autre forme de communication, est le télécopieur. Comme le téléphone, le télécopieur a un numéro de téléphone particulier et fonctionne dans le cadre du réseau de télécommunications. Des informations, y compris des textes, des photographies et toutes autres informations qu'on peut imprimer sur papier, passent par la machine pour être envoyées à n'importe quel autre télécopieur au monde. On pense qu'à l'avenir, le télécopieur sera aussi commun que le téléphone. Si cela arrive, que deviendra le service postal?

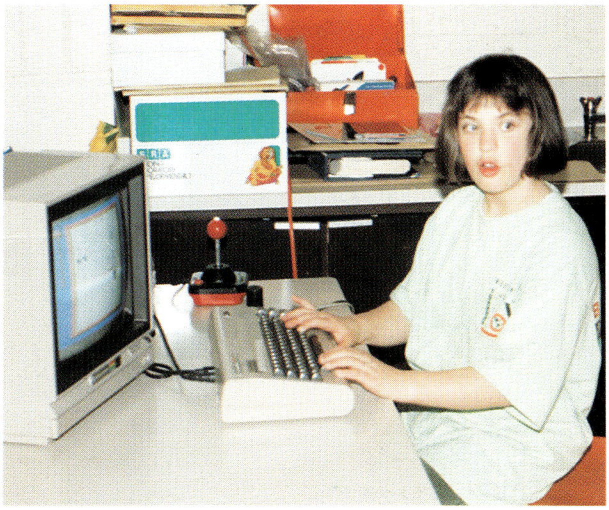

As-tu jamais utilisé un ordinateur? Tu en es peut-être déjà propriétaire, ou il y en a un ou plusieurs dans ton école. Ils deviennent de plus en plus communs et on s'en sert pour plusieurs raisons. Les enfants s'en servent pour jouer aux jeux, mais on peut s'en servir à d'autres fins. On peut les utiliser pour apprendre à peu près tout. En se servant de systèmes de communication, ceux qui possèdent un ordinateur peuvent échanger des messages presque partout au monde. On s'attend à ce que cette méthode de communication devienne plus populaire à mesure que l'ordinateur se répand.

Quelques-uns des développements les plus passionnants dans le domaine de la télécommunication ont eu lieu grâce aux satellites. Entourant la planète il y a des douzaines de satellites, suspendues dans l'espace et dont on se sert à des fins diverses. On en utilise beaucoup pour relayer des signaux de communications d'un lieu sur terre à un autre. Cela s'accomplit en quelques secondes. Ainsi, par exemple, quand un événement important a lieu quelque part au monde, on peut envoyer des images télévisées par moyen des satellites à nos stations de télévision.

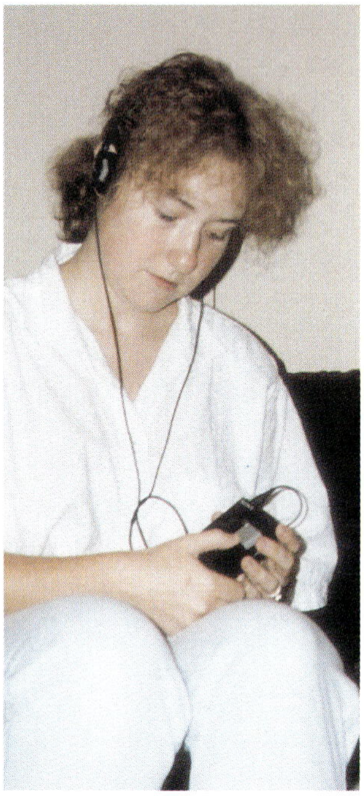

En 1906, un Canadien, Reginald Fessender, a inventé la radio. Il a prouvé que la voix et la musique, aussi bien que des signaux électriques codés pouvaient être envoyés par la voie des airs. Cette année-là, on a établi la première station de radio de la province.

De nos jours, on trouve des radios partout. Quelques-unes sont assez petites pour les mettre dans la poche. Pourquoi, à ton avis, la radio est-elle si populaire?

Tes grands-parents étaient sans doute de l'opinion que c'était excitant d'acheter un tourne-disque car, pour eux, c'était une nouvelle invention. La qualité du son serait considérée pauvre selon nos normes, mais pour eux c'était une merveille que la musique et le chant s'enregistrent sur disque et qu'on les fasse sortir à son gré.

De nos jours, nous avons plusieurs façons d'enregistrer le son. Les disques et les tourne-disques se voient remplacés par le disque compact qui rend un son de meilleure qualité. Les bandes-cassettes sont aussi populaires. Avec elles on peut enregistrer le son et faire jouer ce qu'on a enregistré.

Le disque compact est utilisé maintenant en combinaison avec l'ordinateur pour garder des milliers de mots, d'images, de cartes et d'autres données. Par exemple une encyclopédie se met maintenant sur un disque compact pour être ensuite disponible à tout le monde.

Pendant bien des années, les gens trouvaient merveilleux qu'on puisse envoyer la musique et les voix par la voie des airs. Figure-toi, alors, leur réaction quand on a suggéré qu'il était possible d'envoyer des images aussi bien que les sons par la voie des airs. Mais on a développé la technologie et la télévision était inventée.

Au début, la plupart des gens recevaient une ou deux chaînes, et les images étaient en noir et blanc. Depuis ces premiers jours, on a apporté bien des changements. Par les moyens de satellites et des câbles on peut recevoir des émissions des stations lointaines. Quand il arrive quelque chose d'important n'importe où au monde, les équipes de télévision ont leurs caméras et leur équipement pour envoyer les nouvelles dans notre salon.

On peut utiliser la télévision à des fins éducatives et récréatives. On dit que beaucoup d'entre nous regardent trop la télévision, que nous devrions faire autres choses de notre temps libre, tel que lire, jouer avec des amis, jouer en plein air. Qu'en penses-tu?

La technologie à l'école.

On se sert de la technologie de plusieurs façons dans l'école. La plupart des professeurs et des étudiants savent se servir d'appareils tels que le vidéoscope et le rétroprojecteur. Dans quelques écoles, il y a une nouvelle technologie et un nouvel enseignement. Cela s'appelle l'enseignement à distance. Quelques petites écoles dans la province sont reliées à une station centrale. Le professeur, qui peut être n'importe où dans la province, enseigne la leçon qui est reçue par les étudiants. Les étudiants peuvent parler avec le professeur ou entre eux. Souvent le professeur et les étudiants se servent d'un ordinateur pour envoyer des images et un texte. Les étudiants se servent d'un télécopieur pour envoyer leurs devoirs au professeur. En utilisant l'enseignement à distance, les enfants dans les petites écoles peuvent suivre des cours qui ne leur seraient pas disponibles autrement.

Voici l'enseignement à distance en action.

Dans la première image, le professeur met un diagramme à l'écran de l'ordinateur et l'explique ou pose des questions aux étudiants.

Dans la deuxième image, le technicien contrôle l'appareil qui envoie et reçoit les signaux.

Dans la troisième image, l'étudiante reçoit l'image et écoute le professeur. Elle peut communiquer avec le professeur comme s'il était dans la salle de classe.

✍#123

Pourquoi y a-t-il des technologies diverses pour la communication? C'est parce qu'on veut adapter la technologie au but choisi. Examine quatre types qui te sont familiers: la radio, le téléphone, le tourne-disque et la télévision. A quelles fins chaque technologie est-elle la mieux adaptée? Voici un exemple d'une façon de présenter tes réponses:

La radio est meilleure que le téléphone quand on....

Le tourne-disque est meilleur que la télévision quand on...

CHAPITRE 17

La technologie et la société

Dans les deux derniers chapitres nous avons examiné l'usage de la technologie dans les transports et la communication. La technologie est utilisée souvent en dehors de ces deux domaines, et dans notre province on se sert de ces nouvelles technologies de plusieurs façons. Dans ce chapitre nous allons examiner quelques exemples d'industries où la technologie a commencé à jouer un rôle vital.

La technologie aujourd'hui implique presque toujours l'usage des ordinateurs. On se sert du terme «high-tech» ou «*de pointe*». La technologie de pointe est importante dans plusieurs industries établies dans la province.

Les nouvelles inventions font que les nouvelles technologies s'introduisent vite, et il est probable que plusieurs ont été faites depuis que ce livre a été publié. Toi et ton professeur saurez ajouter à celles décrites ci-dessous.

La technologie de communication et toi

On peut trouver le «high-tech» dans presque tous les domaines de notre vie. Si on va à la banque, on voit les ordinateurs dont on se sert pour enregistrer notre compte en banque. Les hôpitaux ont des appareils très compliqués pour diagnostiquer les problèmes médicaux et pour aider dans le traitement. Presque tout bureau moderne a une large *gamme* d'appareils tels que *la machine à traitement de texte*, le photocopieur, le téléphone et le *télécopieur*.

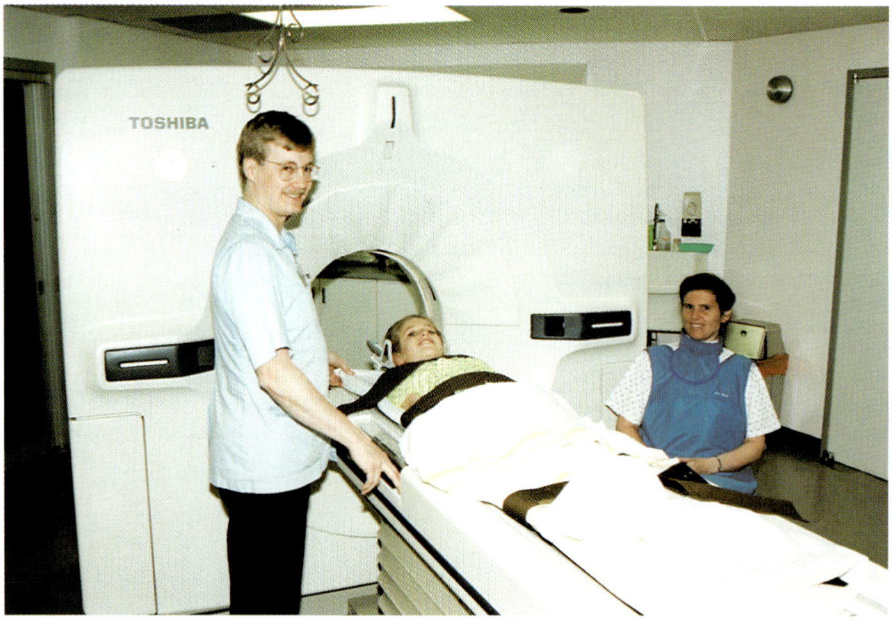

La technologie informatisée est beaucoup utilisée dans les hôpitaux. En 1989, le départment de radiologie de l'hôpital Janeway a procuré le «CT Scanner». C'est une machine très importante qui sert à faire l'analyse de la tête et des os et à diagnostiquer les tumeurs cérébrales. C'est une des machines les plus rapides de son genre.

Les ordinateurs ont trouvé leur chemin dans la pêcherie.

Dans ce bassin d'essais des carènes à l'université Memorial, on remorque des modèles réduits de bateaux pour déterminer la force des carènes. On produit aussi d'énormes vagues pour déterminer si des modèles de plate-formes de forage semi-submersibles peuvent rester à flot durant des tempêtes. Pourquoi penses-tu que cela est important?

Même dans le plus petit bureau on se sert de l'ordinateur pour écrire des lettres et enregistrer les données.

124

Comment se sert-on de l'ordinateur dans ta communauté? Si tu habites dans une grande communauté, tu sauras créer seulement une liste partielle des utilisations , puisqu'il y en aura trop pour les y mettre toutes. Si tu habites dans une petite communauté tu devras en trouver au moins quelques exemples.

La technologie et gagner sa vie

Les habitants de Terre-Neuve et du Labrador ont travaillé traditionnellement avec la technologie «basse» (c'est-à-dire avec un équipement simple). Les ouvriers dans l'industrie principale de la province, la pêche, utilisaient un équipement très simple. Le *hameçon* et le filet formaient l'équipement de base dont on se servait pour attraper le poisson. Les bateaux utilisés dans les pêcheries avaient peu d'appareils pour aider dans la navigation ou dans la prise des poissons. Dans les autres industries principales—les mines et la forêt—l'équipement n'était pas très compliqué. De nos jours, cette situation se transforme vite. On se sert de plus en plus de la technologie de pointe dans ces industries.

Et d'autres transformations ont lieu. Il y a quelques années, Terre-Neuve et Labrador exportait seulement le poisson, les minerais et le papier. Ils sont toujours importants, mais ils ne sont plus les seules exportations. On crée de nouvelles entreprises dans la province pour produire des choses à utiliser ici et à vendre ailleurs au Canada et au monde.

Le mot «production» ne veut plus dire la même chose. Dans le passé on s'en servait pour parler de la fabrication des choses telles que les voitures, les jouets et les meubles. Il veut toujours dire cela, mais il y a plus. Cela a l'air bizarre de parler de vendre des informations, mais examine l'exemple suivant. Supposons que tu es en train de *forer* dans les Grands Bancs pour trouver du pétrole. Un de tes soucis, c'est qu'un iceberg à la dérive puisse frapper ta plate-forme et l'endommager ou la détruire avant que tu aies

Spectrum Design à St.John's est une entreprise qui se sert de la dernière technologie informatisée pour créer des vidéocassettes, des diapositives, des brochures et des affiches. Les dessinateurs graphiques mettent les images dans les ordinateurs, et puis ils adaptent les images en ajoutant des objets ou des personnes,en les éliminant ou en les transformant. A l'aide de leurs ordinateurs, les producteurs ont créé des matériels audiovisuels pour les écoles au Canada et aux États-Unis.

Les scientifiques à Terre-Neuve ont inventé un système de radar spécial, et une entreprise, Northern Radar Systems, le fabrique maintenant à St.John's. Le radar ordinaire ne sait pas repérer des choses qui s'élèvent peu de l'eau à une grande distance, mais ce radar spécial sait repérer des objets à une distance de 400 kilomètres au large. On a installé un de ces systèmes au cap Race pour identifier des icebergs, des bateaux et des avions sur une large étendue des Grands Bancs. Des entreprises et des gouvernements partout au monde ont exprimé leur intérêt à cette nouvelle technologie.

le temps de la déplacer. Or, supposons qu'une amie te dise qu'elle sait surveiller tous les icebergs dans cette région et qu'elle pourra te prévenir quand tu devrais te déplacer pour éviter la collision et quand tu pourrais rester sur place. Cela lui coûterait, bien sûr, pour obtenir ces informations et elle devrait te demander de l'argent. En d'autres mots, elle te vend des informations. Est-ce que tu les achètes? Sans doute, oui, puisque les informations vont t'épargner beaucoup d'argent.

Ainsi, on peut acheter et vendre des informations tout comme des articles. Beaucoup d'habitants de Terre-Neuve et du Labrador sont employés dans les industries d'informations, c'est-à-dire des industries qui produisent et qui vendent des informations. Et quelques-unes d'entre elles ont inventé des produits qui se vendent partout au monde.

«Ultimateast Data Communications Limited» a été établi en 1985. Cette compagnie fabrique et distribue ses propres produits de télécommunications. Elle emploie beaucoup d'ingénieurs électriciens, d'informaticiens, de physiciens et de techniciens. Des compagnies partout au monde s'intéressent aux produits d'«Ultimateast», y compris le «Fleet Locating and Graphics» (FLAG). and «Datahail.»

Les industries qui utilisent des technologies de pointe deviennent de plus en plus importantes dans cette province. En 1990, cette industrie employait 1200 personnes environ et faisait des ventes de 450 $ millions. C'est ainsi une des industries principales de la province. Ils ont prouvé que ce n'est pas toujours nécessaire de quitter la province pour travailler dans les nouvelles technologies. Sur ces pages on trouve quelques exemples de ces industries.

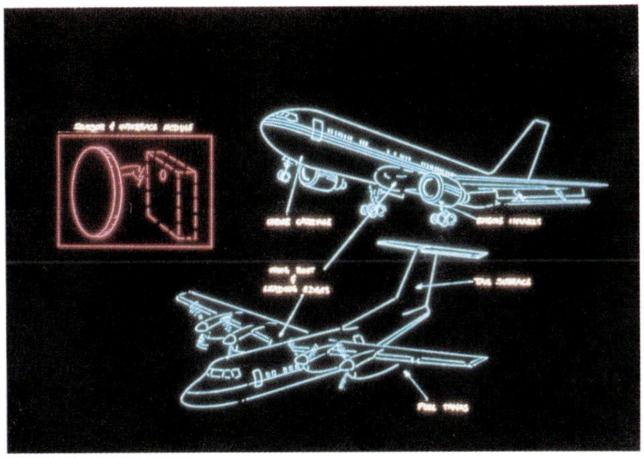

Instrumar est une entreprise composée d'ingénieurs, de scientifiques et d'hommes d'affaires. Ils dessinent, fabriquent et vendent plusieurs sortes d'appareils électroniques. Un de leurs produits mesure la formation de glace sur les avions. La glace sur les avions peut être dangereuse, et mène quelquefois à des accidents qui coûtent la vie à beaucoup. L'appareil Instrumar détecte la première formation de la glace et avertit le pilote qui sait prendre les mesures nécessaires pour réduire la glace avant qu'elle devienne dangereuse. On vend les produits de cette entreprise partout au monde.

VII
Notre mode de vie

Pour comprendre nos cultures différentes

Qu'est-ce que le mot **culture** signifie? Depuis que tu lis «Sculptée par l'Atlantique», tu as beaucoup appris au sujet des habitants de ta province; d'où ils sont venus, comment ils sont parvenus jusqu'ici et comment ils ont vécu. Tu as aussi étudié leur travail, leurs coutumes, leurs lois, leurs habits, leur nourriture, leurs chansons, leurs croyances religieuses et bien d'autres aspects qui ont fait partie de leur mode de vie. Comment vivent les gens, la langue qu'ils parlent, ce qu'ils considèrent important et ce qu'ils croient, ce sont des aspects importants de leur culture. Tout ce que comprenait la vie de nos ancêtres s'appelle notre patrimoine culturel. Puisque tu comprends et tu es fier de ton patrimoine culturel, naturellement tu veux en faire part aux autres. Tu veux partager avec eux ton mode de vie.

Dans notre province il existe beaucoup de cultures. Des gens d'origines différentes ont souvent des coutumes différentes. Par exemple, les autochtones de Terre-Neuve et du Labrador ont des aliments qui ne sont pas connus des autres populations de la province. Les groupes dont les ancêtres sont irlandais ou chinois se servent de mots ou de phrases qui ne sont peut-être pas d'usage chez les groupes d'origine anglaise.

A Terre-Neuve et au Labrador, en tant que province du Canada, on maintient que toutes les cultures sont égales et doivent être respectées. Voilà pourquoi le Canada est un pays multiculturel qui encourage tous les Canadiens à conserver et à être fiers de leur patrimoine.

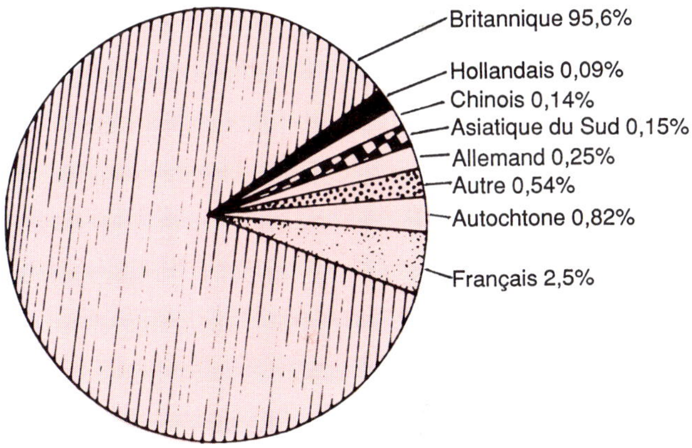

Ce graphique indique la grandeur des différents groupes ethniques à Terre-Neuve.

Quel est le plus grand groupe? Pourquoi penses tu que c'est ainsi? Est-ce qu'il y a une raison dans notre histoire qui expliquerait cette distribution? Ces chiffres sont bons pour toute la province, mais peuvent changer selon la région où tu te trouves. Quelques pays et groupes autochtones sont mieux représentés dans certaines régions que dans d'autres, par exemple les Français sur la péninsule de Port au Port. Dans la ville de St. John's, on trouve beaucoup de différents groupes ethniques.

CHAPITRE 18

Un pays à visages multiples

Nous avons vu qu'au cours de l'histoire, les habitants de Terre-Neuve et du Labrador sont venus de beaucoup d'endroits différents. Quand ils arrivent tout d'abord au Canada, ils apportent souvent une partie de leur culture avec eux. En quoi sont-ils différents des autres Canadiens? En quoi sont-ils les mêmes? Quels sont les avantages de vivre dans un pays où l'on encourage et respecte les gens de différentes cultures? Pourrais-tu vivre dans une société qui ne respectait pas ton mode de vie?

Nous avons dit que nous sommes tous des «immigrés» . Qu'est-ce que cela veut dire? Est-ce vrai? Au cours de l'histoire, des gens de beaucoup de milieux culturels différents ont décidé de vivre dans cette province. Ces gens coopèrent avec d'autres afin que notre province soit un meilleur endroit pour tous ceux qui y habitent.

Aujourd'hui, la plupart des habitants de Terre-Neuve et du Labrador sont d'origine anglaise et irlandaise. C'est-à-dire que leurs ancêtres étaient originaires de l'Angleterre et de l'Irlande.

Quand sont-ils venus?

Si tes ancêtres étaient anglais ou irlandais, est-ce que tu sais à quelle époque ils sont venus pour la première fois à Terre-Neuve et au Labrador? Probablement pas, puisque pour la plupart des familles, les documents qui auraient pu le leur dire n'existent pas. Il est impossible de savoir quand les premiers immigrants sont venus des îles britanniques et se sont installés à Terre-Neuve. A la fin du dix-septième siècle, 3 000 y étaient installés, dont presque tous étaient anglais. Au début du dix-huitième siècle, les colons irlandais sont arrivés, et au cours du siècle jusqu'en 1830, d'autres colons sont venus de l'Angleterre et de l'Irlande.

D'où sont-ils venus?

La plupart des colons anglais venaient du sud-ouest de l'Angleterre, de deux comtés en particulier du Devon et du Dorset. La plupart des colons irlandais venaient des comtés de Waterford, Tipperary, Kilkenny et Wexford, surtout de la région autour de la ville de Waterford.

Qu'est-ce qu'ils ont contribué à notre culture?

Notre culture actuelle est basée sur notre patrimoine du passé. Les immigrants ont apporté beaucoup de la culture de leurs pays d'origine. Étant donné que la plupart d'entre nous sommes des descendants de familles anglaises ou irlandaises, la culture de Terre-Neuve et du Labrador peut en grande partie être tracée à ces pays. Bien sûr, nos ancêtres qui sont nés ici ont ajouté à la culture apportée de loin. Notre culture actuelle est donc un mélange de ce qui fut apporté par nos ancêtres, en particulier de l'Angleterre et de l'Irlande, et de ce qui fut créé ici.

Voici quelques aspects de notre culture qui nous proviennent de l'Angleterre:

Le 5 novembre (Guy Fawkes)
La Saint-Georges
Le «mummering»
Des chansons, de la musique et des danses
Notre langue, en partie

De l'Irlande nous tenons les suivants:

La Saint-Patrice
Des chansons, de la musique et des danses
Notre langue, en partie

Quand tu liras le reste de ce chapitre, pense à ces aspects de notre culture qui viennent de l'Angleterre ou de l'Irlande. Nous devons Les beaucoup à nos ancêtres qui ont quitté leur patrie, et sont venus vivre à Terre-Neuve et au Labrador.

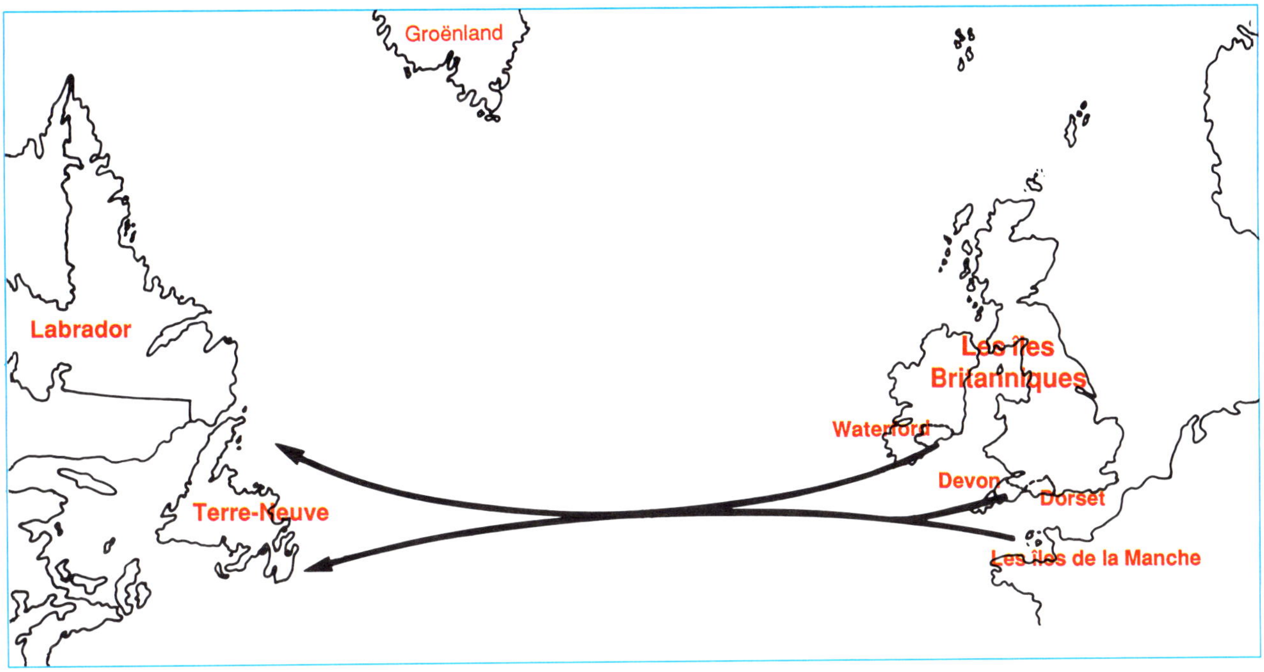

Si tes ancêtres sont venus de l'Angleterre et de l'Irlande, ils sont probablement venus des régions indiquées sur cette carte.

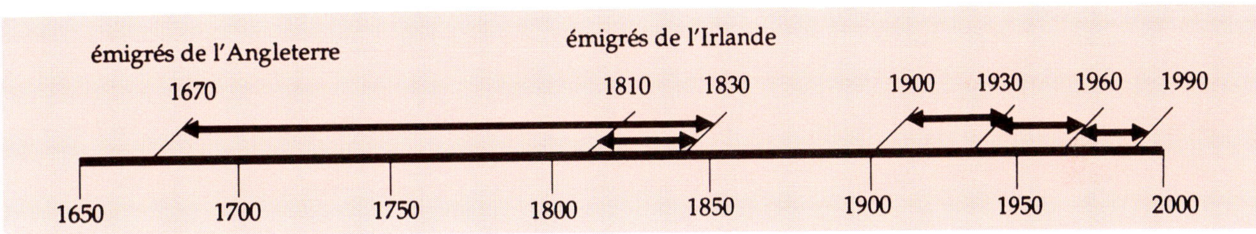

La longueur d'une génération est calculée en trouvant la moyenne entre les dates de naissances des parents et les dates de naissance de leurs enfants. Une génération comprend à peu près trente ans. L'escalier des ancêtres ci-dessus montre ta génération, celle de tes parents et celle de tes grands-parents, ainsi que la date de naissance approximative de chaque génération. L'escalier montre également les dates où la plupart des ancêtres ont quitté l'Angleterre et l'Irlande pour immigrer à Terre-Neuve et au Labrador.

✍ #125

D'après le schéma, sais-tu pourquoi les énoncés suivants sont corrects?

1. Les ancêtres nés avant 1670 sont probablement nés en Angleterre ou en Irlande.
2. Les ancêtres nés entre 1670 et 1830 sont nés peut-être en Angleterre ou en Irlande, ou peut-être à Terre-Neuve ou au Labrador, selon la date où ils ont déménagé ici..
3. Les ancêtres nés après 1830 sont probablement nés à Terre-Neuve et au Labrador.

Les francophones à Terre-Neuve et au Labrador aujourd'hui

Dans un chapitre précédent, nous avons appris que les colons français se sont installés dans la péninsule de Port-au-Port à la fin du dix-huitième siècle. Ils se sont joints aux Anglais de Terre-Neuve lorsque les français en 1904 ont renoncé à la Côte française qu'ils *revendiquaient* auparavant. Par conséquent, ils sont devenus une minorité dans une population pour la plupart anglophone.

Alors que les francophones de Port-au-Port sont les descendants des habitants français originaux de la province, ce ne sont pas les seuls francophones de la province. Depuis environ 1950, un certain nombre de francophones ont déménagé à Terre-Neuve et au Labrador et ont élu domicile dans de nombreuses régions de notre province. St. John's et Labrador City sont deux de ces endroits en dehors de la péninsule de Port-au-Port. L'exploitation minière dans les années 1960 a attiré plusieurs familles francophones du Québec et du Nouveau-Brunswick à la région de Labrador City. Les francophones qui habitent à St. John's sont venus remplir des postes dans plusieurs professions différentes: l'enseignement, la profession médicale et la fonction publique.

Les francophones ne forment qu'un faible pourcentage de la population de Terre-Neuve et du Labrador (0,5). Dans cette province, la vaste majorité du peuple parlent anglais et la plupart des activités commerciales, politiques et sociales sont menées en anglais. Cependant, les francophones souhaitent avoir l'occasion d'utiliser leur propre langue et de jouir de leur propre culture.

Les francophones dans la province cherchent par divers moyens à conserver et à développer leur langue et leur culture.

Si ta langue et ta culture vont survivre et se développer, il est essentiel que tu reçoives ton éducation dans ta *langue maternelle*. La Charte des droits du Canada garantit les droits *linguistiques* des deux groupes que représentent les langues officielles du pays. Parmi ces droits on compte le droit à l'enseignement en langues minoritaires. Par conséquent, les francophones dans la province ont beaucoup insisté sur l'importance d'écoles où le français est la langue d'enseignement.

Plusieurs groupes ont été formés pour conserver et promouvoir la langue et la culture françaises. Parmi ceux-ci on note l'Association des francophones du Labrador, les Terre-Neuviens français, et l'Association des francophones de St. Jean.

La fierté et le patrimoine des francophones terre-neuviens sont représentés dans leur drapeau. Le bleu, le blanc, et le rouge représentent leurs origines françaises et les voiles font allusion à l'histoire des premiers colons. Le jaune représente l'Acadie. La branche de conifère, représente le Labrador, tandis que la partie **insulaire** *de la province est symbolisée par la sarracénie pourpre.*

Quatre communautés dans la province ont actuellement des écoles françaises. C'est-à-dire, des écoles où le français est la langue d'enseignement dans toutes les matières (sauf l'anglais) et à tous les niveaux.

Les francophones à Terre-Neuve et au Labrador ont fait des progrès considérables dans leurs efforts pour conserver leur langue et leur culture. Pourquoi cela est-il important pour les Terre-Neuviens de *souche* anglaise, aussi bien que pour les francophones? On dit qu'une communauté ou une province ayant plus d'une culture en est d'autant plus intéressante. Pourquoi?

Plusieurs festivals, par exemple «Une longue veillée» à Cap St- Georges et «Une journée dans l'passé» à La Grand'Terre, permettent aux francophones de fêter leur culture . Des musiciens, des chanteurs, des danseurs et des conteurs amusent le public tout en mettant l'accent sur le patrimoine français de la communauté francophone.

LE GABOTEUR

Vol. 7, no 16 — Le seul journal de langue française à Terre-Neuve et au Labrador — Le 5 juillet 1991

La péninsule de Port-au-Port

Que la montagne est belle !

Plus de cinquante randonneurs ont participé le 22 juin dernier à la marche entre La Grand'Terre et Cap-St-Georges, pour célébrer la Saint Jean Baptiste. Un beau succès, même si pour la première fois depuis le début de la tradition, les deux communautés ne se sont pas croisées sur les sommets. Histoire et photos de la promenade

Pages 6 et 7

Pacifisme

Le nouveau commissaire aux langues officielles Victor Goldbloom veut calmer les esprits dans la «guerre» du bilinguisme. Cet «apôtre du dialogue» présente les objectifs de sa bataille...

Page 4

Polémique

Le rapport Spicer publié fin juin suscite des controverses. La Fédération des Communautés Francophones et Acadienne du Canada parle d'«insulte». Elle exprime sa frustration.

Page 3

Progrès

David Jesso est muet. Autrefois rejeté, il mène aujourd'hui une vie presque normale, en travaillant pour le parc «Le Boutte du Cap». Candy Cormier trace son portrait

Page 9

Pétition

Cap St Georges s'insurge contre le mauvais état de la route 460. Une pétition circule chez les habitants de la communauté. Le conseil municipal explique les raisons de sa colère

Page 5

Promotion

Cap-St-Georges et La Grand'Terre à la Une d'un magazine national, «The Atlantic Avocate». Une publicité inattendue qui enchante Jim Hodder, député de la province. Sa réaction...

Page 2

Le journal, Le Gaboteur, relie les communautés francophones. Des émissions de télévision réalisées au Québec sont diffusées dans la province sur les chaînes locales.

✍ #126

Comment peux-tu, en tant qu'étudiant, ou pouvez-vous en tant que groupe d'étudiants, aider et promouvoir la langue et la culture françaises dans la communauté?

Les groupes indigènes dans notre province

Terre-Neuve et Le Labrador sont le pays de trois groupes indigènes: les Inuits de la côte nord du Labrador; les Innus de la côte nord du Labrador et des rives du lac Melville; et les Micmacs de la rivière Conne sur la côte sud de Terre-Neuve.

Comme nous l'avons vu dans les chapitres précédents, les groupes indigènes dans ces régions dépendaient des ressources naturelles pour leurs besoins quotidiens. Ce rapport avec l'environnement s'est renforcé au cours de l'histoire, bien avant l'arrivée de l'homme blanc. Chaque groupe a développé une culture distincte et riche en traditions.

Quand l'homme blanc est arrivé, il a apporté sa propre culture et son mode de vie. Petit à petit, les groupes indigènes ont été influencés par le mode de vie et la culture des nouveaux venus, ce qui a mis la survie de leur propre culture en péril.

Heureusement, les cultures indigènes n'ont pas disparu. Le peuple indigène est fier de sa culture, et ils sont nombreux à faire un effort spécial pour la conserver et la promouvoir. Cependant, c'est une tâche qui présente d'énormes difficultés.

L'importance de la population

Le faible pourcentage de la population indigène par rapport à la population totale de la province est la cause principale de beaucoup de leurs difficultés. Sur une population de plus de 500 000 dans la province, moins de 4 000 sont des indigènes.

Le mode de vie et la culture que représentent les médias, en général, conviennent à la majorité des groupes de la province. Les groupes indigènes, qui forment une minorité, ont peu d'occasions de se voir et d'entendre leur voix dans les médias. Par exemple, la plupart des émissions réalisées pour la télévision et la radio à Terre-Neuve, reflètent la culture et le mode de vie de la majorité anglophone blanche de souche anglaise et irlandaise.

Les revendications territoriales

Les groupes indigènes ont un sentiment spécial envers leur terre. Au cours des années, la terre leur a fourni leur nourriture, leur vêtements et leur *hébergement*. Ce lien avec la terre a donné lieu à un vif sentiment de respect pour l'environnement naturel chez les groupes indigènes.

Les groupes indigènes souhaitent conserver ces rapports avec la terre et avoir l'occasion d'assurer la survie des traditions que leur ont confiées leurs ancêtres. Ce souhait a été difficile à réaliser, puisque d'autres groupes ont construit des maisons, des bâtiments, et de nouvelles industries. Entre autres, les industries minière et forestière, ont changé l'aspect de la terre.

Les groupes indigènes réclament qu'on leur rende au moins une partie des terres de leurs ancêtres, pour pouvoir s'en servir pour leurs propres fins, et pour assurer que lorsque d'autres s'en servent, ils le font de sorte que la terre n'est ni détruite ni abîmée.

L'autonomie

Les hommes blancs ont eu tendance à dominer dans bien des domaines après leur premier contact avec les groupes indigènes. Les gouvernements ont souvent apporté beaucoup de restrictions aux groupes indigènes. Actuellement, un nombre grandissant d'autochtones demande plus de contrôle sur leur vie ainsi que sur une partie des terres.

Prenons pour exemple le contrôle des écoles locales. Le gouvernement des Micmacs de la rivière Conne a pris entière responsabilité de leur école le 26 juillet 1986, la fête de Ste. Anne. Une directrice de l'Éducation s'occupe de toutes les affaires scolaires en consultation avec le chef et l'Assemblée de la bande. Ils sont responsables de l'enseignement d'étudiants de la maternelle jusqu'en douzième année, ainsi que d'adultes. On y enseigne le programme scolaire provincial, en se servant d'un maximum de matériel propre aux autochtones dans toutes les disciplines.

D'autres groupes indigènes revendiquent le contrôle de leurs écoles. En 1991, les Innus à Sheshatshit ont demandé le contrôle communautaire de leur école. Des professeurs autochtones enseignent l'Innu Aiman à Davis Inlet et Sheshatshit. Des professeurs inuits enseignent aussi l'Inuktitut à Nain et Hopedale. Dans leurs écoles on enseigne l'histoire, les traditions et les coutumes des indigènes.

Pour conserver et promouvoir leur culture

Les groupes indigènes conservent et promeuvent leur culture en se servant de nombreux moyens. Un moyen important a été de former des organismes pour les aider à atteindre leurs buts. Deux de ces organismes sont l'AIL (l'Association des Innus du Labrador) et la Nation Innu (jadis l'AIMN l'Association Innu Montagnais et Naskapi). Ils participent à beaucoup d'activités, entre autres des activités destinées à conserver les coutumes traditionnelles et les langues autochtones.

Des avions militaires pratiquent la navigation à basse altitude au-dessus de nombreuses régions du Labrador. Beaucoup de membres des groupes indigènes élèvent des objections contre ces vols parce qu'ils croient que cela pose un risque à leur santé, et que cela s'oppose aux emplois traditionnels de la terre. De plus ces vols pourraient nuire à la faune, en particulier, au caribou.

Les écoles sont importantes à la culture de n'importe quel groupe. Pour cette raison, la plupart des groupes indigènes veulent que leurs écoles soient sous le contrôle des communautés indigènes.

Des diplômés d'un cours de production de télévision et de radio offert à Nain dans le studio Okalokutiget.

✍ #127

Organise un débat dans ta classe pour discuter si on devrait permettre les vols à basse altitude au-dessus des terrains de chasse traditionnels.

En provenance de bien des pays

Dans les pages précédentes, nous avons lu au sujet d'habitants de Terre-Neuve et du Labrador venant de milieux différents. Mais bien des habitants qui ont élu domicile à Terre-Neuve et au Labrador sont nés dans d'autres pays. Quelques-uns d'entre eux sont venus récemment, tandis que d'autres sont ici depuis bien des années. D'autres encore qui sont nés ici sont les enfants ou petits-enfants de gens qui sont venus de pays lointains.

Bien que les immigrants veuillent s'adapter à leur nouveau pays, ils veulent également maintenir des aspects de la culture de leur pays natal. Ils ont plusieurs façons de faire cela: organiser des festivals ou célébrer des événements spéciaux. De tels événements enrichissent la culture de cette province. Plus de vingt groupes ethniques ont été formés pour maintenir et promouvoir la culture de leurs pays natals. On y trouve les Friends of India (les amis de l'Inde), l'Association musulmane, l'Association polonaise, l'Association philippine et l'Association coréenne. Beaucoup de ces groupes se sont réunis pour former l'Association ethno-culturelle de Terre-Neuve et du Labrador.

Un groupe de gens venant de plusieurs milieux ethniques se sont réunis pour parler de leurs expériences dans la province et pour réfléchir sur leur vie ici. C'étaient Florence Mohamed, Jane Mah, Olu Badijo, Marin Darmonkov, Dr. Ramjit Chandra et Dr. Bruce Sussex. Voilà une partie de leur conversation:

Quand êtes-vous venus à Terre-Neuve? Comment y êtes-vous arrivés et qu'est-ce que vous faites maintenant?

Jane Mah: Je suis venue à Terre-Neuve en 1967 de Hong-Kong. Ma mère et moi étions les derniers membres de notre famille à venir au Canada. Mon grand-père était arrivé dans les années 1920. Mon frère était médecin à Come By Chance. Après deux ou trois ans là nous avons déménagé à Toronto où nous avons passé trois ans. A part cela, je vis à Terre-Neuve depuis mon arrivée au Canada. J'avais onze ans à mon arrivée, donc j'ai fait la plupart de mes études ici. Je suis diplômée de l'Université Memorial et je suis maintenant comptable agréée avec Revenu Canada.

Florence Mohamed: Je suis venue à Terre-Neuve de la Trinité en 1974. J'étais veuve et j'étais accompagnée de ma mère et de ma fille qui avait douze ans à l'époque. Mon frère cadet était médecin ici depuis plusieurs années. Depuis mon arrivée j'ai travaillé dans plusieurs endroits. En ce moment je fais de la transcription dans l'Assemblée législative.

Olu Badijo: Je suis du Nigéria. Je suis venue au Canada avec mon mari en 1976. D'abord nous avons vécu à Halifax où mon mari était médecin interne. Puis nous avons déménagé à Ottawa et ensuite à Terre-Neuve en 1982. Nos trois enfants sont nés au Canada avant notre arrivée dans cette province. Je travaille avec mon mari dans son cabinet.

Marin Darmonkov: Je suis ici depuis un an seulement. Ma femme et moi sommes arrivés comme réfugiés. Nous avons atterri à Gander en février. Nous étions surpris de voir deux mètres de neige. Notre fille est né vingt jours après notre arrivée. Ma femme était avocate en Bulgarie et moi j'étais dessinateur. Maintenant je travaille comme indépendant dans le dessin et ma femme essaie de se faire accepter comme avocate.

Dr. Sussex: Je suis d'Australie. Je suis venu à Terre-Neuve en 1984, ayant déjà passé huit ans au Canada après avoir fini mes études en médecine. Je suis venu ici avec ma femme et nos deux enfants. Je suis venu à Terre-Neuve parce que je voyais l'occasion de mettre en oeuvre mes habiletés en cardiologie.

Dr. Chandra: Je suis venu à Terre-Neuve en 1974 directement de l'Inde. Je travaillais comme pédiatre à Delhi. Ma première visite à Terre-Neuve était lors de l'interview pour un poste dans la Faculté de médecine à l'Université Memorial. C'était en juillet. Quand je suis arrivé avec ma femme, qui est également médecin, et nos trois enfants nous avons atterri à Gander en février et le vol assurant la correspondance avec St. John's était

128

En classe, essaie d'identifier, autant que possible, les pays d'origine des familles des étudiants de ta classe, ou d'autres classes dans ton école ou d'autres groupes dans ta communauté. Sur une grande carte du monde, trace des lignes des pays identifiés jusqu'à Terre-Neuve et au Labrador.

retardé de dix heures par une tempête de neige. Ma femme et nos enfants se demandaient pourquoi je les avais amenés ici.

Quelles étaient vos premières expériences? Quelle était l'attitude des habitants envers vous?

Jane Mah: On m'a fait un accueil merveilleux à Come By Chance. A Hong Kong d'où je venais, on ne parlait pas aux étrangers, donc c'était bien différent. Toute la communauté attendait notre arrivée avec impatience. Dès mon arrivée à Come By Chance, tout le monde me connaissait. Les enfants m'invitaient à participer à leurs activités. Nous passions beaucoup de temps à faire du toboggan et à patiner.

Dr. Chandra: Nous sommes bien heureux ici. Pour moi, les installations et les occasions du travail ont été bien et nous avons établi un centre de recherches renommé, reconnu par l'Organisation mondiale de la santé l'année dernière comme le seul centre de recherches dans la nutrition et l'immunologie au monde. [On a décerné récemment au Dr. Chandra l'Ordre du Canada pour son travail dans la médecine.]

Pour ceux d'entre vous qui êtes arrivés avec des enfants, comment se sont-ils adaptés?

Olu Badijo: Mes enfants étaient les seuls noirs dans chacune de leurs classes. Ma fille est à l'école depuis huit ans et elle m'a dit l'autre jour que ses camarades ne la considèrent pas comme noir; ils la voient en tant que personne. Cela me fait grand plaisir.

Florence Mohamed: Ma fille était la seule de peau foncée à l'école. Mais il n'y avait pas de problèmes. Elle avait beaucoup d'amis; notre maison était souvent pleine de ses amis qui venaient faire leurs devoirs avec elle.

Il semble que vous et vos enfants avez fait peu d'expériences désagréables en vous installant à Terre-Neuve. Croyez-vous qu'un immigrant le trouve plus facile de s'installer dans cette province qu'ailleurs?

Dr. Chandra: Je crois que oui, et il y a plusieurs raisons pour cela. D'abord il n'y a pas de groupe ethnique assez nombreux pour constituer une menace. Ensuite, la majorité des immigrants à Terre-Neuve et au Labrador sont des professionnels et les communautés ont profité des habiletés expertes qu'ils apportent. Et enfin l'amabilité naturelle des Terre-Neuviens y aide beaucoup.

Olu Badijo: Je crois aussi que les enfants d'ici ne sont pas préjugés parce qu'ils n'entendent rien de cela à la maison. Dans quelques-unes des grandes villes au Canada où les adultes se disputent avec quelque groupe ethnique, ils en parlent à la maison et ils communiquent leur préjugé à leurs enfants. A Terre-Neuve, on voit très peu de préjugé parmi les adultes et il en va de même avec les enfants.

En ce qui concerne le changement de culture, avez-vous trouvé bien des différences? Tenez-vous toujours aux coutumes de votre pays natal, tout en restant Canadiens?

Marin Darmonkov: Quant à moi, je ne trouve pas de grandes différences entre les cultures bulgares et canadiennes. Après tout, les origines de la culture canadienne se trouvent en Europe. La plus grande différence c'est qu'on trouve ici beaucoup plus de culture de masse, surtout à travers la télévision. En Bulgarie, on lit beaucoup plus.

Florence Mohamed: On trouve bien des choses similaires à Terre-Neuve et à la Trinité. C'est sans doute parce que nous étions toutes les deux d'anciennes colonies britanniques. Les systèmes d'écoles se ressemblent beaucoup aussi. A Noël nous chantions «En avant à travers la neige» bien qu'il faisait chaud.

A part la contribution individuelle que les immigrants apportent à la province, y a-t-il d'autres bénéfices quand on a des gens d'autres pays qui habitent ici?

Dr. Sussex: Cela enrichit beaucoup quand il y a des gens de cultures différentes qui habitent dans la même communauté. Un des avantages d'un endroit comme Terre-Neuve, c'est qu'il n'y a pas de grands groupes d'une seule ethnie. Si c'était le cas, ils se cramponneraient les uns aux autres. Mais comme individus, ils doivent faire la connaissance d'autres gens, et partager leurs expériences, leurs milieux et leurs cultures.

Jane Mah: Je suis du même avis. Le monde se fait de plus en plus petit, à la suite de nouveaux moyens de communication et des échanges entre pays. Il ne suffit plus de connaître seulement son petit coin du pays. Avec la présence de groupes ethniques différents, nous créons l'image ici de ce que c'est que le reste du monde.

Olu Badijo: Oui, et les groupes ethniques peuvent communiquer des informations sur leurs pays natals. On trouve bien des erreurs dans les films et les livres au sujet d'autres pays, et les enfants de la province peuvent apprendre la vérité directement de la bouche des immigrants.

✍ # 129

Avec tes amis, organise une visite à votre école d'une ou plusieurs personnes qui sont venus d'autres pays, ou dont la famille est venue ici. Ils auront peut-être des articles de leur pays d'origine qu'ils pourront apporter en classe. Avant qu'ils viennent, décide d'une liste de questions à leur poser au sujet de leur pays d'origine. Tu pourrais aussi leur demander ce qu'ils pensent de vivre dans un pays nouveau.

Les langues parlées dans notre province

L'anglais et le français sont les langues officielles du Canada, mais on parle beaucoup d'autres langues à Terre-Neuve et au Labrador. Par exemple, à St. John's, on parle plus de cinquante langues. Pourquoi est-il important qu'on encourage les enfants venus d'autres cultures pour vivre dans cette province à parler les langues officielles? Sais-tu plus d'une langue? Si ce n'est pas le cas, penses-tu que ce soit utile de pouvoir en parler plus d'une? Quels sont les avantages de savoir parler de différentes langues? Pourquoi est-il important de conserver ta culture et ta langue?

Bonjour! Je m'appelle Patrick Robia. J'habite à Cap St. Georges. Je suis en sixième année. Je suis élève dans le programme de français langue maternelle. Mes parents s'appellent Mary et Albert Robia. Mon arrière-grand-père est originaire de France.

Il y a bien des années, on pensait qu'à Terre-Neuve et au Labrador on avait besoin de parler seulement l'anglais. Depuis que Terre-Neuve et le Labrador sont devenus une partie du Canada, on a reconnu le français aussi comme langue officielle.

Bonjour, je m'appelle Sarah Abel. Je suis Inuk. J'habite à Nain. Je parle anglais et inuktitut. Les mots que tu vois sont ce que j'appelle les parties de mon corps en inuktitut: la tête, les yeux, le nez, la bouche, le menton, les oreilles, le cou, le bras, la main, la jambe, les pieds.

Hello, Sarah Abeliuvunga. Inuvunga, Nainemiugovunga. Inuktut kalonatolo okalasogvunga ukkua taijakka inuktut: niakuk, ijik, kingak, kanik, taluk, siutik, kugasik, tallik, aggak, niuk, ittigat.

Je m'appelle Susan Rich. J'habite à Davis Inlet. Je suis Naskapi Innu, et j'ai sept ans. Dix personnes vivent dans notre maison.

Ma famille se déplace à l'intérieur des terres chaque année pour chasser et pêcher. Beaucoup des habitants de Davis Inlet en font ainsi. Je n'y suis pas allée cette année. J'ai dû venir à l'hôpital à Northwest River. J'habite et je vais à l'école à Sheshatsheit.

Shushan Rich nitishinikashun kie Utshimassits nutshin. Ninu mushuau iskuess kie nishuas nitatupuneshin. Kutunu mamu nitatishinan nete nitshinat.

Eshukum pupuna, mitshet innut kusput nete Utshimassits. Nutau kie nikau, mamu nishimat kie nisteshat kie nimishat kusput.

Apu tut tshi kuspian nin anutshish pupun tante nete Sheshatshiu nitukuntshuapit nititaunikui. Eku espish taian nete Sheshatshiu nitshiskutamashunkie kie ekute nitan.

Je m'appelle Richard Abraham. Je suis Montagnais. J'habite à Sheshatsheit,au Labrador. J'ai huit ans. La famille de mon oncle vit avec nous. Alors nous sommes dix dans la maison.

Je suis parti dans les terres avec mon grand-père l'an passé. Nous y sommes restés trois mois. Maintenant peu de gens partent vivre du pays. La plupart des gens restent à Sheshatsheit.

Richard Apinam nitashinikashun kie ninu Sheshatshiunnu Nishuaush nitatupuneshin. Nukumish nete niuitshimukunan nitshinat eku nikutunueshinan mamu nete nitshinat.

Nikuspitan pupunut, nimushum niuitshimatshit kie nistupishumuau nitatan nete nutshimit. Apu shuk mitshet kuspit innut nete Sheshatshiu tante atusseut passe.

Nos différentes façons de parler

La langue dont les gens se servent est une partie importante de leur culture. Généralement, les habitants d'une même région ont une façon de parler qui leur est commune. Quelquefois nous pouvons identifier d'où vient une personne en l'écoutant parler. Lorsque les gens prononcent des mots d'une façon qui est différente de la nôtre, nous disons qu'ils ont un accent! Cela ne veut pas dire qu'ils parlent «mieux» ou «moins bien» que nous. Tout le monde parle avec un accent de sorte. Si les gens utilisent des mots et des expressions qui sont courants là où ils habitent, mais ne sont pas usités dans d'autres endroits, nous disons qu'ils parlent un dialecte. A Terre-Neuve, il existe beaucoup de dialectes distincts. Pourquoi est-ce le cas?

Quand les colons européens sont arrivés dans la province il y a des centaines d'années, ils ont apporté la langue qu'ils parlaient chez eux.

Ils ont continué à se servir des mots de leur pays d'origine, mais ont aussi créé des mots nouveaux. Tu verras sur cette page et celle qui suit, quelques-uns des mots qu'on trouve uniquement à Terre-Neuve et au Labrador et qui sont encore usités aujourd'hui. Ces mots sont une partie de notre patrimoine. Combien d'eux sont usités chez toi et dans ta communauté?

settle

pratie

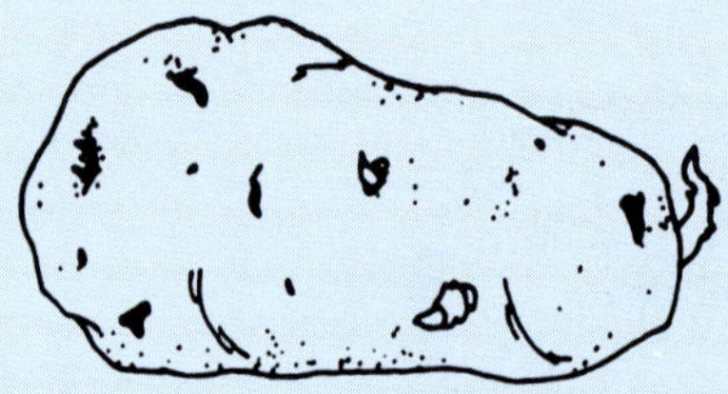

Ici on voit un meuble commun à T.N. appellé un «settle.» Dans le vieil anglais, «settle» veut dire un endroit pour s'asseoir. Depuis l'année 900 après J.-C., ce mot signifie une chaise ou un banc.

Dans l'anglais de Terre-Neuve, «pratie» est un mot pour pomme de terre. Connais-tu d'autres mots pour cela?

Egalement, en français, des mots ont changé de signification au cours des années. En français standard, «gréer» veut dire «garnir un bateau.» A Terre-Neuve, ça veut plutôt dire «habiller.»

«Chavirer» en français standard veut dire «renverser un bateau.» Ici à Terre-Neuve, pourtant, l'usage de ce mot est plus large, tel chavirer son verre.

Connais-tu d'autres mots français qui sont particuliers à Terre-Neuve?

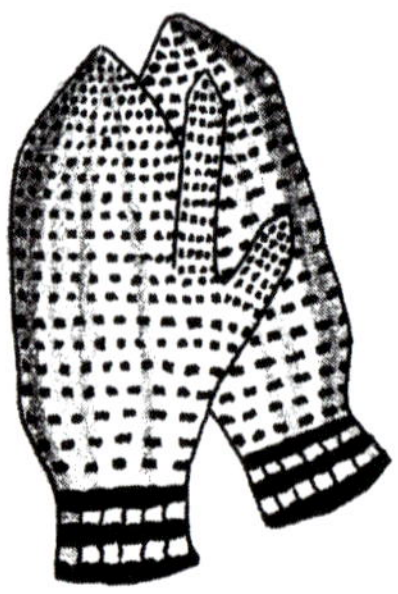

«Cuff» (des mitaines)

«Flankers»(des étincelles)

«Yaffle»(une brassée)

«Nunnybag»
(un sac à goûter)

«Bang Belly»
(un gâteau au porc)

«Landwash»
(la plage)

«Sunker»
(des rochers submergées)

#130

Les personnes âgées dans ta communauté se sont peut-être servies de nombreux mots qui ne sont plus usités de nos jours. En classe, fais un lexique d'autant de ces mots que tu peux découvrir.

Les histoires qu'on raconte autour du foyer

Autrefois, les habitants de Terre-Neuve et du Labrador racontaient beaucoup d'histoires. Souvent on les racontait à la maison, dans la cuisine autour de la cheminée et parfois au quai.

Partout où les gens se réunissaient on entendaient des histoires. Souvent les vieilles gens racontaient des histoires aux enfants qui adoraient les écouter, et qui les attendaient avec impatience.

Kitora Boase du Labrador raconte l'histoire suivante. Elle parle de dures épreuves.

Kitora Boase

J'étais Kitora Pamack d'Okak. Mon père s'appelait Gustav Pamack et ma mère s'appelait Rosina. Je me souviens de la mort de mon père, car j'avais douze ans à l'époque. Nous habitions à l'extérieur d'Okak, dans un endroit nommé Niakok. Nous avions trois tentes là, et nous habitions dans l'une d'elles.

Après, nous sommes toujours restés à Okak parce que ma mère a commencé à travailler dans l'hôpital. Ensuite ma soeur Tabea s'est mariée à John Gear. Eleanora était mariée aussi. En tout, nous étions dix dans la famille, mais cinq d'entre nous, trois garçons et deux filles sont morts plus tard. De dix enfants, il ne restait que nous, les cinq filles.

Quand j'avais quatorze ans, j'ai commencé à m'occuper des enfants d'une famille de missionnaires allemands. Ils me donnaient beaucoup d'habits. Les habits avaient de toutes petites tailles et des épaules rembourrées. J'aimais cette mode. C'était le seul genre de vêtements que nous portions dans les vieux jours. Même les enfants portaient des habits avec de toutes petites tailles. Je pense que les choses que nous avions dans ces temps-là étaient bien meilleures que les choses que nous avons maintenant. Cela avait de la valeur, je suppose, parce que c'était fait en Allemagne.

Nous étions vraiment contents et nous nous amusions beaucoup, car nous étions en bonne santé. Puis, la grippe est arrivée. J'avais alors vingt ans. C'était pendant l'automne, en novembre, tout juste après que le départ de l'«Harmonie» d'Okak. Les gens sont tombés malades, et ont commencé à mourir après une très courte maladie. Ma mère, ma soeur aînée et ma soeur cadette sont toutes mortes. Mon autre soeur et moi étions malade aussi, mais nous nous en sommes réchappées. Il ne restait que les enfants et une vieille dame. La plupart des maisons sont restées vides après la mort des habitants.

Un groupe de traîneaux à chiens est venu, pendant l'hiver, chercher les quelques habitants qui restaient.Ils venaient de Nain, de Hopedale et de Hebron. Nous étions bien tristes de voir emmener les gens, mais il n'y avait rien à faire. Nous pleurions quand nous nous quittions, mais il n'y avait rien à faire. Ma soeur Eleanora et moi ne sommes parties pour Hopedale qu'en octobre. Nous avons dû y aller parce que Markus Pijogge et sa famille avaient envoyé, quelqu'un nous chercher. Nous sommes allées vivre avec eux, mais peu de temps après, nous avons dû déménager chez Michael Friday. Michael Friday et sa famille étaient très gentils.

Cette fois, je suis restée toute une année à Hopedale. J'étais célibataire à ce moment-là. Dès l'arrivée du printemps, William Barbour est venu me chercher de Nain. Il a épousé une fille qu'il connaissait d'Okak. J'ai été obligée de laisser ma soeur à Hopedale et de repartir pour Nain. J'aimais bien la vie à Nain et j'étais contente là parce que je pouvais voir des gens que je connaissais d'Okak. Noah et sa soeur Ruth restaient avec William quand j'étais là. Je les connaissais tous les deux: c'était le genre de personnes qui blaguaient tout le temps, et il était

vraiment agréable d'être en leur compagnie. Alors, on s'amusait bien et on était content.
Les gens allaient à Nain pour Pâques. Une fois quand nous y étions, il y avait toute sortes de gens venues d'un peu partout, et un des hommes de Hopedale m'a demandé de l'épouser. Il s'appelait Boase Boase. J'ai dit oui, alors nous nous sommes mariés, là à Nain. Ensuite nous sommes retournés à Hopedale. Nous avons eu quatre enfants, toutes des filles. L'une d'entre elles est morte, mais les autres vont bien.
Boase et moi, nous étions tous deux anciens de l'église, et nous étions mariés pendant très très longtemps, en tout, pendant plus de cinquante ans. En ce moment, je suis seule, car mon mari est mort le 11 octobre 1978. J'ai maintenant quatre-vingts ans, et je rends grâce à Dieu de sa bénédiction et d'avoir vécu si longtemps. J'espère que mes petits-enfants, mes arrière-petits -enfants, ma famille et tous mes amis seront bénis de la même façon chaque jour de leurs vies.

Unikkajuk Kitora Boase, Hopedale.
Traduit de l'inuit.

L'histoire suivante est une légende des Micmacs.

Le cri du huard

Il y avait une fois une bande d'indiens qui habitaient sur les rives d'un lac isolé à Terre-Neuve. Ils s'appelaient les Huards. Ils étaient, comme auraient pu vous le dire n'importe lequel des vieux Indiens, par moments indiens, par moments *huards*; Ils pouvaient devenir indien ou huard à volonté. Ils le pouvaient parce que leur totem était le huard.
Pour trouver les huards sur les rives de leur lac isolé, Glôzgab, un Micmac, parcourut les vastes étendues sauvages de Terre-Neuve. De longues journées jusqu'en les ténèbres de la nuit, le grand Glôzgab et les huards solitaires se parlèrent: et quand Glôzgab se détourna pour quitter les rives de leur lac, ils s'empressèrent autour de lui, l'implorant d'être ses serviteurs. Trois fois le chef des Huards survola le lac, frôlant l'eau devant le grand chef; trois fois il supplia,« Permettez que nous soyons vos amis et vos serviteurs.»
Glôzgab entendit le chef des huards; il se dressa devant lui. «Chef, je suis votre ami et le bon ami de votre peuple, je veux que vous et votre peuple soyez mes amis. C'est ma volonté que vous soyez mes chasseurs et messagers. Je dois m'en aller dans un autre pays. Si vous avez besoin de moi, pensez à moi, et faites le cri que je vous enseignerai, et je viendrai parmi vous.»
Sur les rives de leur lac, Glôgab enseigna aux huards un cri sauvage et hantant, insufflé de l'esprit solitaire de la terre. Lorsqu'il les quitta, et qu'ils appelaient de leur voix désolée, ils savaient qu'ils n'étaient pas seuls.
Les huards crient encore dans la nuit et quand la terre est calme et sombre avant l'orage. Leur cri est solitaire et rempli de désir. L'homme blanc dit que c'est le huard solitaire qui appelle l'esprit d'un époux perdu. Mais les vieux Indiens savaient que les huards appelaient Glôzgab, et que Glôzgab répondait. Ils ne savent pas s'il répond encore.

(adapté d'un livre de légendes de Marion Robertson)

De nombreux habitants de Terre-Neuve et du Labrador racontaient et écoutaient des histoires dans une cuisine comme celle-ci. Pourquoi était-ce une manière si courante de raconter des histoires? Quelles autres manières avons-nous de le faire aujourd'hui? Devrions-nous faire un effort spécial de raconter des histoires de cette manière? Si oui, pourquoi?

La musique dans notre patrimoine

La musique est importante dans toutes les cultures. Autrefois, les habitants de Terre-Neuve et du Labrador jouaient de plusieurs instruments. De nos jours, on joue de beaucoup des mêmes instruments, et de plusieurs nouveaux aussi. Les gens qui viennent d'autres cultures jouent souvent des instruments très différents des nôtres.

Des musiciens inuits à Nain.

Kelly Russell

Des batteurs indigènes

Joueur d'accordéon

Il existe beaucoup de différentes sortes de danse. La *quadrille* et la *danse de caractère* sont deux formes communes de danse à Terre-Neuve et au Labrador.

Deux grands maîtres de la musique enseignent leur art à de jeunes musiciens. Au centre, c'est Emile Benoît, qui aide à préserver le patrimoine français et à droite, c'est feu Rufus Guinchard, qui venait du milieu culturel anglais. Quel instrument jouent-ils?

Combien d'instruments dans les images reconnais-tu? En joues-tu?

La chanson est une partie importante de toutes les cultures. Il en est de même pour les habitants de Terre-Neuve et du Labrador. Leurs chansons ont beaucoup de buts différents. Certaines chansons racontent des histoires tristes de grandes tragédies. Certaines révèlent des expériences personnelles de l'auteur(e) -compositeur(e). Certaines sont des chansons religieuses. D'autres sont niaises, mais quand même amusantes à chanter et à écouter.

Aujourd'hui, les habitants de Terre-Neuve et du Labrador aiment toujours chanter. Mais il y a eu des innovations importantes au cours des décennies récentes. La plus importante a été l'invention des médias modernes (la télévision, les magnétophones et les magnétoscopes). Avant ces inventions, les habitants de Terre-Neuve et du Labrador pour la plupart chantaient leurs chansons. A présent, ils passent plus de temps à écouter les autres chanter à la radio, à la télévision, sur des vidéocassettes et sur disques compacts. Ils passent aussi plus de temps à écouter des chansons composées et jouées par des artistes d'en dehors de la province. Par contre, grâce aux médias modernes, beaucoup plus de gens qu'auparavant ont l'occasion d'écouter les chansons de la province.

Les danses traditionnelles sont toujours populaires parmi certains groupes.

Il existe beaucoup de différentes sortes de danse.

Voici trois figures de la chanson du patrimoine provincial: Georgina Stirling, Gerald S. Doyle et Art Scammel.

Georgina Stirling

Georgina Stirling, ou «Mademoiselle Marie Toulinguet», est née à Twillingate en 1867. Après avoir assisté à l'école à Twillingate et à Toronto, elle a étudié la voix à Paris. Plus tard, elle a chanté à l'opéra de La Scala à Milan, en Italie.

Georgina a beaucoup voyagé et chanté à de nombreux opéras en Europe. En 1895, elle est revenue à Terre-Neuve et pendant toute une semaine a donné des concerts pour des fondations charitables.

Deux ans après, elle a fait une tournée aux États-unis avec l'Opéra Impérial du colonel Mapleson. Pour cette tournée, elle a pris le nom de théâtre «Marie Toulinguit», formé du nom français original de son lieu de naissance.

Quand la maladie l'a forcée à abandonner sa carrière, elle est revenue à Twillingate. Elle est morte le dimanche de Pâques, en 1935.

Georgina était très généreuse. Elle a fondé une société pour aider les pauvres dans sa communauté. Elle aidait les jeunes artistes qui débutaient sur scène. Quelquefois, elle chantait dans les coulisses tandis qu'une personne sur la scène faisait semblant de chanter.

Il existe une plaque commémorative en son honneur à Twillingate qui dit:

Le rossignol du Nord
Fut plus mélodieux que toutes les alouettes de l'Italie.
De sa voix, elle enchantait les rois,
De son coeur, elle enchantait les pauvres.

Gerald S.Doyle

Gerald S. Doyle était passionné des chants folkloriques de Terre-Neuve. En visitant les communautés à travers l'île, il recueillait les chansons des habitants. Il a publié ces chansons dans un livre appelé *Old-Time Songs and Poetry of Newfoundland* (Chansons et poésie du temps jadis). Ce recueil a aidé à faire connaître un grand nombre de chansons dans toute la province et au-delà.

Art Scammel

Art Scammel, auteur de chansons, poèmes et contes, dont beaucoup parlent du mode de vie ancien des villages de pêche, est né dans les îles de Change en 1913. Il a grandi dans un village de pêche où on chérissait la tradition de composer des chansons et des vers. Il a enseigné pendant plusieurs années dans les villages de pêche de Terre-Neuve avant que lui et sa femme Nellie démén- agent à Montréal. Quand il a pris sa retraite, Nellie et lui sont revenus à Terre-Neuve.

Il a écrit beaucoup de chansons, dont la plus connue est probablement «The Squid Jigging Ground», qu'il a composé pour un projet d'école secondaire lorsqu'il avait quinze ans.

L'art de la chanson n'est pas mort. Les habitants de Terre-Neuve et du Labrador aiment encore chanter et écouter chanter. Il y a de nombreux compositeurs et chanteurs dans la province aujourd'hui. Certains préservent les vieilles chansons. Certains composent de nouvelles chansons. Les chansons indigènes aident à enrichir notre culture et des chansons d'autres pays sont ajoutées à notre culture par les nouveaux habitants de Terre-Neuve et du Labrador.

Émile Benoit est né en 1913 à l'Anse-à-Canards dans la péninsule Port-au-Port. Un des joueurs de violon le plus respecté et le plus chéri à Terre-Neuve, il a commencé à jouer à l'âge de 12 ans. Il a composé plus de 100 mélodies traditionnelles pour le violon, qui ont été enregistrées par des artistes tels que Figgy Duff, Jim Payne et Kelly Russell. Aussi renommé pour ses histoires que pour sa musique, Émile Benoit a aidé à maintenir la vitalité de la musique et de la culture traditionnelle des franco-terreneuviens.

En 1977 le chansonnier Bud Davidge et le musicien Sim Savory, tous les deux originaires de la baie Fortune, ont créé le groupe Simani. Leur musique est traditionnelle pour la plupart, avec des éléments country et western. Les instruments de Simani comprennent l'accordéon, la guitare acoustique, la basse électronique et la batterie. Leurs chansons prennent comme sujet Terre-Neuve et sa culture. «Mummer's Song», «Outport People», et «Heaven By Sea» ne sont qu'un échantillon des titres que le groupe a enregistrés.

Shirley Montague est née à Northwest River, au Labrador. Joueuse accomplie de la guitare et exécutante de chansons folkloriques, elle a sorti son premier album «For the Sake of a Song» en 1984. Elle a souvent fait des tournées dans la province pour donner des concerts. Elle crée ses propres chansons aussi bien que de les exécuter. Shirley Montague s'occupe également du problème de l'analphabétisme, et en 1990 elle a animé une émission télévisée par la CBC, «Unspoken Words» («Ces paroles ne se prononcent pas»).

Figgy Duff a été formé tard dans les années 1970 par un groupe de jeunes musiciens qui voulaient faire entendre la musique traditionnelle de Terre-Neuve à des auditeurs modernes. Leur son distinctif se crée à partir d'une combinaison de styles et d'instruments rock et folkloriques. Leurs trois albums ont été bien loués dans plusieurs milieux et le groupe s'est exécuté partout dans l'Amérique du Nord et en Grande Bretagne.

#131

Fais une liste de tes chanteurs et compositeurs préférés. Combien d'entre eux sont de Terre-Neuve et du Labrador, et combien sont de l'extérieur de la province?

Notre littérature

Nous avons vu comment la langue fait une partie importante de la culture de Terre-Neuve et du Labrador. Nous avons examiné la façon dont nous parlons, les récits que nous nous racontons, les chansons que nous chantons, et les pièces de théâtre qui nous aident à comprendre les autres et nous-mêmes. Mais jusqu'ici nous n'avons pas fait mention de ce que nous écrivons, de notre littérature.

Pendant bien des années, l'écriture jouait un rôle minime dans notre culture. Jusqu'à un temps récent, beaucoup d'entre nous ne savions ni lire ni écrire. Et voilà pourquoi nous nous fiions tant à la langue parlée pour faire part de nos joies, de nos chagrins, de notre penchant pour les plaisirs et le rire, des grands événements qui influaient sur notre vie. Avant ce siècle, la plupart des livres écrits sur Terre-Neuve et le Labrador étaient faits par ceux qui rendaient visite à nos rivages, ou qui ont vécu et travaillé parmi nous pendant quelques années. Ces écrivains enregistraient leurs expériences et leurs impressions pour en faire part aux lecteurs en Europe ou aux États-Unis, et non pas pour ceux de Terre-Neuve et du Labrador. Plus récemment, cette situation s'est transformée. Dans une bibliothèque ou une librairie aujourd'hui, tu trouveras bien des livres écrits par les habitants de notre province.

Nos écrivains, comme ceux dans d'autres lieux, écrivent leurs meilleurs morceaux à propos des endroits et des gens qu'ils connaissent bien. Le docteur Wilfred Grenfell a écrit beaucoup de livres sur ses expériences comme médecin dans le nord de Terre-Neuve et au Labrador. Mina Hubbard, une femme aventurière, a raconté l'histoire de son expédition pour traverser le Labrador. Norman Duncan a écrit plusieurs livres sur les Terre-Neuviens et sur leurs luttes avec l'environnement, surtout la mer, et Cassie Brown, une femme-écrivain moderne a écrit plusieurs livres au sujet des désastres et des tragédies survenus au large et pendant la chasse aux phoques. Le déménagement imposé aux Terre-Neuviens qui devaient quitter leurs petits villages de pêche pour se rétablir dans les centres de développement plus importants a été le sujet des écrits d'Al Pittman. La disparition des Béothuks a fourni un sujet aux écrivains tels que Fred Rowe et Ingeborg Marshall et le dramaturge Michael Cook. Le rôle des femmes dans les communautés terre-neuviennes et les sentiments provoqués ont été le sujet de romans par Margaret Duley et Helen Fogwill Porter et d'oeuvres de Hilda Murray. Des récits modernes pour enfants ont été écrits par Ellen Byran Obed et Ed Kavanagh entre autres.

On pourrait continuer la liste. Nous ne saurons nommer tous les écrivains qui ont contribué pour raconter la vie dans notre province. Aujourd'hui, les gens continuent à coucher leurs idées sur papier. Un de ces jours, peut-être, tu vas ajouter un chapitre à l'histoire. Notre province a eu sa part d'écrivains. En voilà quelques-uns dont tu as sans doute entendu parler:

Edwin J .Pratt grandi à Terre-Neuve. Beaucoup de ses premiers poèmes étaient au sujet de l'île. Plus tard, il a déménagé à Toronto. Ses oeuvres sont bien connues partout au Canada aussi bien que dans notre province. Elizabeth Goudie a écrit *Women of Labrador* afin de raconter à ses petits-enfants sa façon de vivre dans les premières années de ce siècle. Ted Russell composa des récits à propos de Pigeon Inlet, petit village de pêche imaginaire. Les gens plus âgés se rappellent sans doute l'avoir écouté raconter ces récits à la radio sous le personnage

On publie beaucoup de livres dans notre province. Sais-tu que le livre que tu es en train de lire a été publié ici?

de «Uncle Mose.» Ray Guy, journaliste et écrivain, a créé des *saynètes* sur la vie dans sa ville d'enfance, Arnold's Cove. Il est bien connu aussi comme *satiriste politique*.

Boy With Berries

Early morning
he stands
by the side of the road
a bottle of blueberries
in each hand.
The cars fly by.
He doesn't blink.
The wind from the transport trucks
doesn't budge him.
He stands in the sun
on the margin of traffic,
the berries held out
for quick inspection.
All day he stands there,
a curious sight for tourists
to show their children.
The traffic roars past.
The day gets older
by the hour. And the only
movement he ever makes
is a quick shake of the bottles
whenever the berries
have settled too low
for his liking.

Al Pittman

Le théâtre

Le théâtre fait une autre partie importante de la culture de Terre-Neuve et du Labrador. Non seulement cela fait-il plaisir, il enrichit également ta vie. Faire semblant développe l'imagination. Cela te rend conscient des problèmes et des situations auxquels tu auras à faire face en grandissant. Ces contextes imaginés nous aident à comprendre notre monde et les gens qui ne nous ressemblent pas. Le théâtre nous aide à expliquer nos sentiments et à leur donner expression.

Les amateurs

D'après nos connaissances, la première présentation théâtrale dans notre province a eu lieu à St.John's en août 1583. Les acteurs, danseurs et musiciens célébraient la prise de cette terre neuve par Sir Humphrey Gilbert pour le compte de la reine Elizabeth d'Angleterre. Dans les siècles suivants, les colons montaient des pièces pour se divertir et pour faire plaisir à leurs voisins pendant les longs hivers.

Aujourd'hui bien des écoles présentent des concerts et des pièces de théâtre, et des groupes théâtraux amateurs se trouvent partout dans la province. Notre amour du théâtre continue à s'*épanouir*.

Des acteurs dans un concert d'école il y a longtemps.

Les professionnels

Quelques-uns vivent du théâtre. Il se trouve plusieurs troupes de ces acteurs professionnels dans la province. Non seulement nous amusent-ils, ils nous provoquent à réfléchir sur des problèmes importants, tels que le **chômage** et l'abus des enfants.

Les troupes professionnelles montent leurs pièces dans des théâtres tels que les centres culturels dans les divers endroits de la province. Quelquefois ils se rendent dans d'autres régions du Canada pour montrer aux autres Canadiens notre façon de vivre.

Les médias

C'est à la télévision que nous regardons aujourd'hui la plupart de l'activité théâtrale. Bien que que la majorité des émissions télévisées soient préparées hors de la province, néanmoins, nous voyons des troupes de notre province et des histoires à notre sujet à la télévision. Des récits de Pigeon Inlet ou Codco, par exemple, ont été très populaires.

La création de films commence à se faire à Terre-Neuve et au Labrador. Quelques-uns de ces films prennent comme sujet les gens de la province. Un exemple en est *Finding Mary March.*

Toute présentation n'a pas lieu dans un théâtre.

Finding Mary March

✍ #132

Trouve de l'espace dans ton cahier pour faire une liste des émissions de télévision que tu regardes elles d'habitude. Combien d'entre eux étaient faites à Terre-Neuve ou au Labrador, ou prenaient comme sujet notre province? Aimerais-tu voir plus d'émissions à notre propos à la télévision? Pourquoi, ou pourquoi pas?

L'artisanat, les choses que nous faisons.

Tu te rappelles que, dans le temps passé, tout ce dont on avait besoin, tel que les chandails pour nous tenir chaud l'hiver, était fait à la main. Ces chandails avaient des dessins compliqués et des couleurs vives. On prenait le temps de tricoter de cette façon-là parce qu'on en était fier, et cela donnait plaisir et satisfaction de créer quelque chose de spécial. Et ceux qui se servent de ces choses spéciales y prennent aussi plaisir. En fait, bien des gens pensent qu'il est très important d'avoir de belles choses à regarder.

Avec le temps, cependant, et à mesure que le *magasin à rayons* est devenu populaire, les familles n'avaient pas besoin de fabriquer tout ce dont on avait besoin; maintenant, on n'avait qu'à l'acheter tout simplement. Ceux qui étaient surtout adeptes à un **artisanat** particulier vendaient leurs produits à d'autres. Ces gens talentueux visaient des standards d'excellence dans leur travail. Leur artisanat est devenu partie intégrale de notre culture. Voici quelques exemples de leurs oeuvres.

Ce chandail est tricoté selon un ancien dessin irlandais.

Cette boîte à huit côtés fut fabriquée il y a cent ans environ selon un dessin micmac traditionnel. Les Micmacs de la Nouvelle Écosse teintaient les piquants de porcs-épics pour orner des boîtes comme celle-ci. A Terre-Neuve on se servait plutôt de racines d'épinette. Pourquoi, à votre avis, se servait-on rarement de piquants de porcs-épics à Terre-Neuve?

Presque tout le monde a besoin de mitaines. Ce serait amusant de porter celles-ci!

Les Naskapi se servent de dessins géométriques faits de lignes droites, tels que ceux-ci sur cette ceinture ornée.

Un panier en herbe fait par Sarah Bakie dans la communauté inuit de Rigolet. Où se trouve Rigolet? Pourquoi se servirait-on d'herbe à Rigolet pour faire des contenants?

Il faut savoir s'y mettre avec soin pour préparer un tableau sur un tapis croché comme celui-ci fait par Louise Belbin de Grand Bank.

Nous sommes tous sans doute d'accord qu'il n'y a pas de comparaison entre un gâteau fait d'un mélange commercial et un gâteau préparé par un chef de cuisine talentueux qui se sert d'ingrédients frais. Même si le gâteau préparé à la maison nous plaît, quand nous sommes pressés nous sommes contents d'acheter un paquet de préparation à gâteau au supermarché ou au *dépanneur*. Il en va de même quand on fait d'autres achats; par exemple, si on veut un vase, De quels autres matériaux s'est-on servi pour créer les objets sur ces deux pages? De quels matériaux te servirais-tu si tu voulais faire un modèle, un ornement, ou une sculpture?

«Canadian Eagle» par la femme-potier Margo Meyer. Meyer aime bien travailler avec une argile spéciale qu'on trouve près de Corner Brook. Comme beaucoup de ses autres oeuvres,«Canadian Eagle» est fait de cette argile.

Margo Meyer a choisi de vivre à Terre-Neuve. Elle est née en Allemagne. Elle a commencé sa formation de potier comme apprentie à un potier expérimenté. Puis elle a fait des études avancées à une *école de beaux arts* spécialisés. Elle est arrivée au Canada en 1956 et a travaillé comme potier à Winnipeg. Ensuite, elle est venue à Terre-Neuve et a enseigné l'art de la poterie à Corner Brook. Après avoir travaillé plusieurs années dans un studio à St.John's, elle habite maintenant à Bell Island où elle travaille.

Varrick Cox est né dans la Battery, une communauté de pêche qui se trouve à l'entrée du port de St.John's. Il y a cinquante ans, le port était un endroit vif, plein de vues et de bruits des centaines de **goélettes**. Quand il était enfant, c'était son terrain de jeu et il a grandi entouré de bateaux et de navires terre-neuviens. Plus tard il a travaillé comme pêcheur côtier à partir de la Battery. Ceci l'a amené à s'intéresser à la construction de bateaux. Il a fait deux grands bateaux, une **yole** motorisée de dix mètres et une goélette de quinze mètres.

Varrick Cox est mieux connu pour les bateaux modèles qu'il a faits. On trouve ses oeuvres dans des maisons privées, dans des bureaux d'affaires et dans des musées. Il consacre tout son temps maintenant à la création de bateaux modèles dans son poste au département des Ressources historiques du gouvernement provincial.

*Ce bateau modèle de Varrick Cox est une copie exacte en miniature de l'***Effie M. Morissey***, une goélette des bancs construite en 1894. Le capitaine de la* **Morissey** *était Bob Bartlett, l'explorateur terre-neuvien célèbre. On pourrait tout simplement en acheter un comme celui dont on trouvera une photo à la page suivante, mais il ne serait pas de la même qualité que celui fait soigneusement à la main. Fais tes propres recherches sur le capitaine Bartlett et son bateau.*

Randy Maggs a toujours aimé la beauté du bois. Il est né à Vancouver et a grandi sur la côte de la Colombie Britannique et sur les prairies. Il a commencé à travailler de façon sérieuse avec le bois lorsqu'il était étudiant à l'Université du Nouveau-Brunswick. Le bois dur magnifique dans la forêt du Nouveau- Brunswick central lui a fourni son matériel brut.

Il s'est installé dans notre province en 1977. Il enseigne l'anglais maintenant au collège Sir Wilfred Grenfell à Corner Brook mais il continue à créer des oeuvres en bois. On a exposé ses oeuvres partout au Canada. A Ottawa, lors de l'ouverture du parlement, le Gentilhomme huissier de la verge noire porte une verge fabriquée par Randy Maggs.

Les mains d'un artiste savent créer de beaux objets à partir de matériaux différents qui sont aussi merveilleux à toucher qu'à regarder. Par exemple, cette belle sculpture créée par Colleen Lynch est faite de cuivre et d'argent.

D'autres artisans dans notre province font des bateaux modèles. Ici un artiste met la touche finale à quelques doris modèles, entassés tout à fait comme on le ferait sur le pont d'une goélette des bancs. Devinez comment il se sert de chacun des outils dans son atelier.

Randy Maggs fait ressortir la beauté de la fibre du bois dans ce grand bocal élégant.

Les tableaux

Depuis des siècles, on se sert du tableau et du dessin pour faire voir beaucoup de choses, y compris le mode de vie, la famille, la communauté, la nature telle qu'on la voit et les récits qu'on a entendus. On se sert du tableau pour donner expression à ses sentiments. Pourtant, le tableau et le dessin ne sont pas limités aux adultes. Les enfants sont souvent de très bons artistes et les enfants de Terre-Neuve et du Labrador ont su créer d'excellents tableaux et dessins. Sur ces deux pages en voici quelques exemples. Aimes-tu dessiner? Qu'est-ce que tu prends comme sujet le plus souvent?

A gauche: Christine Froude, 10 ans, école St. George's à Long Pond.

En bas: Ronald Lushman, cinquième année, école All Saints à Grey River.

David Payne, 14 ans, école élémentaire St. Mary's, Cow Head.

Mary Pratt a grandi et a fait ses premières études au Nouveau- Brunswick. Elle a passé la plupart de sa vie adulte à Terre-Neuve. Elle a commencé sa carrière de peintre en 1967. Nous lui avons demandé de nous parler de ce tableau, qu'elle a créé en 1969.

«Baked Apples on Tinfoil» était un de mes premiers tableaux. Je n'avais pas de studio. Je créais la plupart de mes tableaux dans la cuisine, entourée de nourriture et de petits enfants.

Essayant de jongler avec toutes mes responsabilités, j'ai été obligée d'être vivement consciente des différentes parties de ma vie. Pour moi, «être consciente» veut dire «être consciente sur le plan visuel». Bien des objets ordinaires ont l'air beau pour moi. La façon dont le soleil brille sur une nappe me donne un plaisir vif.

Les six pommes cuites baignant dans un sirop, nichées dans un poêlon garni de feuille d'aluminium, avait l'air très riche, exotique même. Cela sentait la cannelle, le sucre, la pomme et le citron. Loin d'être un dessert de tous les jours, c'était une confection digne d'une reine, une vision qui valait bien les semaines de travail mises à la peindre.

Gerald Squires est né à Change Islands, Terre-Neuve, et habite maintenant Holyrood. C'est un artiste qui sculpte aussi bien qu'il peint. Il est aussi éducateur en beaux-arts.

Le tableau ci-dessus est un paysage des landes à Ferryland. Il fait partie d'une série qui s'appelle "The Ferryland Down Series", qui sont des tableaux très détaillés du paysage terre-neuvien. Regardez les autres paysages dans ce chapitre pour faire la comparaison avec celui-ci.

Gerald Squires fait aussi des gravures. Dans la gravure on fait plusieurs copies ou gravures du même tableau. Une forme très simple de la gravure est l'estampe à pomme de terre que tu auras sans doute essayée. Les techniques utilisées par nos artistes sont beaucoup plus complexes. La qualité de ces gravures est excellente. En fait, l'atelier de gravure St. Michael à Tors Cove près de St.John's est bien connu dans les autres régions du Canada pour la qualité des gravures faites là.

Jeux

Aimes-tu participer aux jeux? Est-ce que tu as jamais été si malade que tu ne pouvais pas sortir pour jouer? Les enfants partout dans le monde aiment jouer des jeux différents.

Les enfants aiment les jeux parce que c'est amusant. Y a-t-il des raisons pour penser que jouer aux jeux est également une façon d'apprendre?

Les jeux qu'on joue font partie de la culture. Les jeux changent au fil des ans. Quelques-uns des jeux qui étaient populaires avec tes parents et tes grands-parents ne se jouent plus, et les jeux auxquels tu t'amuses aujourd'hui seront peut-être oubliés par tes enfants et tes petits-enfants.

Pourtant, quelques jeux restent populaires pendant des générations. Parle aux gens plus âgés de ta communauté. Tu t'étonneras peut-être de découvrir qu'ils connaissent beaucoup des jeux et des comptines que tu connais aujourd'hui, bien que les règles ou les mots se soient transformés un peu au fil des ans.

Le jeu de King William

Autrefois, le jeu de King William se jouait dans beaucoup de communautés de notre province. Le roi William IV régnait lors de l'élection de la première Assemblée à Terre-Neuve. Il existe beaucoup de versions de ce jeu dans notre province. La version ci-dessous est celle qu'on jouait à Barr'd Island sur l'île de Fogo. As-tu déjà joué à ce jeu? Se oui, les paroles étaient-elles les mêmes que les suivantes ou étaient-elles différentes?

Les joueurs forment un cercle avec un joueur au centre.

King William was King George's son
And all the royal race run,
Upon his breast a star 'e wore,
Came pointing to the governor's door.

Come choose to the east
Come choose to the west
Choose the very one that you love best.
If she's (he's) not there to take your part,
Choose another one with all your heart.

Le joueur au centre touche l'épaule d'une des personnes qui forment le cercle. Cette dernière vient le joindre au centre.

Upon the carpet you may kneel,
As the grass grows in the field.
Kiss your partner, kiss your sweet,
You may rise upon your feet.

Quand le premier joueur aura embrassé la persone choisie il va joindre dans le cercle.

L'autre joueur reste au centre et la chanson recommence.

De nos jours, bien des enfants aiment les jeux vidéo. Pourquoi sont-ils si populaires? Les aimes-tu? Si oui, pourquoi? On dit que les jeux vidéo peuvent te faire du mal. Devine pourquoi on dit cela.

Cette image, est-elle «correcte?» Si non, pourquoi? Si oui, donne des raisons. Au passé, et quelquefois aujourd'hui, on pense que certains jeux sont destinés aux filles, et d'autres aux garçons. Si tu es un garçon, est-ce que cela te dérange si tu joues aux «jeux de filles»? Si tu es une jeune fille, est-ce qu'on t'a jamais dit que jouer avec les camions et les voitures ne se fait pas par une fille bien élevée? Devrait-on utiliser les termes "jeux de garçons", "jeux de filles?"

Le football (ou «soccer») dans la neige au carnaval d'hiver de Rigolet.

#133

Pour être accepté, un jeu doit se jouer selon des règles qui sont clairement comprises. Fais la description des règles d'un de tes jeux favoris. Fais-en une description détaillée afin qu'un enfant dans une autre région du monde qui ne l'a jamais joué puisse comprendre la façon de le jouer.

Les sports

Les gens de tous les âges aiment les sports. Les uns aiment y participer, les autres aiment seulement être spectateurs. Beaucoup d'handicapés jouent très bien aux sports. Il y a beaucoup de raisons pour lesquelles on s'intéresse aux sports. Il y a des personnes qui aiment la compétition, et d'autres qui s'amusent à faire des choses en groupe. D'autres encore aiment se lancer un défi, pour voir s'ils peuvent améliorer leur performance précédente.

Les sports organisés

Avant la fin du 19e siècle, il y avait très peu de sports organisés à Terre-Neuve et au Labrador. Les garçons et les hommes jouaient au «soccer» de façon informelle, souvent sur glace. Et, comme on peut l'imaginer, le canotage et les courses en bateau étaient toujours populaires.

Aujourd'hui, le hockey, le curling et le ski sont également populaires. Beaucoup de sports sont organisés en ligues pour déterminer les champions locaux et provinciaux. Nos meilleurs joueurs se distinguent dans des compétitions nationales et internationales.

Or, le sport fait partie de notre culture. On y trouve reflété notre style de vie. On peut s'en servir pour lancer un défi à nos compétences, pour s'amuser et pour faire plaisir aux autres. Le sport nous donne aussi l'occasion d'apprendre l'esprit sportif, c'est-à-dire apprendre à jouer *franc jeu,,* jouer selon les règles et gagner ou perdre de façon gracieuse.

La course à traîneau: un événement populaire aux Jeux d'hiver du Labrador.

Les premiers Jeux d'hiver du Labrador ont eu lieu à Happy Valley le 15 avril 1983. Il y avait 554 compétiteurs de 28 communautés du Labrador. C'était un véritable défi de réunir tous ces gens. Même les traîneaux ont dû venir en avion. Les compétiteurs ont participé à des événements tels que des courses à raquettes, des courses au traîneau, des courses à motoneige, et des matchs de fléchette.

Le point central des jeux était le Labrathon qui mettait à l'épreuve l'habileté des trappeurs à charger un traîneau, à faire avancer le traîneau sur une piste étroite, à se servir de raquettes, dresser une tente, faire bouillir de l'eau et préparer du thé, creuser un trou dans la glace, lever le camp et rentrer. De plus en plus de gens participent aux sports où il n'y a pas de compétition. Quels sont les avantages de tels sports?

Les athlètes handicapés se sont distingués aux sports sur le plan mondial. Sais-tu en nommer quelques-uns?

La régate de St.John's. Chaque août, des milliers de spectateurs se réunissent sur les rives du lac Quidi Vidi pour l'événement sportif le plus ancien de l'Amérique du Nord

Chaque année, des milliers de Terre-Neuviens font du ski. As-tu déjà fait du ski?

L'été, beaucoup d'enfants aiment participer dans les activités aux centres communautaires. Ils y jouent au baseball, au volleyball et au tennis. Aimes-tu les sports? Lequel est ton préféré? Pourquoi les sports sont-ils de bonnes activités?

Bien manger

Quoi de plus passionnant par une soirée en juin, qu'un feu en plein air près de la mer, du homard ou des moules dans la marmite et les capelans frais qui arrivent *en houle* sur la plage? Les activités en plein air sont un passe-temps favori, surtout quand il s'agit de nourriture. Les Terre-Neuviens aiment bien le poisson de la mer, et les fruits de la terre. Ce que nous aimons manger, et le moment et le lieu où nous le mangeons nous dit beaucoup sur notre style de vie.

Les autochtones mangeaient beaucoup de gibier, tel que la chair de phoque ou de caribou, parce qu'il était facile à prendre. Au fil des ans, Terre-Neuve est devenue célèbre pour ses poissons en abondance, surtout la morue qu'on a expédiée aux pays partout dans le monde. Aujourd'hui, notre alimentation n'est guère différente de celle mangée ailleurs au Canada et aux États-Unis. Pourtant, il y a des plats qui sont toujours uniques à Terre-Neuve et au Labrador.

La majorité des gens aiment manger en plein air. Cette image fait voir des gens en train de pique-niquer au parc provincial Sir Richard Squires. L'homme à droite s'occupe du feu; qu'est-ce qu'ils mangent, à ton avis? Quelles sortes de plats aimes-tu manger à un pique-nique? As-tu jamais rendu visite à un parc provincial ou national? Quelles autres activités peut-on faire dans ces parcs?

Un des plats les mieux connus à Terre-Neuve est le «fish and brewis». Veux-tu demander comment on prépare ce plat? Tu découvriras sans doute que la recette de ce plat varie selon le lieu. En effet, dans quelques régions de la province, le «fish and brewis» ne se mange guère. Quel est ton plat favori?

Sais-tu déterminer si c'est une image moderne ou d'une époque passée? Comment le sais-tu?

C'est seulement dans notre génération que le réfrigérateur et le congélateur sont devenus communs. Cette famille-ci ne connaissait pas ces conforts. Quel en serait l'impact sur les sortes d'aliments qu'ils pouvaient manger et garder?

#134

Nous avons la chance que bien des baies poussent dans notre province. Divise une feuille de ton cahier en trois colonnes comme ci-dessous, puis remplis les traits. Ajoute d'autres baies que tu connais.

Nom de la baie	Description	Recette
bleuet		
plate-bière		
mûre des marais		
gaulthéries		

Parcs

Comme nous l'avons déjà dit, ce que nous choisissons de faire avec notre temps libre fait partie de notre culture.

Les gens de Terre-Neuve et du Labrador ont toujours été très proches de la nature. Pendant notre histoire, la majorité de nos ancêtres dépendaient de la nature pour la survie.

Même au passé, quand il y avait très peu de temps pour les loisirs, les gens prenaient plaisir à être en plein air. Bien sûr, les enfants aimaient jouer au bord de la mer ou glisser sur la neige, tout comme toi aujourd'hui.

Les adultes combinaient le plaisir d'être en plein air avec une tâche utile comme la cueillette de baies, la chasse ou la pêche aux truites. En fait, pour les habitants de la ville, la pêche aux truites était une activité de récréation.

Nos parcs

Où que tu ailles dans notre province, tu trouveras de beaux parcs, où tu peux nager, camper, pique-niquer ou faire des randonnées. Ces parcs sont *gérés* pour la plupart par les gouvernements provincial ou fédéral et ils s'appellent des parcs provinciaux ou nationaux.

Le parc national Terra Nova est typique du terrain de l'est de Terre-Neuve avec des étangs, des marais et une forêt vierge. Il a un rivage particulièrement beau d'où les visiteurs voient quelquefois des baleines et des phoques.

Le parc national Gros Morne a de belles montagnes et des lacs profonds. Il contient aussi des plantes et des animaux peu communs. Le liévre arctique, qui est rare dans l'ile de Terre Neuve, se reproduit dans le parc. Le caribou y est commun aussi.

L'excursion spéciale des pêcheurs de truite

Le 24 mai, les familles et les amis projetaient toujours des vacances. Beaucoup d'entre eux passaient la journée à un endroit favori à pêcher la truite et à pique-niquer. Pendant bien des années ce jour-là un train spécial quittait St.John's pour Plaisance. Il partait tôt le matin et suivait lentement le chemin de fer pour laisser descendre les pêcheurs à tout étang et ruisseau. Le soir il retournait pour ramasser les passagers qui attendaient à côté du chemin. On a laissé tomber le train spécial pendant quelques années, puis on l'a relancé, mais avec la fermeture du chemin de fer partout dans la province, il n'en reste qu'un doux souvenir.

Le parc national Terra Nova

Deux autres parcs nationaux seront peut-être établis bientôt au Labrador. Les sites possibles sont les montagnes Torngat et les montagnes Mealy.

Quand on met de côté du terrain pour un nouveau parc, cela crée peut-être des problèmes. Les gens qui coupent du bois ou qui chassent sur le terrain choisi, ou sur la *lisière*, ne pourront plus le faire une fois le parc établi.

Pendant des décennies nous avons fabriqué bien des choses que nous avons jetées à la poubelle après usage. Nous nous rendons compte maintenant que c'était mal utiliser nos ressources et que nous pouvons en réutiliser beaucoup ou les recycler pour en faire de nouvelles. Aujourd'hui les canettes, les journaux, les boîtes en carton, les contenants en plastique et d'autres articles se font recycler pour faire de nouveaux articles. Cela nous aide à protéger notre environnement et à faire le meilleur usage de nos ressources naturelles.

Soigner la nature

Terre-Neuve et le Labrador ont toujours des terrains sauvages, dont beaucoup se trouvent près de nos communautés. Les visiteurs nous envient souvent la proximité de ces terrains sauvages à nos villes. Mais la nature sera attrayante seulement si nous en prenons soin. Les déchets et les débris de voitures éparpillés partout à la campagne transforment des alentours pittoresques en horreurs laides. Les choses dont nous n'avons plus besoin (que ce soit une bouteille à boisson gazeuse ou une voiture) devraient être mis au dépotoir afin que la beauté du paysage soit préservée.

Le parc national Gros Morne

Notre culture: le passé, le présent et l'avenir.

Après avoir lu ce chapitre, tu devrais maintenant te rendre compte que notre culture comprend tous les aspects de notre façon de vivre. C'est à travers nos activités culturelles que nous répondons à nos besoins de détente et de camaraderie, et d'expression de nos pensées et de nos sentiments envers notre façon de vivre. Tout ce qui nous est important se voit reflété dans notre culture. Par exemple, nous ne saurions éviter la mer dans nos chansons, nos récits, nos tableaux, nos photographies. Celui qui n'a jamais rendu visite à notre province saurait apprendre beaucoup sur notre façon de vivre en étudiant notre culture.

La culture que nous avons aujourd'hui n'est pas, bien sûr, un hasard. En fait, c'est notre patrimoine, le résultat de notre histoire. Dans les premières années, les autochtones avaient leurs propres cultures distinctes; les Européens avaient aussi leurs cultures à eux. Au fil des ans, ces premières traces de culture se sont mêlées et dans les années récentes des groupes culturels de partout dans le monde y ont ajouté leur part en s'établissant dans notre province. Comme résultat, nous avons hérité d'une culture riche et variée.

La culture reflète ce qui nous est important. A cause de cela, elle est toujours en voie de transformation. Une nouvelle chanson est populaire pendant un moment puis passe à l'oubli, ou bien on continue à la chanter pendant des siècles. On développe de nouvelles paroles; les vieilles paroles ne sont plus utilisées.

Nous avons dit plusieurs fois dans ce chapitre que l'isolement de notre province et de ses communautés a eu un impact sur beaucoup d'aspects de notre culture. Cet isolement a préservé beaucoup de choses qui, dans des cultures moins isolées, auraient été perdues. Par exemple les paroles et les coutumes qui sont toujours populaires ici se sont évanouies presque partout ailleurs.

Nous ne sommes plus si isolés, ainsi la culture se transforme-t-elle beaucoup plus vite qu'au passé. Cela résulte en partie de la télécommunication rapide, en partie de la mobilité des gens. Certains se soucient que notre patrimoine sera détruit par les influences croissantes de l'extérieur, surtout venant des États-Unis et des autres provinces canadiennes. Par exemple nous regardons souvent les mêmes films et les mêmes émissions télévisées que les autres habitants de l'Amérique du Nord. Saurons-nous maintenir notre culture spéciale face à ces pressions? Certains disent que nous ne devrions même pas essayer de la préserver. D'autres encore suggèrent que nous acceptions le meilleur de la culture qui arrive d'autres endroits et que nous essayions de préserver le meilleur de notre passé. Pour faire cela, les enfants et les adultes auront à apprendre leur passé et à faire des choix sages.

Tous les gens contribuent à la culture où ils vivent. Quand tu montres ton appréciation d'une chanson ou d'un tableau, tu ajoutes quelque chose à ta culture. Quand tu joues des jeux, fais un dessin ou crées des saynètes, tu fais une contribution importante à ton patrimoine. Quelques-uns d'entre vous grandiront pour partager vos talents spéciaux avec votre communauté.

Nous faisons face à un avenir plein de possibilités. Notre province s'est développée lentement sous bien des aspects et il reste encore beaucoup à développer. Cela nous donne une occasion merveilleuse pour éviter les erreurs commises dans d'autres cultures.

C'est à vous de guider le développement futur de notre province. Vous devez nous aider à préserver ce qui est de valeur comme nous nous adaptons tous à de nouvelles façons de vivre.

Vous représentez l'avenir de notre province.

Lexique

Avis

Les mots en caractères gras dans le texte sont expliqués dans ce lexique.

Les mots du texte qui sont en *italiques* auront possiblement besoin d'explications par l'enseignant ou l'enseignante. Ce sont des mots qu'il serait souhaitable de souligner pour usage futur.

aborigène ***n.:*** se dit des premiers habitants d'une région (aussi, autochtone et indigène)

algue ***n.f.:*** plante aquatique des eaux douces ou salées

allocation familiale ***n.f.:*** une somme d'argent que le gouvernement verse aux parents, pour aider à défrayer les dépenses associées à leurs enfants

altitude ***n.f.:*** l'élévation d'un lieu par rapport au niveau de la mer

anse ***n.f.:*** une petite baie peu profonde

archéologue ***n.:*** une personne qui s'occupe d'archéologie, c'est-à-dire la science des choses anciennes

armistice ***n.m.:*** arrêt des opérations de guerre

artefact ***n.m.:*** tout objet du passé qui est retrouvé et qui nous renseigne sur nos ancêtres (ex.: outil, médaille, vase, etc.)

artisanat ***n.m.:*** l'ensemble des métiers dans lesquels on produit des objets faits à la main (ex: sculptures, poterie, objets de cuir)

assurance-chômage ***n.f.:*** nom donné à un programme gouvernemental qui se veut d'aider financièrement les gens qui perdent leur emploi

auto-suffisant ***adj.:*** terme utilisé pour décrire une personne ou un groupe de personnes qui peut répondre à ses propres besoins

bâbord ***n.m.:*** côté gauche d'un navire (quand on regarde vers l'avant)

banc de pêche ***n.m.:*** une partie du fond marin moins profonde que les alentours, où une grande quantité de poissons est retrouvée

banquise ***n.f.:*** accumulation et entassement de glaces flottantes formant un immense banc

brasse ***n.f.:*** ancienne mesure de longueur (environ 1,60 mètres)

calotte glaciaire ***n.f.:*** glacier très étendu et très épais (quelquefois appelé «inlandsis»)

capelan ***n.m.:*** petit poisson marin argenté

carrière ***n.f.:*** un lieu, généralement à ciel ouvert, d'où l'on extrait certains matériaux de construction (sable, gravier, pierre)

cellier ***n.m.:*** une pièce aménagée dans laquelle on conserve des provisions

chalut ***n.m.:*** filet de pêche en forme de poche, trainé sur le fond de l'océan par un ou deux bateaux

chalutier ***n.m.:*** bateau de pêche qui traîne, à l'arrière, un filet en forme d'entonnoir (chalut)

chaman ***n.m.:*** prêtre, sorcier ou guérisseur d'une tribu

chômage ***n.m.:*** l'état d'une ou des personnes qui sont sans emplois

chronologie ***n.f.:*** science des dates et des événements historiques; chronologique (adjectif), classification des événments par ordre de dates

chute ***n.f.:*** une masse d'eau qui se précipite d'une certaine hauteur vers un terrain plus bas

circonscription ***n.f.:*** une division d'un territoire représentée par un membre élu

climat ***n.m.:*** description des conditions météorologiques propres à une région spécifique pour une longue période de temps (ex.: climat tropical, océanique, continental etc...)

climatogramme ***n.m.:*** diagramme qui décrit les précipitations et les températures d'un endroit spécifique

compas magnétique ***n.m.:*** boussole portant la rose des vents, utilisée par les navigateurs

conditions météorologiques ***n.f.:*** l'ensemble des phénomènes atmosphériques, comme les pressions, les vents, les températures, les précipitations etc.

conseil municipal ***n.m.:*** un groupe de personnes élues, qui est responsable de régler les affaires d'une communauté

corsaire ***n.m.:*** capitaine d'un bateau qui navigue les mers afin de piller d'autres bateaux, avec l'autorisation de son gouvernement

Crise économique ***n.f.:*** terme qui est souvent utilisé pour décrire les années 1930, une période où les difficultés économiques ont entraîné plusieurs pertes d'emplois

déforestation ***n.f.:*** l'action de couper et détruire une forêt

dépression ***n.f.:*** période prolongée de ralentissement de l'activité économique, caractérisée par une diminution forte des biens achetés et produits

détroit ***n.m.:*** bras de mer entre deux terres rapprochées

digue ***n.f.:*** une sorte de muraille qui empêche l'eau de passer

doris ***n.m.:*** petit bateau à rames, à fond plat, relevé aux deux extrémités

douane ***n.f.:*** une somme d'argent payée sur des marchandises achetées d'un autre pays

droit ***n.m.:*** discipline qui se veut d'étudier le système et le fonctionnement juridique

échelle ***n.f.:*** un rapport (de réduction) entre la distance sur la carte et la même distance sur le terrain

embouchure ***n.f.:*** ouverture par laquelle une rivière se jette dans une mer ou un lac

éolienne ***n.f.:*** une machine à hélices qui sert à capter l'énergie du vent

épave ***n.f.:*** un navire naufragé abandonné en mer

ère glaciaire ***n.f.:*** grande période de temps où d'immenses glaciers ont successivement recouvert une partie de la terre

érosion ***n.f.:*** l'action d'usure et de transformation de la surface de la terre, causées par plusieurs agents dont l'eau, le vent, les humains etc.

équateur ***n.m.:*** ligne imaginaire qui divise le globe terrestre en deux parties égales, créant ainsi l'hémisphère nord et l'hémisphère sud

exportation ***n.f.:*** l'action de vendre des produits à un pays étranger

falaise ***n.f.:*** une côte abrupte et très élevée au bord de la mer

faune ***n.f.:*** l'ensemble de tous les animaux d'une région

fleuve ***n.m.:*** grande rivière qui se déverse dans la mer ou l'océan

flore ***n.f.:*** l'ensemble de toutes les plantes d'une région

fonctionnaire ***n.:*** une personne qui travaille pour le gouvernement et ainsi remplit une fonction publique

forage ***n.m.:*** action de percer un trou et creuser à l'aide d'un mécanisme

garder le cap: garder la direction voulue, en ligne droite

gisement ***n.m.:*** une accumulation minérale importante dans le sous-sol

goélette ***n.f.:*** navire léger à deux mâts, utilisé pour la pêche et le commerce

goulet ***n.m.:*** passage étroit dans la mer

gouvernement ***n.m.:*** groupe de personnes responsables de diriger les affaires d'un peuple

grève ***n.f.:*** un arrêt de travail par des ouvriers, pour obtenir de meilleures conditions de travail

haut-fond ***n.m.:*** endroit rocheux ou sableux du fond marin, recouvert de très peu d'eau; les hauts-fonds rendent la navigation difficile

hémisphère ***n.m.:*** chacune des deux moitiés du globe terrestre limitée par l'équateur

immigrant(e) ***n.:*** une personne qui entre dans un nouveau pays pour s'y établir

impôts ***n.m.:*** les sommes d'argent que doivent payés les gens aux gouvernements afin de rencontrer les dépenses publiques

inondation ***n.f.:*** résultat des eaux qui envahissent et recouvrent une région

insulaire ***adj.:*** qui appartient à une île

isthme ***n.f.:*** une étroite bande de terre entre deux mers, golfes ou baies, qui rejoint deux étendues de terre

knorr ***n.m.:*** navire que les Vikings utilisaient pour transporter des marchandises

La Manche: bras de mer qui sépare la France de l'Angleterre

lande ***n.f.:*** une étendue de terre peu fertile et non-cultivée, où croissent des fougères, petits arbrisseaux etc.

légende ***n.f.:*** l'ensemble des signes, symboles, codes et couleurs sur une carte, afin de représenter certaines informations

lieue ***n.f.:*** ancienne mesure de distance (environ 4 kilomètres)

ligne de temps ***n.f.:*** type de graphique où les événements sont disposés en ordre chronologique

marais ***n.m.:*** une étendue d'eau stagnante (qui ne s'écoule pas) qui est peu à peu envahie par la végétation

matière première ***n.f.:*** un produit que l'on trouve à son état naturel (ex: arbre) et que l'on transforme en autre chose (ex: meuble)

migration ***n.f.:*** déplacement de personnes qui passent d'un pays à un autre pour y vivre

moraine ***n.f.:*** accumulation de débris rocheux abandonnés par un glacier (lors de sa fonte)

nomade ***n. et adj.:*** se dit d'un groupe d'humains qui n'a pas d'habitation fixe et qui se déplace continuellement d'un lieu à un autre

orbite ***n.f.:*** le trajet décrit par un objet autour d'un autre objet

organisateur (trice) syndical(e) ***n.:*** personne qui a pour but de représenter les travailleurs afin de défendre leurs intérêts

palangrier ***n.m.:*** bâteau de pêche qui utilise une grosse ligne de fond à laquelle pendent, sur toute sa longueur, des cordelettes munies d'hameçons

paquebot ***n.m.:*** navire qui transporte des passagers

pâte à papier ***n.f.:*** (industrie de) industrie qui extrait des arbres à bois tendre, la pâte nécessaire à la production du papier

pépinière ***n.f.:*** un lieu où on fait pousser de jeunes arbres avant de les replanter ailleurs

pétition ***n.f.:*** une action où plusieurs personnes font connaître leur opinion, leur demande ou leur plainte en affixant leur signature sur un document à être présenté aux autorités en question

plate-forme continentale ***n.f.:*** partie relativement plate et surélevée des fonds marins au bord du continent

précipitation ***n.f.:*** la tombée de l'eau provenant de l'atmosphère; cette eau peut prendre plusieurs formes (pluie, brouillard, neige, grêle)

prédateur ***n.m.:*** se dit des animaux qui chassent d'autres animaux pour les dévorer

quota ***n.m.:*** une quantité spécifique accordée à un individu ou à un organisme

raz de marée ***n.m.:*** une très haute vague océanique, causée par un tremblement de terre sous le fond marin

réfugié(e) ***n.:*** une personne qui a dû fuir le lieu qu'elle habitait afin d'échapper à un danger (guerre, invasion, persécution...)

récession ***n.f.:*** ralentissement de l'activité économique d'un pays

récif ***n.m.:*** rocher ou groupe de rochers dans l'eau peu profonde de la mer

ressource ***n.f.:*** richesse qu'une région peut tirer de son sol, de son sous-sol, de ses forêts et de ses eaux

rivage ***n.m.:*** partie de la terre qui borde une mer ou un lac

rose des vents ***n.f.:*** figure à forme d'étoile sur une carte, donnant les points cardinaux (nord, sud, etc); la rose des vents est représentée sur le cadran d'une boussole

rurale ***adj.:*** relatif à la campagne (contraire: urbain)

senne ***n.f.:*** filets de pêche, disposés en nappe et formant un demi-cercle

skraeling ***n.:*** terme utilisé par les Vikings pour désigner les aborigènes (natifs d'un endroit)

sonde ***n.f.:*** instrument qui sert à mesurer la profondeur de l'eau

termes de l'union*:* une entente en 1949, par laquelle Terre-Neuve a rejoint le Canada

terrains marécageux*:* terrains humides (étangs, marais, tourbières) avec une végétation en voie de décomposition

tordeuse de bourgeon d'épinette ***n.f.:*** insecte qui, au stage de chenille, se nourrit des aiguilles de conifères, tels le sapin et l'épinette

toundra ***n.f.:*** région végétale sans forêt, associée à un climat assez froid; on y retrouve plutôt une variété de lichens, des graminées et quelques arbres nains

tradition ***n.f.:*** les pensées, croyances, connaissances et habitudes qui sont transmises d'une génération à une autre

traité ***n.m.:*** une entente par laquelle divers gouvernements établissent des règles ou des décisions

tribord ***n.m.:*** côté droit d'un navire (quand on regarde vers l'avant)

tribunaux ***n.m.:*** les autorités judicaires, l'ensemble des juges qui se doivent de faire des décisions

turlutte ***n.f.:*** appareil de pêche, constitué par une tige de plomb armée d'hameçons disposés en couronne

UNESCO*:* organisation des Nations unies pour l'éducation, la science et la culture (sigle: United Nations Educational, Scientific and Cultural Organization)

versant ***n.m.:*** chacun des côtés d'une colline ou d'une montagne

vestige ***n.f.:*** ruine ou reste d'un groupe d'humains, d'une société

yole ***n.f.:*** embarcation légère, étroite et allongée, propulsée à l'aviron

Remerciements

Beaucoup de gens et d'organisations ont contribué à la préparation de ce manuel. Les auteurs désirent remercier les personnes suivantes: Tony Murphy de la Bibiothèque provinciale d'ouvrages à consulter; Bobbie Robertson de la Société historique de Terre-Neuve; les employés du musée de Terre-Neuve; les employés des archives provinciales de Terre-Neuve et Labrador; Campro Photography; Sooter's; Wayne Sturge du Ministère du développement, Gouvernement de Terre-Neuve et Labrador; Edythe Ryan et Patricia Gratten de la galerie d'art, Université Memorial de Terre-Neuve; et Dermot Whalen, Directeur général des élections. Breakwater aimerait aussi remercier les personnes suivantes: Louise Abbott; Ray Amiro; Kevin Aucoin; Louise Barrette; Myrtle Blandford; Wallace Boone; Betty Brett; Lloyd Brown; Marie Burry; John Byrne; C. Falk Foto; Bill Callaghan; Campro; Tony Chadwick; Chris Charland; Paul Chislett; Joan Dohey; John Doodey; Sherry Doyle; Mel Fitzgerald; Gail Fox; Celie Giovannini; Norma Gray; Chris Gregory; Virginia Harger Grinling; Justin Hall; Pamela Hiscock; Elaine Jordan; Arthur King; Angela King-Harris; Bruce Lane; Don Lane; Alexander Macdonald; Cathy Maggs; Antoine McGrath; Noreen McLennen; Jack Martin; Geoff Meeker; Norm Mercer; Heather Moore; Keith Nicol; Sharon Orminston; Wayne Peacock; Paul Peddle; Jeff Pike; Kyran Pittman; Ned Pratt; Fred Rees; Theresa Richard; Clyde Rose; C.F. Rowe; Bridgette Schloss; Claude M. Schryburt; Marina Simon; Sooter's; Marie Stamp; Jackie Tann; Michel Thérien; Callum Thompson; Raymond Troke; Des Walsh; Patricia Warren; Beatrice Watts; Bill Westcott; Michelle Whalen; Brenda White; Jude White; Elaine Wychreschuk; et nous aimerions aussi remercier tout autre personne ou groupe qui aurait aidé avec la préparation de ce livre.

Mention de source

Les mentions de source pour les illustrations sont inscrites selon leur apparition dans le texte et sont séparées par des points-virgules. Les abbréviations suivantes ont été utilisées:

JA	Joan Affleck
MS	Marie Stamp
EJ	Elaine Jordan
VT/SH	Veselina Tomova and Svilen Hris gosov
AC	Nfld. and Labrador Arts Council
ACC	Avalon Community College
MTLB	Metropolitan Toronto Library Board
MUN	Université Memorial de Terre-Neuve
NA	Archives Notman Musée McCord Université McGill,
NM	Musée de Terre-Neuve
PAC	Archives publiques du Canada
PANL	Archives provinciales de Terre-Neuve et du Labrador
PRL	Bibliothèque provinciale d'ouvrages à consulter
ROM	Musée royal de l'Ontario

6 VT/SH 7 Breakwater 12 Environnement Canada 14 Keith Nicol; Australian Pacific Tours 18 K. Bruce Lane 19 Pat McLeod; Keith Nicol 20 Celie Giovannini 21 Parcs Canada; K. Bruce Lane; Ministère du développement 22 Ministère des forêts et de l'agriculture; Breakwater 23 Ministère des forêts et de l'agriculture; K. Bruce Lane 24 VT/SH 25 K. Bruce Lane 26 K. Bruce Lane; Breakwater 27 Ministère du développement; [1,2,3,5] K. Bruce Lane; [4] Parcs Canada 28 VT/SH; Bruce Porter 29 VT/SH 30 Ministère du développement; 31 Lloyd Greenham; Ministère des pêches et des océans; Ministère des forêts et de l'agriculture; Ministère des mines et de l'énergie 32 Ministère du développement; Ministère des forêts et de l'agriculture; Ministère des pêches et des océans 33 Ministère du développement; Newfoundland Hydro 34-35 Louise Abbott 36-37 Breakwater 38 Ministère du développement 39 K. Bruce Lane; Ministère du développement 40 VT/SH 41 Breakwater 42 Callum Thompson 43 Ministère du développement 44 Angela King-Harris 46-48 VT/SH 49 EJ; NM 51 VT/SH; NM; EJ 52-55 VT/SH 56 PANL/Tempofoto; VT/SH 58 PAC 59 NA 60-61 PANL 62 VT/SH 63 Ministère des affaires indiennes 65 VT/SH 68 Ake Gustavsson 69 Ministère du développement; Parcs Canada 70-71 Evening Telegram 72 Collection John Ross Robertson, MTLB 74 PAC 75 MTLB; PANL 77

Parcs Canada 78 Confederation Life 81 ROM 82 MS 83 Musée national des maritimes 84 MTLB 85 Musée national des maritimes 86 MTLB 87 Breakwater 88 PAC 89 PANL 90 Arthur Lundrigan 93 PANL 94-95 PANL 96 Collection John Ross Robertson, MTLB 97 Them Days 98 Evening Advocate 14 mai 1914; PANL 99-100 PAC 101 Ida Price 102 PAC; NM 103 NFB; Jim Winter; PANL (Robert Holloway) 104 VT/SH 105 Archives Eaton's du Canada 108 PANL/Tempofoto 109 NM 110 M. Buckheit 113 Collection Cotter, Université de Winnipeg 114 Ministère d'Education 116 PANL/Campro 117 PANL/Tempofoto 118 Breakwater 119 K. Bruce Lane 120 Keith Nicol 121 PANL 122 MS 123 Galerie Quan/Michel Melnyk 124 Bibliothèque A.C. Hunter/Coll.Kenny 125-127 PANL 130 MS 131 Breakwater; NM 133 NA; PANL/Tempofoto 134 VT/SH 135 Sharon Orminston 136 Breakwater 137 Ministère d'Education; K. Bruce Lane; la ville de Corner Brook 138 NCC/CCN (Denis Drever); Ministère du développement; C. Falk Foto 139 GRC/RNC; GRC 140 Ned Pratt 141 Ministère de l'environnement et des terres; 142 MS 143 Cochrane: The Story of Newfoundland; Archives, Newfoundland Constabulary 144 PANL 145 Ministère du développement 147 PANL; Nfld. Book Publishers (1967) Ltd. 148 PRL; Evening Telegram 149 PANL 150 PANL; Nfld. Book Publishers (1967) Ltd. 151 Nfld. Book Publishers (1967) Ltd. 152 Ministère du développement 153; Armée du Salut; Dave Molloy 154 [1-2] Agnes Pratt; [3] Armée du Salut; 155 Hôpital Grace ; Madeline Green 157 NTA 158 Paul Mills; Evening Telegram 159 [1-3] ACC; [4] Deborah and Alan Wortman; [5] Breakwater 160 Institut des pêches et de la technologie marine de Terre-Neuve; ACC 161 MUN; ACC; Ministère du développement 162 VT/SH 163 [1] Ministère des pêches et des océans; [2,5,8] Breakwater; [3,6] Ministère des forêts et de l'agriculture; [4,7] Hospitalité Terre-Neuve et Labrador; 164-65 Ministère des pêches et des océans 167 Ministère des pêches et des océans 168-69 EJ 170-71 Ministère des pêches et des océans 172 Ministère du développement 173 National Sea Products; Ministère des pêches et des océans 174 The Sunday Express 176 PANL 179 Nodeco 181 MUN 182 PANL 183 Mobil Oil, Canada; CBC 184 [1,5,9] Ministère des mines et de l'énergie; [2,3,4,6,7,8] Ministère des forêts et de l'agriculture 186 Ministère du développement 188 Janice Udell 189 Ministère des mines et de l'énergie 190 Fred Rees; Ministère des mines et de l'énergie; 191-93 Ministère des mines et de l'énergie; 194 Ministère des forêts et de l'agriculture 195 Ministère des forêts et de l'agriculture; A. Barker 196 Bowaters Nfld. Ltd. 197 Ministère des forêts et de l'agriculture 198-99 A. Barker 200 Ministère des forêts et des l'agriculture; Abitibi-Price Ltd. 201 Ministère des forêts et de l'agriculture 204 Ministère des forêts et de l'agriculture 205 Marina Cheeseman; Ministère des forêts et de l'agriculture 206 ACC; NAPE; Hospitalité Terre-Neuve et Labrador; Breakwater 207 Breakwater; G. King; ACC 208 PANL 209 Ministère des pêches et des océans 210 Breakwater [Browning Harvey Ltd.] 211 PANL/Tempofoto; Ministère des pêches et des océans 212 JA 213 Nfld. Hydro 214 Celie Giovannini; Ben Hansen 215 Nfld. Hydro 216-17 G. Fizzard 218 Breakwater 219 PANl; K. Penney 220 Breakwater [Nfld. Margarine Company] 221 Breakwater; J. Hall 222 Breakwater 223 Approvisionnement et services Canada; Keith Nicol 224 Breakwater; Nfld. Light & Power 226 Breakwater; Ministère des travaux, des services et du transport; 227 Garde côtière du Canada; CUPW 228 Nfld. Lung Association 231 PANL 233 Dominion Wabana Ore Ltd.; PANL 235 Ministère des forêts et de l'agriculture 236 NAPE 237 [1,3,4] NAPE; NTA 238 VT/SH 239 EJ 240 FPI 241 Breakwater 242 Ministère des communications 243 PANL/Tempofoto; Marine Atlantic 244 Terra Transport; Lloyd Greenham 245 Ministère des mines et de l'énergie; Breakwater; Bibliothèque A.C. Hunter /Coll Kenny 246 PRL; Ministere de la défense nationale; C. Falk Foto 247 Ray Amiro; C. Falk Foto; Sealand Helicopters 248 Rosetta Smith 249 Rosetta Smith; Breakwater 250 MTLB; PANL 251 PANL/Tempofoto 252 Breakwater 253 Deborah and Alan Wortman; Service de l'environnement atmosphérique 254 PRL Breakwater; Nfld. Broadcasting Company 255 Ministère de l'Education 256 Janeway (Gary Hickey) 257 Breakwater; FPI; Ministère du développement 258 Spectrum Design Ltd; Northern Radar Systems 259 Ultimateast Data Communications; Instrumar 260 VT/SH 264-65 Fédération des francophones de Terre-Neuve et Labrador; Le Gaboteur 265 St. John's Native Friendship Centre 267 [1,3] St. John's Native Friendship Centre; [2] Miawpukek Mi'kamaway Mawi'omi [Conseil des Micmacs de la rivière Conne]; [4] Ray Amiro 268 Breakwater 270 Marina Simon; Gary Barkie 271 Alexander MacDonald 272 MS; EJ 273 EJ 274 Brigette Schloss 275 Archives de l'Eglise Unie 276 PANL; Pigeon Inlet Productions; St. John's Native Friendship Centre; Breakwater 277 AC; Ned Pratt 278 AC; Les danseurs écossais de St. John's 279 Breakwater [Friends of India]; Breakwater; The Hub 280 Art Scammel; Junior Achievement of Metro St. John's 282 Figgy Duff; Geoff Meeker 283 Semini; Breakwater 284 Breakwater 285 AC; Breakwater 286 PANL 287 PRL; Red Ochre Productions; AC 288 DRAND; NM 289 E. Wychreschuk; DRAND; NM; Galerie d'art de MUN; 290 Margo Meyer; NM 291 Randy Maggs;

Colleen Lynch; Decks Awash 294 John Reeves; Mary West Pratt 295 Gerry Squires 296 Breakwater 297 Breakwater; Ray Amiro 298 Mel Fitzgerald; Ministère du développement 299 [1,2] Ministère du développement; [3] Sharon Orminston 300 Ministère de culture; Nfld. Saltfish Corporation 301 Breakwater; Archives de l'Eglise Unie 302 K. Bruce Lane 303 Keith Nicol 305 K. Bruce Lane

Matériel cité

275 The Call of the Loon, Marion Robertson 285 Boy With Berries, Breakwater.

Conception artistique, couverture intérieure par Veselina Tomova and Svilen Hrisgosov.

Globe (p. 9) conception originelle de Larry Nolan.

Carte de Labrador City par MUNCL.

Carte de la péninsule de Port au Port par (p. 10) Louise Abbott.

Conception cartographique et réalisation de certaines cartes par Charles M. Conway et Gary E. McManus (MUNCL). L'éditeur désire remercier ces individus pour leur travail et leurs conseils lors de la production de ce manuel.

Chansons

"For the Fish We Must Prepare," par Chris Cobb; "Let Me Fish Off Cape St. Mary's" par Otto Kelland; "The Badger Drive," par John V. Devine. Les autres chansons sont soit traditionnelles ou par des auteur(e)s inconnu(e)s.

L'éditeur a tout fait dans son possible afin de reconnaître les droits d'auteurs. L'éditeur aimerait cependant être avisé si des remerciements, des mentions de sources ou des permissions doivent être ajoutés.